中国人的家教智慧

翟博◎主编

中国大百科全书出版社

图书在版编目(CIP)数据

中国人的家教智慧/翟博主编. —北京:中国大百科全书出版社,2016.11

ISBN 978-7-5000-9990-1

Ⅰ. ①中… Ⅱ. ①翟… Ⅲ. ①家庭教育—中国②家庭道德—中国 Ⅳ. ①G789.2②B823.1

中国版本图书馆 CIP 数据核字(2016)第 280351 号

策 划 人 郭银星
责任编辑 曾 辉
封面设计 零创意文化
责任印制 魏 婷
出版发行 中国大百科全书出版社
地　　址 北京市阜成门北大街 17 号　　邮政编码 100037
电　　话 010-88390969
网　　址 http://www.ecph.com.cn
印　　刷 保定市中画美凯印刷有限公司
开　　本 787 毫米×1092 毫米 1/16
印　　张 22.25
字　　数 310 千字
印　　次 2017 年 5 月第 1 版　　2017 年 5 月第 1 次印刷
书　　号 ISBN 978-7-5000-9990-1
定　　价 45.00 元

序

让家庭成为智慧的土壤

朱永新

没有好的家庭教育，就没有真正意义上的好的教育。教育始于家庭。真正的教育，是从家庭开始的。

中国古代有着重视家庭教育的传统。大家耳熟能详的《三字经》就明确提出了家庭教育的责任：“养不教，父之过。”而古代最系统的家庭教育著作之一《颜氏家训》，也强调了早期家庭教育的意义：“人生小幼，精神专利，长成已后，思虑散逸，固须早教，勿失机也。”千百年来，传统家教在三个方面积累了一笔宝贵的财富，值得我们重视。

第一，传统家教通过家规、家训、家风等形式，对家庭教育进行规范，用制度和仪式对儿童进行教育。古人讲：“国有国法，家有家规。”所谓家规，是指一个家庭的行为规范，一般是由一个家族遗传下来的教育规范后代子孙的准则，也叫家法。家训一般是家庭的前辈对晚辈立身处世、持家治业的教诲与训导。如果说家规比较刚性，家训则显得亲切柔软，往往以谈心的方式出现。《颜氏家训》《朱子家训》《曾国藩家训》等古代名人家训都是如此。家风是一个家庭的文化氛围，体现了家庭的风气、风格与风尚。在古代，还有通过家谱（文本）、家祠（现场）等进行家庭教育的。这些规范中积极的一面，不仅让儿童在启蒙时期得到及时的教育，也让中华优秀传统文化通过家庭这一载体得以传承。

第二，传统家教强调以德为先，把做人作为教育之根本，与现代教育理念“立德树人”是一致的。中国最早的一部教育纲领性著作《大学》就把明德至善作为所有教育的根本目标：“大学之道，在明明德，在亲民，在止于至善。”《中庸》《说文解字》《增广贤文》等古籍中也有类似阐述。

第三，传统家教注重父母以身作则的榜样示范，强调儿童的行为训练和科学方法。身教重于言教，孔子就主张“其身正，不令而行。其身不正，虽令不从”。明末清初的理学家孙奇逢在《孝友堂家规》中，提出“立家之规，正须以身作范”。古代教育家颜之推反对“无教而有爱”的家庭教育，强调习惯养成。朱熹更明确小学的任务，就是“教之以洒扫、应对、进退之节，礼乐、射御、书数之文”。这些都与现代教育理念相吻合。

因此，系统总结中国历代家庭教育的智慧，在优秀的传统家教理念基石上构建起现代家教的大厦，不仅是父母与儿童的要求，更是教育和未来的要求，是历史赋予我们这一代教育工作者的使命。

非常高兴的是，翟博先生的这本《中国人的家教智慧》的出版问世，在很大程度上满足了这一要求。

翟博先生是中国教育报刊社的总编辑。作为媒体人，他敏锐发现和推出了“全国十杰中小学教师”之一的王思明、河北农大走“太行山道路”先进教师群体、复旦大学九二国政大学生群体等10多个重大典型，在全国产生了深刻影响。作为学者，他在教育、文化研究、新闻和文学写作等多方面取得丰硕的成果，先后在海内外多家报刊发表理论研究文章、新闻和文学作品，有50多篇作品在全国及有关方面组织的评选中获奖。撰写、主编、参编的书籍有《世纪的呼唤——翟博报告文学通讯集》《教育均衡论》《法门寺传奇》《中国家训经典》等50多部（本）。

翟博先生也是中国教育学会家庭教育专业委员会的常务副理事长。作为家庭教育的研究专家，他早在上世纪80年代就潜心研究中国历代家训经典，1991年主编了80余万字的《中国家训经典》，从中国历史的源头开始对中国历代家训进行了全面梳理。这本书入选了《中国父母基础阅读书目》，成为被推荐图书。与此同时，他结合学习习近平总书记有关“重视家庭建设，注重家庭、注重家教、注重家风”的重要讲话精神，先后在《人民日报》《中国教育报》《教育研究》上刊发了《上好家庭教育“第一课”》《家庭教育是家庭建设的重要基础工程》《树立新时代的家庭教育价值观》等一系列文章，参与策划和推动中国家庭教育知识传播激励计划，在《中国教育报》推出了“家庭教育周刊”。

2015 年，我们在研制中国父母书目的时候，发现没有合适的关于中国传统家教智慧的书籍，建议他以《中国家训经典》为基础，编写一本简要通俗的家训读物。他欣然同意，并且用一年多的时间选编了这部《中国人的家教智慧》，对中国历代的家训进行了系统梳理、详细解读，有注释，有译文，还有作者简介与内容提要，可以作为家庭教育的工具书随时参阅，也可以作为家庭教育的必备读物阅读借鉴。

必须强调的是，在学习研究中国人的家教智慧的同时，我们也应该注意辨析与舍弃传统家教中那些不符合现代教育理念的糟粕。比如，现代社会里，确立儿童的主体权利是文明的一个重要标志，但传统家教强调父母与孩子的等级，把儿童视为私产，把惩罚作为教育的主要方式，导致打骂孩子迄今仍然是中国社会非常普遍的现象。只有清理这些反教育的传统家教流毒，才能建立现代的家庭教育体系。

愿家庭成为智慧的土壤，家庭教育成为幸福的温床。

2016 年 12 月 25 日晨于北京滴石斋

前　言

家庭是我们每个人的灵魂所系、血脉所在、精神所依，是一个人精神成长的源头，个人和社会最重要的纽带，社会的基本细胞。家庭教育是长辈融化在爱之中的教诲，是人生的第一课。

我们中华民族素以重视家庭教育闻名世界。我国不仅有着数千年来延续、积淀而成的重视家教的优秀传统，而且积累了丰富的家教资源。在我国浩瀚而又绚烂多彩的古代文化丛林中，蕴藏着极其丰富的家训和蒙学教材。中国历代保留下来的著名传世家训、经典蒙学教材，都是家庭教育的精神瑰宝，也是重视家庭在社会发展中的教育作用的重要体现；不仅凝结了我国历代家庭教育的宝贵经验，也是我国历代家长教育智慧的结晶和教子方法的心血荟萃。在每位父母都希望孩子从小受到良好教育、全社会都关心下一代成长的今天，搜集、整理、研究和合理地汲取我国传统文化中丰富的家教经验，对于提高全民族的文化素养和道德修养，培养一代优秀人才，塑造出伟岸的人格；对于进行中华优秀传统文化和道德教育，促进全社会的精神文明建设，都具有重要价值。

父母是孩子成长的首任教师和品德塑造的引路人。我国历来重视家庭教育，为了让儿女立足家庭，胸怀祖国，早日成才，做父母的很早就在家庭中教育孩子，内容涉及人生的各个方面，凝结、积淀着我们的民族文化与文明精华。诸如以立德为本，注重光明高尚的道德人格；树立远大的志向，提倡刻苦的学习精神；以读书做人为要，注重读书与做人的一致；培养清廉宽厚、尊老爱幼的待人态度；训练养成勤勉俭朴的持家作风；重视用积极正确的教子形式、方法达到所应达到的精神境界；关心社会现实的入世精神；追求人际关系之和睦，寻求心灵中的平和；讲求诚实谨慎的交友接物和为人处世之道，等等。与此同时，中国历代家训中还提出了许多家教中应当注意以及值得引以为鉴的东西，诸如教子不得过于溺爱、偏爱、纵容骄惰；不得要求过严，而要一视同仁；不得重才轻德，而要重视德才兼备；不得言而无信，必须以身作则等，均系古人指示给我们的家教大要。

中国家训是历代家长向后代传播修身治家、为人处世道理的最基本的方法，也是我国古代长期延续下来的家长教育儿女的最基本的形式。我国历代家庭教育，重视言教，更重身教，教育后代，自己先要做出榜样。因此，这些家训不仅是生活实践经验之谈，也是他们以自己的行为留给后人的榜样，极富有形象性、哲理性、针对性和丰富的情感色彩。它切实浅近，形象生动，感人至深。有好多家书，就是从他们的心里流出来的，能使人触摸到做父母兄长的那颗灼热的心，他们多有感而发，针对性极强，好多成了千古传诵的格言名句。这些人生的哲理、处世的德行，不仅陶冶了我们民族的性格，也形成了我们独特的民族传统，是我们中华民族最珍贵的文化遗产。

为了全面挖掘这一珍贵文化遗产，正确地汲取和借鉴我们祖先的家教财富，使我们的下一代明白我们中华民族是怎样一代代被熏陶下来的，我们组织了长期从事中国文化史、中国古代史、中国古典文学及古汉语研究等方面的专家学者，经数年搜集、整理之努力，从我们灿烂的中国历代家训中精选、节录了一百余篇文章，并将它们编纂成《中国人的家教智慧》一书。本书选编纵贯古今，编目多系名人名作，内容涉及修身、齐家、治国、平天下，立德、立功、立言，读书作文，婚姻家庭，待人接物等社会人生的许多方面。它们体现着中国历代一百多位有成就的出色的家长和历史名人智慧的灵光和丰富的教子经验。为了有助于各个文化层次的读者阅读，我们特按照作者简介、内容提要、原文、注释、译文的体例编写成书。

考虑到明清时期文言文已趋浅易，为避免叠床架屋，我们省略了译文。本书内容丰富，形式新颖，深入浅出，通俗易懂，它除了传授教子方法之外，对于我们认识中国古代的政治、文化、教育、伦理、道德，对于传授知识和进行中华传统文化和道德教育也将具有一定的价值和重要意义。本书在编写过程中，曾参阅了一些先贤的著作和有关资料，限于篇幅，不一一说明。由于我们的水平有限，编写过程中错误之处在所难免，恳望各界人士指正。

本书汲取历代家训之精华，凝结着历代家庭教育的经验，汇聚着数千年来家教的至理名言。它是历代家长教育孩子智慧的结晶，是现代家庭教育的宝鉴。它是启迪父母、教育后代的经验智慧的荟萃，也是家家必备、人人必读的家庭必备的书籍。这些家训，在历史上曾培养了无数志士名人、英雄豪杰，在今天，必能为哺育一代新人做出有益的贡献。

目　　录

三国

晋

南北朝

唐

清

西周

诫伯禽

周公

周公，周文王之子、武王之弟，姓姬，名旦，因采地在周（今陕西岐山北），故称周公。曾助武王灭商。成王幼年即位，由他摄政，后平定管叔、蔡叔、霍叔叛乱，分封诸侯，营建东都洛邑，并创建礼乐典章，主张“明德慎罚”。其言论见于《尚书》的《康诰》《大诰》《无逸》《多士》诸篇。

【提要】

这是周公对其子伯禽的一番训诫。伯禽封于鲁，任前，周公以三事相训：不要怠慢亲戚，不要使大臣埋怨没被任用，故旧无大错就不必穷究，不要对人求全责备；即使才能过人，也不要与有专长的人争强斗胜；要居安思危、谨慎处事，办事留有充分余地。

【原文】

君子不施其亲，不使大臣怨乎不以[①]。故旧无大故则不弃也[②]，无求备于一人。

君子力如牛，不与牛争力；走如马[③]，不与马争走；智如士，不与士争智。

德行广大而守以恭者，荣；土地博裕而守以险者[④]，安；禄位尊盛而守以卑者，贵；人众兵强而守以畏者，胜；聪明睿智而守以愚者，益；博文多记而守以浅者[⑤]，广。去矣，其毋以鲁国骄士矣！

【注释】

①以：任用。②故旧：老臣故人。③走：跑。④险：同“俭”，节俭。

⑤博文多记：犹博闻强记。

【译文】

有德行的人不怠慢他的亲族，不让大臣抱怨没被任用。老臣故人没有发生严重过失，就不要抛弃他。不要对人求全责备。

有德行的人即使力大如牛，也不会与牛竞争力的大小；即使飞跑如马，也不会与马竞争跑速快慢；即使智慧如士，也不会与士竞争智力高下。

德行广大者以谦恭的态度自处，便会得到荣耀；土地广阔富饶，用节俭的方式生活，便会永远平安；官高位尊而用卑贱的方式自律，便会更显尊贵；兵多人众而用畏怯的心理坚守，便必然胜利；聪明睿智而用愚陋的态度处世，便获益良多；博闻强记而以肤浅自谦，便将见识更广。上任去吧，不要因为鲁国的条件优越而对士骄傲啊！

（储兆文）

春秋

庭　训

孔子

孔子（前551—前479），名丘，字仲尼，鲁国陬邑（今山东曲阜）人。春秋末期思想家、政治家、教育家，儒家学派的创始者。据说曾删《诗》《书》，定《礼》《乐》，赞《周易》，修《春秋》。现存《论语》一书，记有孔子及其与门人的言论事迹，是研究孔子学说的主要资料。

【提要】

本文记述的是孔子站在庭院里教育儿子的一番话。孔子教育儿子要努力学习文化、礼仪，这样才能在文章和道德等方面有所建树，干出一番事业来。古人称父教为庭训，即源于此。本文分别选自《论语》的《季氏》《阳货》两篇。

【原文】

鲤趋而过庭。曰："学《诗》乎①？"对曰："未也。"曰："不学《诗》，无以言。"鲤退而学《诗》。他日，又独立。鲤趋而过庭。曰："学《礼》乎②？"对曰："未也。""不学《礼》，无以立。"鲤退而学《礼》。

子谓伯鱼曰③："女为《周南》《召南》矣乎④？人而不为《周南》《召南》，其犹正墙面而立也与⑤。"

【注释】

①《诗》：即《诗经》，我国最早的诗歌总集。共收西周初至春秋中叶的民歌和朝庙乐章305篇。孔子时代贵族交往时往往吟诵《诗经》里的句子来表达自己的意思，所以孔子有"不学《诗》，无以言"的话。②《礼》：即《仪礼》。儒家经典之一。春秋、战国时代一部分礼制的汇编。③伯鱼：孔子的儿子名鲤，字伯鱼。④《周南》《召南》：均为《诗经·国风》中的作品，文中以《周南》《召南》代指《诗经》。孔子认为《诗经》可以兴、观、群、怨，具有很强的社会认识价值，所以告诫他的儿子好好学习《诗经》。⑤墙面而立：即面墙而立，目无所见。比喻不学无术。

【译文】

鲤恭敬地快步走过庭院时，孔子叫住他，问道："你学《诗经》了吗？"鲤回答："没有。"孔子说："不学《诗经》，就无法与人交谈。"鲤退下去后就开始学《诗经》了。又一天，孔子又独自站在庭院思考问题。鲤恭敬地快步走过庭院，孔子叫住他，问道："你学《仪礼》了吗？"鲤回答："没有。"孔子说："不学《仪礼》，就不能立身。"鲤退下去后便开始学《仪礼》。

孔子对伯鱼说："你学《周南》《召南》了吗？作为人而不去学《周南》《召南》，这不正像面墙而立，什么也看不见了吗？"

（周晓薇）

战国

母训

孟轲母

孟轲的母亲仉（zhǎng）氏在我国封建社会中以教子有方被推崇为贤母的典范。事迹见刘向《列女传》。

【提要】

这个故事生动地说明了人如果荒废学业，就会像快要织好的布被剪断一样半途而废。只有通过学习，才能养成好的修养和品德。孟子听从了母亲的教诲，改正错误，坚持不懈地勤奋学习，终于成了天下名儒。

【原文】

孟子之少也，既学而归。孟母方织，问学所至，孟子自若。孟母以刀断其织，孟子惧而问其故。母曰："子之废学若吾断斯织也。夫君子学以立名，问则广知。今而废之，是不免于厮役而无以离于祸患也。"孟子惧，旦夕勤学不息，祖师子思①，遂成天下之名儒。

【注释】

①子思：战国初哲学家。姓孔，名伋。为孔子的孙子。孟子受业于他的门下，并将其学说加以发挥，形成了思孟学派。

【译文】

孟子少年时，在外求学归来，孟子的母亲正在织布，便问孟子学习进展到了什么程度，孟子显出一副不以为然的样子。孟子的母亲就用刀割断了正在纺织的布，孟子很害怕，忙问母亲这样做的原因。母亲说："你荒废学业就像我割断这些织物一样，有德行的人总是以学习来显亲扬名，通过虚心求教来获得广博的知识，你今天荒废了学业，这就不可避免要成为一个只会干粗活而供人使唤的人，从而也就无法脱离灾难了。”孟子很恐惧，日夜不懈地勤奋学习，效法老师子思，终于成了天下有名的学问家。

（周晓薇）

训子语

子发母

子发，名舍，是楚国的令尹。一次他同秦兵作战，因粮食吃完了，派人回国向楚王要粮，并让使者顺便问候他母亲，当他母亲得知士兵无粮可食而她儿子却顿顿食肉，非常生气。等子发获胜而归，他母亲不让他进家门，并训了他一顿。

【提要】

子发的母亲爱子之心，表现在对儿子事业的爱护和对儿子的严格教育上。她深知能否与士兵同甘苦，是带兵将领能否克敌制胜的一个重要因素。因此，她特意抓住子发搞特殊化这一过失，教训儿子，指出他的胜利纯属偶然，使子发认识到自己的过失。

【原文】

子不闻越王勾践之伐吴耶？客有献醇酒一器者，王使人注江之上流①，使士卒饮其下流。味不及加美，而士卒战自五也。异日有献一囊糗糒者②，王又以赐军士，分而食之，甘不逾嗌，而战自十也。今子为将，士卒并分菽粒而食之，子独朝夕刍豢黍粱③，何也？《诗》不云乎：“好乐无荒，良士休休！”言不失和也。夫使人入于死地，而自康乐于其上，虽有以得胜，非其术也。子非吾子也，无入吾门。

【注释】

①注：倒入。②糗糒（qiǔbèi）：干粮。③刍豢：牛羊曰刍，犬豕曰豢，泛指家畜。此处指所吃之肉。

【译文】

你没听说过越王勾践攻打吴国的事情吗？有位客人献给勾践一

坛醇香的酒，勾践让人把酒倒入江水的上游，让士卒饮下游的水，虽然江水的味道没有增加什么美味，但是战士们的战斗力提高了五倍。又有一天，有人献给他一袋干粮，勾践把它分给军士吃，虽然食物的香甜到不了咽喉，但士兵的战斗力提高了十倍。现在你作为将领，士兵分着吃杂粮，可你却顿顿吃肉和细粮，这是为什么呢?《诗经》不是说过吗："喜欢作乐但不过分，贤人才能没有意见。"意思是说不要失掉祥和之气。你驱赶士兵到要死人的战场上，自己却在上面享受安乐生活，虽然你打了胜仗，并不是你有什么正确措施。你不是我的儿子，不要进我的家门!

（高益荣）

曾子杀彘

韩非

韩非（约前280—前233），战国时韩国人。战国时思想家、散文家。韩国的旁支公子。他曾是荀子的学生，但其思想又源于老子，综合了商鞅、申不害前法家的思想，最后形成了更完整的法家思想体系。他见韩国削弱，曾屡次上书谏韩王，韩王不用，于是发愤著书。书传到秦国，为秦王所称赞。后韩非出使秦，为李斯所陷害。

【提要】

本文选自《韩非子·外储说左上》。文章指出了儿童教育的严肃性。做父母的教育子女，要随时随地把身教与言教结合起来，以身作则，才能使子女健康成长。

【原文】

曾子之妻之市[①]，其子随之而泣。其母曰："女还，顾反为女杀彘[②]。"妻适市来[③]，曾子欲捕彘杀之。妻止之曰："特与婴儿戏耳[④]。"曾子曰："婴儿非与戏也。婴儿非有知也，待父母而学者也，听父母之教。今子欺之，是教子欺也。母欺子而不信其母，非所以成教也。”遂烹彘也。

【注释】

①曾子：曾参，孔子的弟子。②反：同“返”。③适市来：从集市上归来。④特：但，此处为“不过”的意思。婴儿：泛指小孩。戏：说着玩。

【译文】

曾子的妻子到集市上去，她的孩子哭着要跟着去。她说：“你回家吧，妈妈从集市上回来给你杀猪。”妻子从集市上回来，曾子就要去捉猪准备杀它，妻子阻止他说：“不过是同小孩子说着玩罢了。”曾子说：“对小孩子不是随便可以说着玩的。小孩子还不懂道理，是照着父母的言行来学习的，听从父母的教导。现在你欺骗他，这就是教孩子骗人。当妈妈的欺骗孩子，孩子也就不相信他的妈妈，这不是教育孩子的方法。”于是就把猪杀了煮给孩子吃。

（高益荣）

汉

手敕太子

刘邦

刘邦（前256—前195），西汉王朝的建立者。陈胜起义时，他起兵响应，前206年，率军攻入咸阳，推翻秦朝统治。后与项羽展开长达四年多的战争。前202年，战胜项羽，建立汉朝。在位十二年，他加强中央集权制，实行重本抑末政策，发展农业生产，打击商贾，恢复和发展了社会经济。

【提要】

刘邦用自己的亲身经历告诫儿子要努力学习。刘邦小时候，正值秦始皇焚书的时代，没能够好好读书，即位以后才懂得了读书的意义。刘邦还以尧舜为例，说明了“任人唯贤”的道理。

【原文】

吾遭乱世，当秦禁学①。自喜，谓读书无益。自践祚以来②，时方省书③，乃使人知作者之意。追昔所行，多不是。

尧舜不以天子与子而与他人④，此非不惜天下，但子不中立耳。人有好牛马尚惜，况天下耶？吾以尔是元子⑤，早有立意。群臣咸称汝友四皓⑥。吾所不能致，而为汝来，为可任大事也。今定汝为嗣⑦。

【注释】

①禁学：指秦始皇时焚书之事。②践祚：帝王即位。践，履。古代庙、寝堂前两阶，主阶在东，称祚阶。祚阶上为主位，因此称即位行事为“践祚”。⑧省（xǐng）：知觉、醒悟。④尧：传说中父系氏族社会后期部落联盟领袖。传曾推选舜为其继承人。对舜进行三年考核后，命舜摄位行政。舜，传说中父系氏族社会后期部落联盟领袖。尧去世后继位，选拔治水有功的禹为继承人。⑤元子：天子、诸侯的嫡长子。⑥四皓（hào）：秦末东园公、甪里先生、绮里季、夏黄公隐于商山（今陕西商县东南），年龄皆八十多，时称“商山四皓”。⑦嗣：继承，接续。

【译文】

我小时遭逢纷乱的年代，正当秦始皇禁书之时。自己还很高兴，认为读书没有益处。自从即位以来，这才明白了读书的重要，于是让别人讲解，才知道著书人的意图。追忆昔日的所作所为，很多方面做得不好。

尧舜不将天子的地位传给自己的儿子而给予别人，这不是不珍惜天下，只是因为自己的儿子不适合继位罢了。人们有了好牛好马尚且爱惜，更何况天下呢？我因为你是嫡长子，早有立你为继承人的意图。大臣们都说你同商山四皓十分友善。我不能招致他们来，而他们却能为你来，因为你可以胜任国家大事啊。现在就定你为皇位继承人吧。

（周晓薇）

诫子书

孔臧

孔臧（约前201—约前123），孔子第十一代孙，嗣封蓼侯为太常。

【提要】

这是孔臧对儿子孔琳的诫书，以山霤穿山、蝎虫弊木为喻，教诲孔琳为学应日积月累，锲而不舍，并且应亲身参加实践。

【原文】

顷来闻汝与诸友生讲肄书传[①]，孜孜昼夜，衎衎不怠[②]，善矣！人之进退，唯问其志取[③]，必以渐勤则得多。山霤至柔[④]，石为之穿；蝎虫至弱，木为之弊[⑤]。夫霤非石之凿，蝎非木之钻，然而能以微脆之形，陷坚刚之体[⑥]，岂非积渐之致乎？训曰："徒学知之，未如多履而行之。"乃足佳。

【注释】

①顷来：近来。讲肄书传：讲解研习《尚书》《左传》。②衎衎（kàn）：即"侃侃"。③取：通"趣"。④霤（liù）：屋檐上滴下来的水，此指山崖上滴下的水。⑤弊：坏。⑥陷：攻破。

【译文】

近来听说你与同学们在讲习《尚书》《左传》，孜孜不倦，侃侃而谈，昼夜不怠，这实在太好了。人的进退关键看他的志趣，循序渐进，勤奋不已就会收获很多。山崖上滴下来的水是极其柔弱的，但可以穿破石头；蝎虫是极其柔弱的，但可以破坏树木。水不是石头的凿子，蝎虫也不是树木的钻子，却能用微小柔弱的形体攻破坚硬刚强的东西，难道不是日积月累慢慢达到的吗？古训曾经说："只是从书本上学习而增长知识，不如多把它们运用到实践中去身体力行。"这样就更好了。

（储兆文）

遗　训

司马谈

司马谈（？—前110），夏阳（今陕西韩城）人。西汉史学家、思想家。官至太史令。他的《论六家之要指》推行汉初黄老之说，总结当时流行的阴阳、儒、墨、名、法、道各派学说。根据《国语》《世本》《战国策》《楚汉春秋》等史书，撰写史籍，死后，由子迁续写而成，即著名的史书《史记》。

【提要】

司马迁在《报任少卿书》中，详尽地叙述了自己下狱受刑的经过，以及著书的内在动力。他之所以蒙受世间最大的耻辱而隐忍苟活，是因为他要完成父亲司马谈临终托付给他的续写史书的重任。我国历史上能有《史记》这部伟大的著作，实在应该感谢司马谈的教子遗训。这篇遗训从历史发展的视角，从国家、家族、人格等方面说明了著述史书的夙愿，要司马迁去完成自己未竟的事业。

【原文】

余先周室之太史也。自上世尝显功名于虞夏，典天官事[①]。后世中衰，绝于予乎？汝复为太史，则续吾祖矣。今天子接千岁之统，封泰山，而余不得从行，是命也？命也夫！余死，汝必为太史；为太史，无忘吾所欲论著矣。

且夫孝始于事亲，中于事君，终于立身。扬名于后世，以显父母，此孝之大者。夫天下称诵周公，言其能论歌文武之德[②]，宣周邵之风[③]，达太王王季之思虑[④]，爰及公刘[⑤]，以尊后稷也[⑥]。幽厉之后[⑦]，王道缺，礼乐衰，孔子修旧起废，论《诗》《书》，作《春秋》，则学者至今则之[⑧]。自获麟以来四百有余岁[⑨]，而诸侯相兼，史记放绝。今汉兴，海内一统，明主贤君忠臣死义之士，余为太史而弗论载，废天下之史文，余甚惧焉，汝其念哉？

【注释】

①典天官事：记载百官的事。天官，百官。②文武之德：周文王、周武王的德行。③周邵之风：周公、邵公艰苦创业的作风。④太王王季：指周文王祖父古公亶父和文王父亲季历。⑤公刘：周部落祖先，后稷的曾孙。⑥后稷：周的先祖，相传他的母亲欲弃之不养，故名弃，后为舜的农官，号后稷，姓姬。⑦幽厉：周幽王、周厉王。⑧则之：遵从它，以之为准则。⑨获麟：《春秋·哀公十四年》："西狩获麟。孔子曰：'吾道穷矣。'"相传孔子作《春秋》至此而止。鲁哀公十四年至汉元封元年，共三百七十一年。

【译文】

我家先辈是周王室的太史官。我们祖先曾在虞、夏两朝显露功名，掌管记录百官的事情。后世中衰，难道将从我中断为史官这一祖业吗？你若再做太史官，那么就继承了我们祖先的事业了。现在天子承接千年的统绪，在泰山封禅，我却因病不能随从，这是命？是命啊！我死之后，你一定会做太史官的，做史官，不要忘记我想写作的史书啊。

孝道起始于侍奉父母，中行于侍奉君王，归根于立身处世。扬名后世，为父母增添光彩，这是大孝啊。天下都称颂周公，说他能评说传播文王、武王的德行，宣扬周公、邵公艰苦创业的作风，表达古公亶父、季历的思想，直到公刘的功业，以崇尚先祖后稷。幽王、厉王以后，王道废缺，礼乐衰败，孔子修复旧礼以振兴颓废的礼乐，评说《诗》《书》，作《春秋》，致使学习的人至今还以它们为准则。从孔子记叙鲁哀公十四年获麟的时候停笔记史至今已经四百多年了，这期间诸侯兼并，历史记录被断绝了。现在汉朝兴盛，国家统一，有明主贤君，忠臣、死义之士会集当世，我作为史官，如若不评述记载，荒芜了天下的历史文籍，那我将非常担忧，你要时刻想着这件事啊！

（储兆文）

诫子歆书

刘向

刘向（约前77—前6），本名更生，字子政，沛（今江苏沛县）人。西汉经学家、目录学家、文学家。曾任谏大夫、宗正等。用阴阳灾异推论时政得失，屡次上书劾奏外戚专权。曾校阅群书，撰成《别录》，为我国目录学之祖。今存《新序》《说苑》《列女传》等著作。他的儿子刘歆亦为西汉末年古文经学派的开创者、目录学家、天文学家。

【提要】

刘向告诫儿子要正确对待福祸，因为其中存在着辩证关系。有了福运，不可骄横奢侈，否则便会大祸临头；有了祸事，也不要恐惧，只要思过改正，福运就会来临。文中列举了齐顷公逞霸和轻视欺负弱小国家的事实，说明了这个道理。

【原文】

告歆无忽，若未有异德，蒙恩甚厚，将何以报，董生有云①：“吊者在门，贺者在闾。”言有忧则恐惧敬事，敬事则必有善功而福至也。又曰：“贺者在门，吊者在闾。”言受福则骄奢，骄奢则祸至，故吊随而来。齐顷公之始②，藉霸者之余威③，轻侮诸侯，亏跂蹇之容④，故被鞍之祸，遁服而亡，所谓贺者在门，吊者在闾也。兵败师破，人皆吊之，恐惧自新，百姓爱之，诸侯皆归其所夺邑，所谓吊者在门，贺者在闾也。今若年少，得黄门侍郎⑤，要显处也。新拜⑥，皆谢贵人。叩头。谨战战栗栗，乃可必免。

【注释】

①董生：即董仲舒（前179—前104），西汉哲学家，今文经学大师。著有《春秋繁露》及《董子文集》。②齐顷公：春秋时齐国国君。桓公之孙。③霸者：指齐桓公（？—前643），齐桓公任用管仲进行改革，国力富强。以

“尊王攘夷”相号召，大会诸侯，订立盟约，成为春秋时第一个霸主。④亏：欠缺。此处为意动用法：“认为……欠缺”，此处是嘲笑的意思。跂(qí)：多一脚趾。蹇(jiǎn)：跛足。此指晋国大夫郤克。晋国派郤克出使齐国，齐顷公让夫人在帷幕后窥视。郤克是个跛子，夫人在帷后笑话他，郤克深感耻辱，回国后，联合了鲁、卫、曹国的军队攻打齐国。顷公大败于鞍（今山东济南市），换上为他赶车的人的衣服，才侥幸逃脱。原先占领的鲁、卫两国的土地至此也不得不归还。事见《左传》成公三年。⑤黄门侍郎：官名。其职为侍从皇帝，传达诏令。⑥拜：旧时用一定的礼节授予官职。

【译文】

告诫歆不要忽略，如果没有非常的品德，承受的恩惠很丰厚，将怎样去报答呢？董仲舒曾有这样的话：“吊丧的人在家门口，贺喜的人在里巷头。”这是说有忧患便会恐惧而谨慎地做事，恐惧而谨慎地做事就必定有大功，从而使福运降临。又说：“贺喜的人在家门口，吊丧的人在里巷头。”这是说有了福运就会骄横奢侈，骄横奢侈便会有大祸降临，因此吊丧的就会随之而来。齐顷公即位之始，借助齐桓公称霸的余威，轻视欺负诸侯小国，嘲笑晋国使臣跛足，因此遭到了大败于鞍、遁衣而逃的灾难。这就是所谓贺喜的人在家门口，而吊丧的人在里巷头啊。兵败师破，人们都来吊丧。他在恐惧中努力改过自新，又重新赢得了百姓的爱戴，诸侯国也都把掠夺的城邑归还给他，这就是所谓吊丧的人在家门口，而贺喜的人在里巷头啊。如今你还这样年轻，就得到了黄门侍郎的官职，真是显要的职位。新官初任，全要感谢贵人的提携。向贵人叩头。时刻带着恐惧感而谨慎从事，才能避免灾难。

（周晓薇）

诫兄子严、敦书

马援

马援（前14—49），字文渊，扶风茂陵（今陕西兴平）人。东汉军事家。历任陇西太守、伏波将军、新息侯。曾立志："男儿要当死于边野，以马革裹尸还葬。"建武二十五年（49）领兵进击武陵"五溪蛮夷"，病死军中。《后汉书》有传。

【提要】

建武十八年（42），马援任伏波将军；得知其次兄马余的两个儿子马严和马敦喜好讥讽议论，又与侠客交往，为此马援作书以示告诫。做人要敦厚，办事要周慎，严于律己，宽以待人，切不要成为轻佻放荡的浮薄子弟。

【原文】

吾欲汝曹闻人过失，如闻父母之名，耳可得闻，口不可得言也。好论议人长短，妄是非正法①，此吾所大恶也，宁死不愿闻子孙有此行也。汝曹知吾恶之甚矣，所以复言者，施衿结褵②，申父母之戒，欲使汝曹不忘之耳。龙伯高敦厚周慎③，口无择言④，谦约节俭，廉公有威，吾爱之重之，愿汝曹效之。杜季良豪侠好义⑤，忧人之忧，乐人之乐，清浊无所失，父丧致客，数郡毕至，吾爱之重之，不愿汝曹效也。效伯高不得，犹为谨敕之士⑥，所谓刻鹄不成尚类鹜者也⑦，效季良不得，陷为天下轻薄子，所谓画虎不成反类狗者也。讫今季良尚未可知，郡将下车辄切齿⑧，州郡以为言，吾常为寒心，是以不愿子孙效也。

【注释】

①妄：虚妄，不实。这里可做"歪曲"讲。②施：给予。衿：带子。结褵：结好佩巾。古代女子出嫁时的仪式。③龙伯高：名述，东汉京兆（今西安）人，时任山都长。后因马援这篇诫书的推重而被朝廷擢升为零陵太守。④择：拣择。⑤杜季良：名保。东汉京兆（今西安）人，时任越骑司马。因马援的这篇诫书，使季良的仇人据以歪曲讼告季良"为行浮薄，乱群惑众"，朝廷由此而罢免了季良的官职。⑥谨敕：能约束自己的言行。⑦鹄（hú）：即天鹅。鹜（wù）：即家鸭。亦泛指野鸭。⑧下车：官吏到任。辄：即。

【译文】

我的心愿是要求你们听说了别人的过失，就好像听见自己父母的名字一样，耳朵可以听，但嘴里却不要传扬。喜好议论别人的长短，歪曲是非真相，这是我最厌恶的，宁死也不愿听到子孙中有这样的行为。你们知道我是最厌恶这种劣行的，之所以再次强调这一点，就好像嫁女儿时，陈述父母的告诫一样，目的是要你们不要忘记罢了。龙伯高为人敦厚，做事周密慎重，口无二言，谦逊而能约束自己，廉洁奉公很有威望，我爱戴他敬重他，并希望你们学习他。杜季良豪爽仗义，以别人的忧愁为自己的忧愁，以别人的快乐为自己的快乐，无论好人坏人都不疏远，轻重合宜，因父亲逝世而唁招宾客，好多郡的人都接踵而来。我也爱戴他敬重他，但不愿你们学习他。学龙伯高如果学不像，仍不失为一个能约束自己言行的人，正如人们所说的雕刻天鹅不成倒还像只野鸭一样。但如果学杜季良而学不像，就会沦为天下的轻佻浮薄之人，正如人们所说的画虎不成反而像只狗一样。至今不知杜季良如何，而郡里官员到任总是切齿指责他，州郡的人们都在议论这件事。我常常为此担心，因此不愿子孙们学习他。

（周晓薇）

女 诫

班昭

班昭（约49—约120），一名姬，字惠班。扶风安陵（今陕西咸阳）人。东汉班彪之女，班固、班超之妹。嫁曹世叔，早寡，继其兄编撰《汉书》而成。屡召入宫，为皇后及诸贵人当教师，号为大家。著《东征赋》等，有《女诫》七篇。

【提要】

《女诫》七篇多是陈述妇女应遵循的封建道德规范，如女子四行："妇德""妇言""女容""妇工"等。这里选录的一章是谈论男女的性格差异：男刚女柔，以及在处理夫妇关系上，妇女应注意的几个方面，以便使夫妻和睦，家庭幸福。

【原文】

阴阳殊性，男女异行。阳以刚为德，阴以柔为用，男以强为贵，女以弱为美，故鄙谚有云："生男如狼，犹恐其尫①；生女如鼠，犹恐其虎。"然则修身莫若敬，避强莫若顺。故曰敬顺之道，妇人之大礼也。夫敬非他，持久之谓也；夫顺非他，宽裕之谓也。持久者知止足也，宽裕者尚恭下也。夫妇之好，终身不离房室周旋，遂生亵渎②。媟黩既生，语言过矣。言语既过，纵恣必作，则侮夫之心遂生矣，此由于不知止者也。夫事有曲直，言有是非，直者不能不争，曲者不能不讼③，讼争既施，则有忿怒之事矣，此由于不尚恭下者也。侮夫不节，谴呵从之④，忿怒不止，楚挞从之⑤。夫为夫妇者，义以和亲，恩以好合。楚挞之行，何义之有；谴呵既宣，何恩之有。恩义具废，夫妇离矣。

【注释】

①尫（wāng）：弱，瘦病弱小。②亵渎：轻慢，亵狎。③讼：争论，辩驳。④谴呵：谴责，呵斥。⑤楚挞：用杖或鞭抽打。

【译文】

阴和阳的特性各是不同的，男女的行为也应有别。阳性以刚强为品格，阴性以柔为表征，男人以强健为高贵，女人以柔弱为美丽。所以谚语说："生儿子像狼一样，还怕他软弱不刚；生女儿像老鼠一样，还怕她像老鼠一样凶猛。"然而女人修行没有比恭敬更重要的了，避免过于刚强没有比柔顺更重要的了。所以说恭敬柔顺是做女人的最大礼义。恭敬不是别的，就是要能持之以恒；柔顺不是别的，就是要宽恕裕如。长久保持恭敬的人，知道适可而止；宽恕裕如的人，善于恭敬居下。夫妻间过于亲密，终生不分离，在室内周旋，这样时间越长，容易产生轻慢亵狎。轻亵的事一经发生，话语就会超过一定分寸。话语过分了，放纵恣肆便会产生，这样侮辱丈夫的想法就会滋生，这是因为不知道适可而止的缘故啊。事情有曲有直，言语有是有非，直的一方不可能不争论，曲的一方不可能不辩驳，争论辩驳一经产生，就会有愤怒情绪，这是因为不知道恭顺地处于低下地位的缘故啊。侮辱丈夫不加节制，便会紧接有谴责呵斥随后，愤怒的情绪不停止，就会紧接有鞭打杖击随后。作为夫妻，本应以礼义相互亲善和睦，以恩爱相互亲密合作。鞭打杖击，哪里有什么礼义存在；谴责呵斥，哪里还有恩爱存在。礼义恩爱都没有了，夫妻也就要离异了。

（储兆文）

勉　子

范滂母

范滂母，姓氏未详。范滂（137—169），字孟博，汝南征羌（今河南漯河）人。东汉官员。初为清诏使，迁光禄勋主事。后为汝南太守宗资属吏，抑制豪强，与太学生结交，反对宦官，与李膺等同时被捕，次年还乡，后再度被捕，死于狱中，年三十三。

【提要】

建宁二年（169），大捕党人，诏下捕滂，督邮吴导至滂所在县，抱诏书，待在旅舍里哭泣，滂听说后，知道是为了自己的缘故，便主动走到衙狱，县令大惊说：“天下之大，你为何还到这里来？”便解印绶，准备与之俱死。滂临刑前辞别老母，不忍割舍，益增感戚。滂母于是说了这番话，滂跪受教，从容赴死。史家赞曰：“至于子伏其死而母欢其义。壮矣哉！”

【原文】

汝今得与李、杜齐名①，死亦何恨！既有令名，复求寿考，可兼得乎？

【注释】

①李、杜：李膺、杜密。李膺（110—169），字元礼，东汉颍川襄城（今

属河南）人。与太学生交结，反对宦官专权，被太学生称为“天下楷模李元礼”，与陈蕃等谋诛宦官失败，死狱中。杜密（？—169），字周甫，东汉颍川阳城（今河南登封）人，与李膺齐名。太学生称之为“天下良辅杜周甫”，因党锢事再起，自杀。均列于“八俊”之中。

【译文】

你今天能与李膺、杜密齐名，死了又有什么遗憾的呢！已经有了好的名声，又要追求长寿，两者能够兼得吗？

（储兆文）

诫兄子书

张奂

张奂（104—181），字然明，敦煌酒泉（今属甘肃）人。东汉名将、学者。举贤良方正，对策第一，官至大司农转太常，遭党锢之祸。

【提要】

子女犯了错误，应该如何进行教育，这是很有讲究的，作者在这里给我们提供了一种方法。例如他首先分析侄儿犯错误的原因（早失贤父），继而表明自己听到别人对两个侄子的不同评论的悲喜态度，最后说明犯错误是年轻人不可避免的，只要能改正就是可贵的，又表明了自己对不改过者的鄙夷。这样既态度明确又留给子女一定余地，寄希望于改正，的确是高超的教子艺术。

【原文】

汝曹薄祐[①]，早失贤父，财单艺尽，今适喘息。闻仲祉轻傲耆老[②]，侮狎同年，极口恣意。当崇长幼，以礼自持。闻敦煌有人来，同声相道，皆称叔时宽仁[③]，闻之喜而且悲：喜叔时得美称，悲汝得恶论。经言孔子于乡党，恂恂如也。恂恂者，恭谦之貌也。经难知，且自以汝贤父为师，汝父宁轻乡里耶？年少失，改之为贵，蘧伯玉年五十[④]，见四十九年非，但能改之，不能不思吾言。不自克责，反云张甲谤我，李乙怨我，我无是过，尔亦已矣。

【注释】

①薄祐：缺乏神灵保佑，少福。②仲祉：作者兄之子。耆老：老人。③叔时：作者兄之子。④蘧伯玉：蘧瑗，字伯玉，春秋卫人，孔子在卫，常主其家，年五十而知四十九年非，卫大夫史鳝知其贤，屡荐于灵公，皆不用。

【译文】

你们缺少神灵保佑，早年便失去贤明的父亲，财物缺乏，种植全无收获，现在情况刚刚变好了一点，就听说仲祉轻视傲慢老年长者，侮辱亵渎年岁相同的人，胡作非为。应该崇尚长幼有别之礼，用礼义约束自己。听说敦煌有人来异口同声称赞叔时宽厚仁慈，听过后我又喜又悲：喜的是叔时得到了美好的声誉，悲的是你得到了不好的议论。经书上说孔子在乡邻之中“恂恂如也”，“恂恂”就是恭敬谦和的样子，经书上说的很难详知，你姑且以你贤明的父亲为模范，你父亲何曾轻慢过乡邻们？年轻时犯了很多错误，改掉了就是可贵的，蘧伯玉五十岁时才知道以前四十九年以来的错误，他只是能够改正罢了，你不能不思考我所说的话。不能自我责备，反而说张甲诽谤我，李乙怨恨我，我本来并没有过失，这样，你也就不可救药了。

（储兆文）

女训

蔡邕

蔡邕（132—192），字伯喈，陈留圉（今河南杞县）人。东汉文学家、书法家。汉灵帝时为议郎，因上书论朝政缺失获罪，流放朔方，遇赦后，逃命江湖十余年以避宦官陷害。董卓专权后，被任为侍御史，官左中郎将，卓被诛后，为王允所捕死于狱中。通经史、音律、天文。其文工整典雅，又善辞赋。工篆、隶，尤以隶书著称，创飞白体，又能画。有《蔡中郎集》，今已佚，后人有辑本。

【提要】

这是从蔡邕《女训》三章里选录的第一章，它把修面与修心参照对比，通过修面这个日常生活中的具体细节，形象生动地说明修心的重要性及其方法。

【原文】

心犹首面也，是以甚致饰焉。面一旦不修饰，则尘垢秽之；心一朝不修善，则邪恶入之。咸知饰其面，不修其心。夫面之不饰，愚者谓之丑；心之不修，贤者谓之恶。愚者谓之丑犹可，贤者谓之恶，将何容焉？故览照拭面，则思其心之洁也，傅脂则思其心之和也，加粉则思其心之鲜也，泽发则思其心之顺也，用栉则思其心之理也，立髻则思其心之正也，摄鬓则思其心之整也。

【译文】

心就像头和脸一样，需要认真修饰。脸一天不修饰，就会让尘垢弄脏；心一天不修善，就会窜入邪恶的念头。人们都知道修饰自己的面孔，却不知道修养自己的善心。脸面不修饰，愚人说他丑，心性不修炼，贤人说他恶；愚人说他丑，还可以接受，贤人说他恶，他哪里还有容身之地呢？所以你照镜子说脸的时候，就要想到心是否圣洁；抹香脂时，就要想想自己的心是否平和；搽粉时，就要考虑你的心是否鲜洁干净；润泽头发时，就要考虑你的心是否安顺；用梳子梳发时，就要考虑你的心是否有条有理；挽髻时，就要想到心是否与髻一样端正；束鬓时，就要考虑你的心是否与鬓发一样整齐。

（储兆文）

诫子书

司马徽

司马徽（？—208），字德操，颍川阳翟（今河南禹州）人。东汉末名士。善于知人，有“水镜先生”之称，长期居荆州，曾荐诸葛亮、庞统于刘备，后为曹操所得，不久病死。

【提要】

在逆境中保持远志贤德，更能显示人格的崇高，而且往往更能激发人的志气和勇气。因而，我们民族更注重逆境对人格生成的积极意义，本篇是较早阐发这种影响的一篇诫子文。

【原文】

闻汝充役，室如悬磬①，何以自辨？论德则吾薄，说居则吾贫，勿以薄而志不壮，贫而行不高也！

【注释】

①悬磬：形容家无所有，极其贫穷。

【译文】

听说你为国从役，但家里极贫，你应怎么看待这些呢？谈到德操，我们很浅薄，论到家庭，我们很贫穷，然而不要因为浅薄而使我们志气不雄壮，因为贫穷而操行不高尚啊！

（储兆文）

诫诸女及妇

杜泰姬

杜泰姬，东汉南郑（今属陕西汉中）人。犍为太守赵宣的妻子。

【提要】

这是杜泰姬传授给诸女及一般妇人的教子经验，主要分三个步骤：（一）胎教，妊娠时自己要顺正；（二）幼教，婴儿时要施以抚爱；（三）关键时期要威严，礼义并重，还要进行礼貌、勤奋、孝顺、忠信等社会道德教育。这是按照子女成长的特点而进行的分阶段有重点的教育方式，有科学性。

【原文】

吾之妊身，在乎顺正。及其生也，思存于抚爱。其长之也，威仪以先后之，礼貌以左右之。恭敬以监临之，勤恪以劝之，孝顺以内之，忠信以发之，是以皆成，而无不善，汝曹庶子勿忘吾法也。

【译文】

我们怀孕的时候，应保持自己身心的顺畅端正，等到孩子生下来的时候，主要心思在于去爱抚他。等到孩子渐渐大了点，便先用威严，继以礼仪教育他，经常教诲他讲礼貌，要恭敬，要勤学，要孝顺，要忠信，这样他们都立志成人，不会为非作歹了。你们可不要忘记我的这种教子法啊！

（储兆文）

三国

遗诏敕后主

刘备

刘备（161—223），字玄德，涿郡涿县（今属河北）人。三国时蜀汉的建立者。公元221—223年在位。东汉末起兵，参与镇压黄巾起义，后采用诸葛亮联合孙权抗拒曹操的主张，于建安十三年（208）联合孙权，大败曹操于赤壁，占领荆州。旋即又夺取益州和汉中。公元221年称帝，建都成都，国号汉，年号章武。次年在吴蜀夷陵之战中大败，不久病死。

【提要】

本篇是刘备在病中给儿子刘禅的遗嘱，勉励他要努力读书，做个有贤德的人。“勿以恶小而为之，勿以善小而不为”，堪为修身养德的名言。

【原文】

朕初疾，但下痢耳。后转杂他病，殆不自济。人五十不称夭，年已六十有余，何所复恨，不复自伤。但以卿兄弟为念①。射君到②，说丞相叹卿智量甚大，增修过于所望。审能如此，吾复何忧？勉之勉之，勿以恶小而为之，勿以善小而不为。惟贤惟德，能服于人。汝父德薄，勿效之。可读《汉书》《礼记》，闲暇历观诸子及《六韬》《商君书》③，益人意智。闻丞相为写《申》《韩》《管子》《六韬》④，一通已毕，未送道亡，可自更求闻达。

【注释】

①卿：古代君对臣，长辈对晚辈的称谓。②射君：指射援。字文雄，扶风（今陕西扶风）人。丞相诸葛亮以援为祭酒，迁从事中郎。③诸子：指诸子百家的著作。《六韬》：中国古代兵书。传为姜太公作。《商君书》：战国时商鞅及其后学的著作的合编。④《申》：即《申子》，书名。相传战国时申不害著。内容多刑名权术之学，属于法家著作。《韩》：即《韩非子》，书名。集先秦法家学说大成的代表作。《管》：即《管子》，书名。相传春秋时期齐国管仲撰。

【译文】

我最初患的病，不过是痢疾。后来又加上了其他的病，已经是病危不能自救了。人五十岁死了就不算是短命，我年纪已六十多了，又有什么怨恨的呢？不再自我悲伤了。只是为你们兄弟几人挂念。射援来了，他说丞相诸葛亮赞叹你智慧与气量很大，增长的修养超过了对你的期望。如真的能这样，我又有什么可担忧的呢？努力吧，努力吧，不要因为坏事很小而去做它，也不要因为好事很小而不去做它。只有贤明和德行，能使人们敬服。你父亲德行很少，你可不要像我这样。可以读《汉书》《礼记》，空闲时浏览诸子百家的著作和《六韬》《商君书》，可增长人的意志和智慧。听说丞相已为你抄写了《申子》《韩非子》《管子》《六韬》，已经抄好了一遍，但未送来却在路途中丢失了，你可自己重新去求教于有学问的人。

（王其祎）

诫 子

向朗

向朗（约167—247），字巨达，襄阳宜城（今属湖北）人。三国时蜀汉官员、藏书家、学者。历任蜀汉巴西太守、左将军，封显明亭侯，位至特进。朗早年以吏能见称。后潜心典籍，不干时事，人皆敬之。朗子条，字文豹，亦博学多识，官至御史中丞。

【提要】

本篇主要讲了“和”的道理。这是中国古代努力推崇的一种思想。天地和谐，君臣协调，九族和睦，便会出现国家安宁、政治清明、家族团结的局面，从而让人心情舒畅，给人以奋发努力的力量。

【原文】

天地和则万物生，君臣和则国家平，九族和则动得所求、静得所安。是以圣人守和，以存以亡也。吾，楚国之小子耳①，而早丧所天，为二兄所诱养，其性行不随禄利以堕。今但贫耳，贫非人患，唯和为贵，汝其勉之！

【注释】

①吾，楚国之小子耳：我，是楚国的平民百姓。向朗为襄阳宜城人，襄阳古时属楚国，故云。

【译文】

天地和谐就会万物生长，君臣协调就会国家太平，九族和睦就会动可以得到需求、静可以得到安怡。所以圣人奉守和谐的思想，因为和则存，不和则亡。我本是楚国的平民百姓，很小就失去了父亲，靠二兄来抚养，教导，使我的品行不曾因为追求利禄而堕落。现在仅仅是贫穷罢了，但贫穷并不是人世的灾难，只有和睦才是最宝贵的，你要好好地努力才是。

（周晓薇）

诫子书

诸葛亮

诸葛亮（181—234），字孔明，阳都（今山东沂南南）人。三国蜀汉丞相，政治家、军事家。东汉末，隐居隆中（今湖北襄阳西），留心世事，被称为“卧龙”。刘备三顾茅庐，从此成为其主要谋士。后刘备根据其策略，联吴攻曹，取得了赤壁之战的胜利，建立了蜀汉政权。刘备死后，亮辅佐刘禅。

【提要】

本篇提出“非淡泊无以明志，非宁静无以致远”的治学及修身养德思想，对于人们立身、治学皆有启迪。文中对人生短暂、壮志难酬的浩然长叹也足以警醒世人珍惜生命的分分秒秒，建功立业，以免老大无成，噬脐莫及。

【原文】

夫君子之行，静以修身，俭以养德。非淡泊无以明志①，非宁静无以致远。夫学须静也，才须学也。非学无以广才，非志无以成学。慆慢则不能励精②，险躁则不能治性③。年与时驰，意与岁去，遂成枯落，多不接世④。悲守穷庐，将复何及？

【注释】

①淡泊：恬淡寡欲。淡，安静貌。②慆（tāo）：怠慢。励精：振奋精神。③险躁：冒险急躁。治性：治理品性。④接世：即济世，指对社会有所作为，对社会有益。

【译文】

君子的品行，以安静努力提高自己的修养，以节俭努力培养自己的品德。不恬淡寡欲就不能显现出自己的志向，不宁静安稳就不能达到远大的目标。学习必须静下心来，才干必须学习才能增长。不学习就不能有广博的才干，没有志向就不能成就学业。怠慢便不能振奋精神，冒险急躁便不能治理品性。年华随时间流逝，意志随岁月消磨，于是枝枯叶落，大多不能对社会有所作为。等到悲凉地守着贫穷的小屋时，后悔又怎么来得及呢？

（周晓薇）

诫　子

曹丕

曹丕（187—226），字子桓，曹操的次子，谯（今安徽亳州）人。三国时魏国的建立者，文学家。公元220—226年在位。曹操死后，他袭位为魏王。推行九品中正制，确立和巩固士族门阀在政治上的特权。不久代汉称帝，建都洛阳，国号魏。所著《典论·论文》对我国文学批评的发展颇有贡献。有《魏文帝集》。

【提要】

俗话说，要想人不知，除非己莫为。天下父母固然疼爱自己的子女，但绝不能袒护他们的过错，瞒得过一时，却瞒不过长远。须知这样的“肝肠腐烂”，非但不会贻爱于他们，反而只会贻害于他们。

【原文】

父母于子，虽肝肠腐烂，为其掩避，不欲使乡党士友闻其罪过[①]，然行之不改，久矣人自知之。用此任官，不亦难乎？

【注释】

①乡党：周朝制度以五百家为党，一万二千五百家为乡，后以“乡党”泛指乡里。即同乡人。士友：这里作“朋友”讲。

【译文】

父母对于子女，纵使用尽心思，来为他们遮掩隐避，以不使乡党、朋友知道他们的过失，但是一味地这样下去而不加改正，时间长了人们自然会知道的。如果以这样的道理做官，不也是很难的吗?

（周晓薇）

诫弟伟

刘廙

刘廙（180—221），字恭嗣，南阳安众（今河南镇平县）人。汉末魏初名士。历任黄门侍郎、侍中，赐爵关内侯，著有《政论》五卷，《刘廙集》二卷。

【提要】

本篇告诫其弟刘伟交友要慎重，交到了好朋友，对自己的成长与进步都很有益。否则对自己，对社会都是无补的。

【原文】

夫交友之美，在于得贤，不可不详。而世之交者，不审择人，务合党众①，违先圣人交友之义，此非厚己辅仁之谓也②。吾观魏讽③，不修德行，而专以鸠合为务，华而不实，此直搅世沽名者也。卿其慎之，勿复与通。

【注释】

①务：致力，从事。②厚己：使自己有所得益。辅仁：《论语》“君子以文会友，以文辅仁。”辅仁指朋友帮助自己成就仁德。③魏讽：三国时魏沛（今属江苏）人。字子京，有惑众才，喜结徒党。曾谋袭邺都，未及期，事发被诛。惜刘伟对其兄长的告诫未能听从，终因参与魏讽的谋反而蒙难。

【译文】

大凡交结朋友的好处，就在于能得到有才有德的人，因此不能不仔细慎重。然而世上有些人交结朋友，不去慎重地选择，而是一味地纠合党羽，这就违背了先前圣人交友的本义，也不是圣人所说的交结良友能使自己得益，能帮助成就仁德的情况啊。我看魏讽这人不修养道德品行，专以聚集党羽为务，华而不实，这简直是扰乱世事沽名钓誉的人。你一定要审慎处之，不要再与他来往。

（王其祎）

诫子书

王修

王修（生卒年不详），字叔治，北海营陵（今山东昌乐）人。汉末魏初大臣。曾附袁绍，后归曹操，任魏郡太守，后任大司农、郎中令、奉常等职。善知人，笃行义。

【提要】

王修从读书、做人两方面教育子女，要珍惜人生有限光阴，以高人、善人为楷模，做到举止有度，言出由思。

【原文】

人之居世，忽去便过，日月可爱也。故禹不爱尺璧而爱寸阴，时过不可还，若年大不可少也，欲汝早之，未必读书，并学作人。欲令见举动之宜，观高人远节，志在善人左右，不可不慎，善否之要在此际也，行止与人务在饶之，言思乃出，行详乃动，皆用情实道理，违斯败矣。父欲令子善，唯不能杀身，其余无惜也。

【译文】

人生活在世上，转眼便过去了，岁月值得珍重，所以大禹不爱尺璧财宝而爱寸阴时光，时光一去不复还，就像人老不可再年轻一样。要你早早地明白这一点，不一定局限于读书，更要学会做人。想让你知道一举一动都要有度，察看那些高尚人的远大志向，你要努力达到他们的水平，不可不慎重，是善是恶就在这点滴之际的差别，行动举止务必宽容，话想好了才说，行动考虑周密了才实施，一切都要按照实际情况，合乎道理办事，违反了这些，必然会失败。父亲想让儿子学好，除了不能杀身，其余都在所不惜。

（储兆文）

家事诫称张阁

杜恕

杜恕（？—252），字务伯，京兆杜陵（今陕西西安）人。三国时魏国大臣。明帝时为散骑侍郎，转黄门侍郎，出为弘农太守，齐王时转赵相，擢河东太守，迁淮北都督护军，以疾去，拜御史中丞，出为幽州刺史，后免为庶人。

【提要】

作者盛赞一个叫张阁的人，他看上去像个粗俗质朴的人，但他心中没有善恶是非观，与天地合德。作者认为应该师崇其人，因为这样的人虽不可赢得富贵，但绝不会招来祸患。

【原文】

张子台视之如鄙朴人[①]，然其心中不知天地间何者为美，何者为恶，毅然似与阴阳合德者[②]。作人如此，自可不富贵，然而患祸当何从而来？世有高亮如子台者，皆多力慕体之不如也。

【注释】

①鄙朴：粗俗质朴。②毅然：俨然、庄重的样子。

【译文】

张子台，看上去像个粗俗质朴的人，但他的心中不知道天地间哪个是美，哪个是恶，俨然和阴阳之气凝合而一。像这样做人，虽然不能富贵，但患祸又将从何而来呢？世间有像子台一样高风亮节的人，大多竭力追慕仿效他，但都没法真正达到子台这样的水平。

（储兆文）

家　戒

王肃

王肃（195—256），字子雍，东海郯（今山东郯城）人。三国时魏国经学家。官至中领军、加散骑常侍。擅贾逵、马融之学，欲与郑玄争胜，作《圣证论》，专攻郑氏，为《尚书》《诗》《论语》《三礼》和《左氏》等书作注，又撰定其父王朗所作《易传》。

【提要】

这则家戒专谈如何对待饮酒。酒可以“行礼、养性命、为欢乐”，但过量则祸生，作宾或作主都应谨慎。如为人所强，有几种推辞技巧，可以拒绝饮酒。

【原文】

夫酒所以行礼、养性命、为欢乐也，过则为患①，不可不慎。凡为主人，饮客②，使有酒色而已，无使至醉。若为人所强③，必退席长跪称父戒以辞之。若为人所属④，下坐行酒，随其多少，犯令行罚⑤，示有酒而已，无使多也。祸变之兴常于此作，所宜深慎。

【注释】

①过：过量，超出酒量。②饮客：请客饮酒。③为人所强：被别人强行让饮。④属：嘱咐，要求。⑤犯令行罚：触犯酒令，要加以罚酒。

【译文】

酒是用来行使礼节，补养性命，助欢为乐的饮料，过量了就变成了祸患，不可不小心啊。凡作为主人，请客饮酒，使客人脸上略有酒色就行了，不要让客人大醉。作为客人，如果别人一定要你饮，你就要退席长跪，说这是家父训诫不要多饮来推辞掉。如果被人邀请去喝，你可以坐在下座，跟在别人后面多少喝一点，违犯了酒令罚酒时你举杯示意有酒就行了，不要多喝。祸患变故往往就发生在饮酒上，应该多加小心。

（储兆文）

诫子侄文

王昶

王昶（？—259），字文舒，太原晋阳（今山西太原）人。三国时魏国大臣。魏明帝时累官至司空，卒谥穆，尝著《治论》二十余篇，《兵书》十余篇。

【提要】

王昶给自己的儿子和侄儿命名，一律取谦让务实之意，这里选录的诫文可见作者以谦让务实为宗旨来教子之一斑。第一则要求子侄淡泊宁静，以儒道互补为处世之道；第二则告诫子侄如何对待别人的诋毁，不要冤冤相报，而应修身以止谤。

【原文】

人若不笃于至行，而背本逐末，以陷浮华焉，以成朋党焉。浮华则有虚伪之累，朋党则有彼此之患。此二者之戒，昭然著明，而循覆车滋众，逐末弥甚，皆由惑当时之誉，昧目前之利故也。

览往事之成败，察将来之吉凶，未有干名要利[①]，欲而不厌，而能保世持家，永全福禄者也，欲使汝曹立身行已，遵儒者之教，履道家之言，故以玄默冲虚为名[②]，欲使汝曹顾名思义，不敢违越池。

人或毁己，当退而求之于身。若己有可毁之行，则彼言当矣；若己无可毁之行，则彼言妄矣。当则无怨于彼，妄则无害于身，又何反报焉？且闻人毁己而忿者，恶丑声之加人也，人报之滋甚，不如默而自修也。谚曰："救寒莫如重裘，止谤莫如自修。"斯言信矣，若与是非之士，凶险之人，近犹不可，况与对校乎？其害深矣。

【注释】

①干名要利：追名逐利。②玄默冲虚：谓恬淡清静无为之意。王昶给子侄的名字：子浑，字玄冲；子深，字道冲；侄默，字处静；侄沉，字处道。

【译文】

人如果不诚信地奉行孝敬仁义，而去舍本逐末便会陷入浮华，或结成小集团。浮华就会有虚伪牵累，结成小集团就会有派别彼此争斗的忧患。这两点应引以为戒，这是不言自明的。那些不以前车倾覆为鉴，而是沿着危险越走越远，越来越舍本逐末，都是由于被当时的虚名所迷惑，被眼前的微利所蒙骗的缘故。

历览往事的成败，考察未来的吉凶，从来没有追名逐利、贪得无厌的人能够平安处世，合理持家、永保福禄的。我希望你们立身行事，遵从儒家的教诲，践行道家的言论，所以用玄默冲虚给你们命名，想使你们看到名字就能想到它的含义，不去违反这些道理。

有人诋毁自己，应该退而思考自身的是与非。如果自己有可以让人诋毁的地方，那么对方的言论是对的；如果自己没有可以让人诋毁的地方，那么对方的言论是错误的。对方对的就不要怨恨他；对方错了，对我自身没有危害，又为什么要去报复呢？听到了别人诋毁自己，便发怒并且用恶言秽语去加害他，那么他又会更加诋毁自己，还不如沉默地对待诋毁而去提高自身修养。谚语说："要防寒不如添加一件裘衣，要止住诽谤不如加强自身修养。"这句话的确可信。如果遇到搬弄是非或凶险的人，连接近他们都不应该，何况与他们对质辩驳呢？那样的话，危害是很大的。

（储兆文）

诫　子

荀勖

荀勖（？—289）字公曾，颍阴（今河南许昌）人。西晋开国功臣。曾仕魏，累任中郎，入晋为侍中，封济北郡公，进光禄大夫，为人缜密，专管机事，博学明识，通音律，曾受诏编撰《中经》。

【提要】

这是荀勖在别人劝他应有所私营的情况下，对其子说的一番话，告诫其子应奉公杜私。

【原文】

人臣不密则失身，树私则背公，是大戒也。汝等亦当宦达人间，宜识吾此意。

（储兆文）

诫　子

姚信

姚信（生卒年不详），字元道，吴兴（今浙江湖州）人。三国时吴国人。初为太常。著有《士纬》十卷，《姚氏新书》二卷，《姚氏集》二卷。

【提要】

本篇指出修养很高的人，行善是纯粹的道德自觉，而并非为了寻求外在的名誉，因此他在任何时候都会始终不渝地坚持自己的操守。文章还痛斥了那些表里不一的卑琐之辈。

【原文】

古人行善者，非名之务，非人之为。心自甘心，以为己度。险易不亏，始终如一。进合神契[①]，退同人道[②]。故神明佑之，众人尊之，而声名自显，荣禄自至，其势然也。又有内折外同，吐实怀诈，见贤则暂自新，退居则纵所欲。闻誉则惊自饰，见尤则弃善端[③]。凡失名位，恒多怨而害善。怨一人则众人疾之，害一善则众人怨之。虽欲陷人而进己，不可得也，只所以自毁耳。顾真伪不可掩，褒贬不可妄。舍伪从实，遗己察人，可以通矣。舍己就人，去否适泰，可以弘矣。贵贱无常，唯人所速。苟善，则匹夫之子可至王公。苟不善，则王公之子反为凡庶。可不勉哉？

【注释】

①合神契：与神灵相合。②人道：我国古代哲学中与“天道”对立的概念。指人事，为人之道，或社会规范。③尤：责怪，归咎。

【译文】

古人施行善事的原因，并非为了追求声名，也并非做给别人看，而是自觉自愿地把它作为自己的奋斗目标。无论是顺境，还是逆境，都不放松努力，而始终如一。进则与神灵相合，退则与人道相符。因此神明会保佑他，众人会尊敬他，而声名便自然会显赫，荣誉俸禄也自然会来到，这是顺乎情理、自然而然的。又有些人内心怀着不同意见而外表假装赞同，嘴里说的话听似实话心里却怀着欺诈，见到贤人时则暂时改过自新，回到家中则放纵自己为所欲为。听到赞誉便十分惊喜而且更加自我矫饰，受到责备便抛弃善良，索性为恶。凡是失去了声名与地位的人，大多是怨恨太多而去损害善良。怨恨一人便会被众人所指责，伤害一位善良的人便会被众人所憎恨。虽然想要陷害别人而使自己晋升，却又不能够得到，只不过落得个自我毁灭罢了。可见真与伪不能掩饰，褒与贬不能虚妄不实。丢掉虚伪而依从真实，忘却自己而观察他人，就可以通达了。舍弃自己而帮助别人，抛弃困厄而走向通达，就可以扩大影响了。贵和贱没有一定，全由人们自身招致。如果善良，那么平民的子孙也可能达到王公的地位。如果不善良，那么王公的子孙反可以沦为平民。能不努力吗？

（周晓薇）

晋

诫子书

羊祜

羊祜（221—278），字叔子，泰山南城（今山东费县）人。西晋大臣。魏末参掌司马昭的机密。晋武帝（司马炎）代魏以后，与他筹划灭吴。泰始五年（269），封钜平侯，出镇襄阳。在镇十年，作灭吴的准备。多次请求出兵灭吴，未能实现。临终前，推举杜预自代。死后，吏民为之建庙立碑以表怀念。

【提要】

文中表示了对儿辈才能平庸的忧虑，并教导他们以忠信作为人生标准，在行为中要处处体现它。涵养要深，不可背后说长道短。

【原文】

吾少受先君之教①。能言之年②，便召以典文③。年九岁，便诲以诗书。然尚犹无乡人之称，无清异之名④。今之职位，谬恩之加耳，非吾力所能致也。吾不如先君远矣，汝等复不如吾。谘度弘伟⑤，恐汝兄弟未能致也；奇异独达⑥，察汝等将无分也。恭为德首，慎为行基。愿汝等言则忠信，行则笃敬⑦。无口许人以财，无传不经之谈⑧，无听毁誉之语。闻人之过，耳可得受，口不得宣，思而后动。若言行无信，身受大谤，自入刑论⑨，岂复惜汝，耻及祖考⑩。思乃父言，耻乃父教，各讽诵之⑪。

【注释】

①先君：自称去世的父亲。②能言之年：指能写字的年龄。③典文：指可以作为典范的重要书籍。④清异之名：指特别的才能。⑤谘（zī）度弘伟：意谓见解高深，志向远大。⑥奇异独达：意谓才能非凡，智慧通达。⑦笃：诚笃，忠实。⑧不经之谈：没有根据的议论。⑨刑论：以刑罚论处。⑩祖考：祖父和父亲。祖，祖父。考，父亲。⑪讽诵：温习背诵。

【译文】

我从小就受到父亲的教导。能写字的年龄，他就教我学那些可以作为典范的重要文籍。到了九岁，便教我学《诗经》《尚书》，但是还没有得到家乡人的称誉，还没有特别的才能。今天我所得到的官职地位，可说是皇帝误把恩惠赐给我罢了，并不是我的能力所能得到的。我远不如我的父亲，你们又不如我。见解高深志向远大，恐怕你们兄弟没有这个能力；才能非凡，智慧通达，看来你们也没有这样的天分。恭敬是道德的首要，谨慎是行事的基础。希望你们言语忠信，行为笃敬。不要随便许给别人财物，不要传播没有根据的谣言，不要偏听诋毁或浮夸的一面之词。听说了别人的过错，耳朵可以听，但不要再去宣扬，三思之后再决定如何去做。如果言行不讲信用，势必身受很多指责唾骂，甚至落得以刑罚论处，自取灭亡。我难道只是在为你们怜悯痛惜吗？我是担心要给父祖们也带来耻辱啊。好好想你们父亲的话，听从你们父亲的教诲，每个人都要认真温习和背诵它。

（王其袆）

家　诫

嵇康

嵇康（224—263），字叔夜，谯郡铚（今安徽宿州）人。三国时魏国思想家、文学家。“竹林七贤”之一，官中散大夫，世称嵇中散，与阮籍齐名。不满当时掌握政权的司马氏集团，为司马昭所害。有《嵇中散集》。

【提要】

嵇康《家诫》屡屡将君子与俗人相对，但其中也有较强烈的全身远害思想。这里选录的五节，主要劝诫：人的行动应有准则，议而后动；不要用小恩小惠的意气而忘记了应救赈的穷乏之人；不要爱虚荣而贪求无厌，不要囿于小仁小义，而应着眼于大处的谦逊宽容；不要打探别人的隐私；不要轻易接受他人馈赠。

【原文】

人无志，非人也，但君子用心，有所准行，自当量其善者，必拟议而后动。若志之所之，则口与心誓，守死无二，耻躬不逮，期于必济。若心疲体懈，或牵于外物，或累于内欲，不堪近患，不忍小情，则议于去就[①]，议于去就，则二心交争，二心交争，则向所以见役之情胜矣，或有中道而废，或有不成一匮而败之[②]，以之守则不固，以之攻则怯弱，与之誓则多违，与之谋则善泄，临乐则肆情，处逸则极意，故虽繁华熠耀，无结秀之勋[③]，终年之勤，无一旦之功，斯君子所以叹息也。

不须行小小束修之意气[④]，若见穷乏而有可以赈济者，便见义而作。若人从我，欲有所求，先自思省，若有所损废，多于今日，所济之义少，则当权其轻重而拒之，虽复守辱不已，犹当绝之。然大率人之告求，皆彼无我有，故来求我，此为与之多也[⑤]。

夫言语君子之机[⑥]，机动物应，则是非之行著矣，故不可不慎。若于意不善了[⑦]，而本意欲言，则当惧有不了之失，且权忍之，后视向不言此事[⑧]，无他不可，则向言或有不可，然则能不言，全得其可矣。

外荣华则少欲[⑨]，自非至急，终无求欲，上美也。不须作小小卑恭，当大谦裕[⑩]；不须作小小廉耻，当全大让。若临朝让官，临义让生，若孔文举求代兄死[⑪]，此忠臣烈士之节。凡人自有公私，慎勿强知人知。彼知我知之，则有忌于我。今知而不言，则便是不知矣。若见窃语私议，便舍起，勿使忌人也。或时逼迫强于我共说，若其言邪险，则当正色以道义正之？何者？君子不容伪薄之言故也。

匹帛之馈，车服之赠，当深绝之，何者？常人皆薄义而重利，今以自竭者，必有为而作，鬻货徼欢[⑫]，施而求报，其俗人之所甘愿，而君子之所大恶也。

【注释】

①去就：指干与不干。②匮：通“篑”，盛土的竹筐。③结秀：结果实。④束修：十条干肉，古代弟子拜师、亲友之间互相赠送的一种礼物。⑤与之：给予，施与。⑥机：事物变化的迹象、征兆。⑦不善了：不很了解、明白。⑧向：过去。⑨外：动词，把……看作身外之物。⑩谦裕：谦恭宽宏。裕，宽宏、宽容。⑪孔文举：即孔融（153—208），“建安七子”之一，后被曹操所杀。⑫鬻（yù）货徼欢：卖财物以行贿，以讨别人欢心。

【译文】

人如果没有心志，那就不成为人，但是君子用心志的时候，是有一定的准则的，自然会思量它的好的方面，一定要预先思议了才去行动。如果心里想去干什么，那便心口如一，至死不二，以达不到目的为耻，希望一定能实现想干的事。假如身心疲惫倦怠，或被外物所牵制，或被内欲所滞累，不能忍受近忧和小患，就要考虑是去干还是不干了，一旦考虑这些，就有两种想法在心头产生矛盾，产生了这种内心矛盾，那么原来被役使的情绪便占了上风。有的半途而废，有的功败垂成，用这样的心态来守卫便不牢固，用来进攻就显得怯弱，用来起誓大多会违誓，用来谋划大多会泄密，走到娱乐的场合便会放纵自己的私情，处于安逸的环境就会恣意妄为，所以即使花朵开得耀眼夺目，但终究没有结果实，一年勤苦劳作，却没有一点功劳，这是君子之所以叹息的原因啊。

不要做那些微不足道的互送礼品的事，以显示意气，如果见到那些贫穷困乏应该得到救济的人，应该见义勇为。如果有人随从我，想有求于我，首先应该思考反省，如果给予了他，其害处多于现在的，救济的意义不大，就应该权衡轻重来拒绝他，即使受到侮辱，也应该摆脱他。但是，大凡人向别人求助，多是他无而我有，所以才来求我，一般还是给予的情况占多数。

言语是君子心机的外在表征，心机变化则其他也随之变化，这样是非的情形就看得清楚了，所以不能不慎重。如果对某事不太明白，而自己本意想说出来，就应该想到说出来会有因不清楚而带来过失，暂且忍受着。后来再看此前不说这事，也没有什么不可以的。即使是当时非说不可的，但能够不说，也是可以的。

把荣华看成是身外之物，就会减少内在欲求，如不是特别要紧的事，千万不要追求欲望，这是最为美好的事。不要为小事而谦让卑恭，应该作大的谦逊宽容，不要仅在小事上有廉耻感，应当成全大的礼让。像临朝让官位，为了义而让生，像孔融那样代替兄长去赴死，这是忠臣烈士的节操啊！每个人都有公事和私事，千万不要打探别人知道的东西。因为他如果知道我知道了他所知的东西，就会对我有忌讳。现在我知道了却不说出来，这也就等于不知了。如果看到别人窃窃私语，交头接耳，就应当起身离去，不要使别人有所忌。有时遇上逼迫着我一起谈论的情况，如果他谈的话内容奸邪险恶，那么就应当严肃地用道义来纠正他。为什么呢？是君子容不得虚伪浮薄的言辞的缘故啊。

匹帛车服之类的馈赠品，应当坚决拒收，为什么呢？通常人都轻义而重利，现在他主动赠人礼物来耗费自己的财物，必然是有所图。卖货物来求得别人的欢心，施与一定是为了要你的回报，这是世俗人甘愿做的，却是君子所憎恶的。

（储兆文）

责子书

陶侃母

陶侃母湛氏，豫章新淦（今江西新干）人。初被聘为妾，生侃。陶氏家贫，湛氏靠纺纱织麻资助侃交结名人，有人寓宿家中，遇大雪，湛氏撤自卧床草，割碎喂客马，又截发卖予邻人，以供肴馔。侃后以功名显，人叹曰：“非此母不生此子！”

【提要】

陶侃，东晋名士，侃初作县吏时，做监鱼梁职，送给母亲一瓦锅鱼，湛氏封鱼不动，并附信责备儿子，不应以官谋私。可见陶侃从贫贱之人而成为一代名士，与湛氏的教诲是分不开的。

【原文】

尔为吏，以官物遗我①，非惟不能益吾，乃以增吾忧矣。

【注释】

①官物：指陶侃利用监鱼梁之便，送给母亲的一瓦锅鱼。遗（wèi）：送。

（储兆文）

手令诫诸子

李暠

李暠（351—417），字玄盛，陇西狄道（今甘肃临洮）人。十六国时期西凉的建立者。400—417 年在位，曾在北凉任敦煌太守，隆安四年自称大都督、大将军、凉公，领秦凉二州牧、护羌校尉，建元庚子，迁都酒泉。死后谥武昭王。由其子李歆继位。

【提要】

这是西凉国开国之君给他的儿子们的诫令，由于处于战火频仍的十六国时期，所以李暠主要从如何保住江山、守成艰难着眼，要求诸子首先要读书为学，以加强自身修养；还要节酒慎言，明善恶是非，近忠远佞，勤政爱民，恭敬谦虚诚恳，礼贤兼听。最后特别强调所统治的凉州，人物敦雅、世笃忠厚，人有小过错要斟酌从轻发落，又因此地久历兵火，需要休养生息，交代诸子要从长计议，无愧前志。

【原文】

吾自立身，不营世利，经涉累朝，通否任时①，初不役智，有所要求。今日之举②，非本愿也。然事会相驱，遂荷州土③。忧责不轻④，门户事重。虽详人事，未知天心。登车理辔⑤，百虑填胸。后事付汝等，粗举旦夕近事数条，遭意便言，不能次比⑥。至于杜渐防萌⑦，深识情变，此当任汝所见深浅，非吾敕诫所益也。

汝等虽年未至大，若能克己纂修，比之古人，亦可以当事业矣。苟其不然，虽至白首，亦复何成，汝等其诫之慎之。

节酒慎言，喜怒必思。爱而知恶，憎而知善。动念宽恕，审而后举，众之所恶，勿轻承信。详审人，核真伪，远佞谀，近忠正，蠲刑狱⑧，忍烦扰，存高年⑨，恤丧病，勤省案，听讼诉刑法，所应和颜任理，慎勿以情轻加声色。赏勿漏疏，罚勿容亲。耳目人间，知外患苦，禁御左右，勿作威福。勿伐善施劳，逆诈臆必[10]，以示己明，广加谘询，无自专用，从善如顺流，去恶如探汤[11]。富贵而不骄者，至难也。念此贯心，勿忘须臾。寮佐邑宿[12]，尽礼承敬，燕飨馔食，事事留怀。古今成败，不可不知，退朝之暇，念观典籍。面墙而立，不成人也。

此郡世笃忠厚，人物敦雅，天下全盛时，海内犹称之，况复今日，实是名邦，正为五百年乡党，婚亲相连，至于公理，时有小小颇回，为当随宜斟酌。吾临莅五年[13]，兵难骚动，未得休众息役，惠康士庶。至于掩瑕藏疾，涤除疵垢，朝为寇仇，夕委心膂[14]，虽未足希准古人，粗亦无负于新旧[15]。事任公平，坦然无类，初不容怀，有所损益，计近便为少，经远如有余，庶亦无愧于前志也。

【注释】

①通否：仕途通达或不通达。②今日之举：指自称凉公，创建西凉国事。③荷州土：指承担统治州土的重任。④忧责：忧心的事和担负的责任。⑤登车理辔：古人常将当官处理政事与驾车相比譬，此处指登上王位，处理政事。⑥“遭意”二句：意为随心想到的便说出来，没有一定的思路。次比，排列次序。⑦杜渐防萌：犹防微杜渐。⑧蠲（juān）：减免，除去。⑨存：思存，体贴。⑩逆臆：指逆料，臆测。这句意为不要凭自己的主观臆测，想当然办事。⑪汤：沸水。⑫寮佐：官佐属吏。邑宿：城中受人尊重的长者。⑬临莅：指登位。⑭心膂（lǚ）：心腹骨干。《尚书·君牙》：“今命尔予翼，作股肱心膂，缵乃旧服，无忝祖考。”⑮新旧：指新投降过来的人和原来的老部下。

【译文】

我从立身处世以来，不钻营谋求利益，已经在几朝任过官了。仕途的通达与否完全顺应天时，刚开始并没有潜心于智谋，只是有所上进追求而已。今天这样自称凉公、开创一国的行动，并不是我的本来心愿，而是时势所驱使，于是便担负起统治一州国土的重任。我所忧心的事情和身上的责任都很不轻，千家万户的事也极重大。虽然很能了解人心的向背，但不知道天心如何。登位处理政事，我所思虑的事太多了，将来的事就交付于你们了。现在粗略地列举几条早晚要你们做的事吧，随心想到的便说出来，没有完整的思路次序。至于防微杜渐，洞悉事态变化，这些就要凭你们见识的深浅，不是我的训诫所能起到作用的了。

你们虽然都很年轻，但如果能克制自己继续修养，像古人那样，也能够成就大事业。如果不是这样的话，即使到了两鬓苍苍的时候，也将一无所成，你们要警诫慎重啊！

要节制饮酒，谨慎言语，喜怒的情绪来了要反思是否就该表现，对喜爱的要知道它还有不好的方面，对憎恶的要知道它还有善美的方面。思考问题要从宽恕方面着眼，审视清楚了才决定，大家都憎恶的，你们不要轻易承诺信赖。详细地审查用人，考察真假，远离奸佞谀媚之人，接近忠诚正直的人。减少刑惩牢狱，忍受烦务干扰。体恤老年人，关心病残的人。勤于省察案件，仔细听取诉讼刑法，要采取和颜悦色、以理服人的态度来对付这些事，千万不要凭自己的主观喜恶来妄加判断。赏赐不要遗漏了关系疏远的人，惩罚不要宽容关系亲密的人。亲身观察听访人间，了解外面的痛苦。对自己统辖的宫中左右之人，不让他们作威作福。不要自我夸耀有什么善行和功劳，不要凭自己的主观臆测想当然办事，以此来显示自己的明智，而要广泛询问，不可刚愎自用。从善如同顺流而下，从恶就像去探摸沸水一样不敢稍前。富贵而不骄奢，这是最难做到的，这需要铭记在心，时刻不忘。无论是你的下属官僚还是累世为官的长老，都要用礼义敬意接纳他们，宴会宾客犒劳士卒都应事事留心在意。古今成败兴亡之理，不可不知晓。退朝后有空闲，要诵读思考古今典籍。如果不识字，就像对墙站立，无所事事，那人将不成为人了。

凉州郡的人世代笃信忠厚，风情人物敦厚雅正，在天下太平时，全国上下都这样称赞他们。何况在今天，这里更是的确有名的地方，整整五百年的乡邻村党，世代通婚联姻，至于说到他们有时违反公理，小事就该斟酌从轻处治。我登位五年来，兵火骚乱不断，没有来得及让人民休养生息，也没有施惠加恩于士人庶族。至于掩盖瑕疵藏匿病苦，消除毛病污垢，早晨还是仇敌，晚上就认作心腹，委以大任，虽然不敢说赶得上古人，但大体上也没有负于新降来的或原来的将士。事情要办得公平，坦然而不与人争斗，开始不能宽大为怀，将来便会遭到损害，只考虑目前就显得不够，作长远的打算就能游刃有余，这样大概就不会愧对从前的志向了。

（储兆文）

与子俨等疏

陶渊明

陶渊明（365— 427），一名潜，字元亮，私谥靖节，浔阳柴桑（今江西九江）人。东晋诗人。出身于破落官僚地主家庭，曾任江州祭酒、镇军参军、彭泽令等职，因不满现实而去职归隐。诗文辞赋均工，诗多描绘自然景物和田园风光，其中隐寓着他对腐朽统治集团的憎恶和不愿同流合污的精神，但亦有“人生无常”“乐天安命”等消极思想；也有一些寄托抱负，颇多愤激的“金刚怒目”式的诗作。他的诗平淡爽朗，质朴自然。散文以《桃花源记》最负盛名。有《陶渊明集》。

【提要】

陶潜一生淡泊名利，隐居躬耕，以至于常常为饥寒所迫，但其高节不变，虽死不悔。这是他自感将不久于世而写给儿子们的一篇语重心长的家信。他首先回顾了自己一生的志趣和人生态度，说明自己清白自守的一生。后半部分是训诫儿子们要和睦相处，虽是异母所生，但仍是同父兄弟，应以先贤为范，慎重治家。

【原文】

告俨、俟、份、佚、佟：

天地赋命[①]，生必有死。自古圣贤，谁独能免。子夏有言曰[②]：

“死生有命，富贵在天。”四友之人③，亲受音旨。发斯谈者，岂非穷达不可妄求，寿夭永无外请故耶④？

吾年过五十，少而穷苦，每以家弊，东西游走。性刚才拙，与物多忤⑤。自量为己，必贻俗患。黾勉辞世⑥，使汝等幼而饥寒。余尝感孺仲贤妻之言⑦，败絮自拥，何惭儿子，此既一事矣。

但恨邻靡二仲⑧，室无莱妇⑨，抱兹苦心，良独内愧。少学琴书，偶爱闲静，开卷有得，便欣然忘食。见树木交荫，时鸟变声，亦复欢然有喜。常言：五六月中，北窗下卧，遇凉风暂至，自谓羲皇上人⑩。意浅识罕，谓斯言可保。日月遂往，机巧好疏⑪。缅求在昔⑫，眇然如何。疾患以来，渐就衰损。亲旧不遗，每以药石见救，自恐大分将有限也⑬。

汝辈稚小家贫，每役柴米之劳，何时可免？念之在心，若何可言。然汝等虽不同生，当思四海皆兄弟之义。鲍叔、管仲，分财无猜⑭；归生、伍举，班荆道旧⑮。遂能以败为成⑯，因丧立功⑰。他人尚尔，况同父之人哉。

颍川韩元长，汉末名士。身处卿佐，八十而终。兄弟同居，至于没齿⑱。济北氾稚春⑲，晋时操行人也。七世同财，家人无怨色。《诗》曰：“高山仰止，景行行止⑳。”虽不能尔，至心尚之㉑。汝其慎哉！吾复何言。

【注释】

①赋命：给予人以生命。②子夏：孔子学生，姓卜名商。③四友：孔子四友，回、赐、师、由。④外请：额外请求。⑤忤（wǔ）：违反，抵触。⑥黾勉：勉强。⑦孺仲：即王霸，后汉人。⑧二仲：指求仲、羊仲，蒋元卿杜门却客，家有三径，唯二仲与之游。⑨莱妇：老莱子之妇。⑩羲皇上人：伏羲时代以前的人。⑪好疏：甚少。⑫缅求：远求。⑬大分：大数，生死的运数。⑭“鲍叔、管仲”二句：指二人分财物而不猜忌。⑮道旧：叙说旧好。⑯以败为成：指管仲被俘本来失败了，但因鲍叔推荐而做齐相，成了大业。⑰因丧立功：指伍举出奔，本为失败，但因归生推举，而能协助公子围继承王位，立下功劳。⑱没齿：掉了牙齿，指年老。⑲氾稚

春：名毓，西晋人。《晋书》有传。⑳“高山”二句：见《诗经·小雅》。仰，仰望。景行，大道。行，行走。止，助词。㉑至心尚之：诚心地尊崇他们。

【译文】

告诫陶俨、陶俟、陶份、陶佚、陶佟诸儿：

天地给予人生命，有生必有死。自古以来的圣贤们，哪一个能够逃避这个规律呢？子夏说：“生死有命，富贵在天。”孔子四友，亲自受到这种教诲。发表这种评论的，难道不是说困窘与通达不可妄求，长寿还是夭折永远不可额外寻找吗？

我现在已经五十多岁了，自小便困窘受苦，常因家庭衰微，而东走西游。性情刚直而才学愚拙，与世事多有抵触。自己思度自己，将来会留后患。所以勉力辞世隐遁，使你们自幼便受饥寒所迫。我尝有感于王霸那贤惠的妻子的话，自己裹着破棉絮，有什么愧对子女的地方，这已经成了过去的事了。

我只遗憾自己没有像二仲那样逃名隐遁的邻居，没有像老莱子妻子那样劝我忘名忘利的妻室。独自抱有隐遁忘世的苦心，实在独自觉得有愧。我很小就学习抚琴读书，偏爱闲静，读书有所收获，就欣欣然而忘记吃饭。看见树木交错，繁枝成荫，四时鸟声交替鸣响，也欢呼高兴，喜形于色。常常说，在五六月的时候，在北窗底下高卧，遇到刚刚来的凉风，自己便以为自己是上古之民了。我意志浅陋、见识短少，以为这句话可以保持自励。岁月流逝，我的机心巧思却一直很少，过去孜孜追求的，现在茫然不知如何。自从生病以来，渐渐走向衰弱，亲朋故旧，没有嫌弃我，常常送药来医治我，我自己觉得我将不久于世了。

你们从小就生活在贫寒之家，被柴米之劳所驱使，什么时候才是个尽头呢？我挂念在心，又有什么可说的呢？你们兄弟虽然不是同母所生，但应该想起“四海之内皆兄弟”这句话的含义。管仲、鲍叔分财而不猜忌，归生、伍举相遇而重叙旧好，于是他们都反败为胜，因失立功。其他的人都能如此，何况你们是同父兄弟呢？

颍川韩元长，是汉末名士，身居卿相，八十岁而死。他与兄弟同居一室，一直到年老。济北汜稚春，是晋代有操行的人，他家七世同财，家人都没有怨色。《诗经》说："抬头仰望那高山，沿着那大道走去。"虽然不能像以上这些名士那样，也应诚心崇尚他们。你们如能慎重行事，我又有什么可说的呢？

（储兆文）

南北朝

庭　诰

颜延之

颜延之（384—456），字延年，临沂（今属山东）人。南朝宋文学家。官至金紫光禄大夫，文章冠盖当世，与谢灵运齐名。嗜酒。性放诞，言无忌讳，触忤要人，时称颜彪。

【提要】

《庭诰》是作者闲居无事时作的两篇训诫文字，它立意高远，征引自如，滔滔雄辩，下笔多成警句，具有富赡的内涵和深刻的哲理。全文较长，这里是从中节录的二段，它们分别为：（一）一般性论述道情公私之间、孝慈友悌之间的关系。（二）喜怒反映一个人的气度见识，应该抑忍以及人性易受感染，应慎其所处，与善人交。

【原文】

道者识之公，情者德之私，公通可以使神明加响，私塞不能令妻子移心。是以昔之善为士者，必捐情反道①，合公屏私②，寻尺之身，而以天地为心；数纪之寿，常以金石为量。观夫先贤垂诫，长老余论，虽用细制，每以不朽见铭，缮筑末迹③，咸以可久承志，况树德立义，收族长家④，而不思经远乎？曰：身行不足，遗之后人。欲求子孝，必先慈；将责弟悌，务为友[⑤]。虽孝不待慈，而慈固植孝；悌非期友，而友亦立悌。夫和之不备，或应以不和，犹信不足焉，必有不信。倘知思意相生，情理相出，可使家有参柴，人皆由损[⑥]。

喜怒者有性所不能无，常起于偏量，而止于弘识，然喜过则不重，怒过则不成，能以恬淡为体，宽愉为器者，美矣！大喜荡心，微仰则定；甚怒烦性，小忍即歇。故动无愆容，举无失度，则物将自悬，人将自止。习之所变亦大矣，岂惟蒸性染身，乃将移智易虑[⑦]？故曰：与善人居，如入芝兰之室，久而不闻其芬，与之化矣[⑧]；与不善人居，如入鲍鱼之肆[⑨]，久而不闻其臭，与之变矣，是以古人慎所与处。唯夫金真玉粹者，乃能处而不污尔。故曰：丹可灭而不能使无赤，石可毁而不能使无坚，苟无丹石之性，必慎浸染之由。

【注释】

①捐：抛弃。反：返。②屏：同“摒”，摒弃。③缮：修整。④收族长家：支撑家族，治理一户。⑤友：亲爱，友好，多用于兄弟之间。⑥参柴、由损：指曾参、高柴、仲由、闵损，皆为孔门弟子，以孝闻。见《史记·孔子弟子列传》。⑦移智易虑：改变心智思虑。⑧化：同化，一致。⑨鲍鱼之肆：出售鲍鱼的商店。鲍鱼，盐渍鱼。

【译文】

道是智识的公理，情是德行的私欲，公理通达可以使神明响应，私欲阻塞不能使妻子儿女改变主意。所以过去那些善于做士人的人，都坚定地抛弃情感回归大道，使自己的言行符合公理而摒弃私欲，几尺长的身躯，而以天地作为本心；几纪长的寿命，常常与金石较量。审视先贤们留下来的训诫，年长者留下来的话语，虽然都是篇幅短小，可常常都因不朽而被铭记；即使都是微小的事迹，但却每每是因为可以承其大而被记录下来，何况树立德行标榜义礼，支撑一族掌管一家，难道可以不考虑它的长久效果吗？有言道：自身的行为不够好，必然贻害后人，想让儿子孝顺，父亲必须先慈爱；想让弟弟顺从，哥哥必须先友善。即使孝不一定非有待于慈不可，但慈爱一定可以培养出孝来，即使顺从不一定非要期望于友善，但友善一定能树立起顺从来。和睦不具备，将带来不和，就像信义不够，必然带来失信一样。倘若明白了恩情和孝义是相互产生、情感和公理是相互依存的，就能够家家有参柴，人人成由损了。

喜怒是人的本性，难以避免，它们常常产生于气量狭小，而终止于卓识。然而欢喜过度就有失自重，愤怒过度就有失威严，能够用恬静淡泊、宽心愉悦的态度处世，就太美妙了！大的喜悦摇荡心旌，只要稍稍压抑就安定了；大的怒气烦恼心性，只要稍稍忍耐就能停息。这样，举止没有过错与失度，那么，事物依然存在，而人会自动平静。人的习性改变也太大了，哪里仅仅是邪性染身才会改变人的智慧和思维。因而说，与好人相处，就像进入充满芳香的屋子，时间长了便闻不到香气了，已经与香气同化了；与坏人相交往，就像进入出售盐渍鱼的店铺，时间长了就闻不到臭气了，也与它一起变臭了。因此，古人很慎重选择与什么样的人相处。只有那些有金石一般的坚贞、粹玉一般坚强品行的人，才能与任何人相处而不受其坏的污染。所以说可以把丹砂毁灭，但不能使它的红色消除，可以使石头粉碎，但不能使它不坚硬。假如一个人没有丹砂石头一样的品行，就一定要谨慎防止被感染变坏。

（储兆文）

诫子书

王僧虔

王僧虔（426—485），临沂（今属山东）人，王导五世孙。刘宋和齐时的官员。宋时官至尚书令，入齐，转侍中，任湖州刺史、加光禄大夫。善隶书，齐高祖萧道成曾与之一起研习书法，问：“谁第一?”答曰：“臣书，臣中第一；陛下书，帝中第一。”谥简穆。

【提要】

本篇是从作者《诫子书》中摘录的一节，主要告诫其子不要凭祖上余荫庇护，而应发奋读书，以期显达，那些父子贵贱不同，兄弟声名有别的原因，就在于他们是否读书。

【原文】

舍中亦有少负令誉，弱冠越超清级者，于是王家门中，优者则龙凤，劣者犹虎豹。失荫之后[①]，岂龙虎之议？况吾不能为汝荫，政应各自努力耳[②]。或有身经三公，蔑尔无闻[③]；布衣寒素，卿相出体。或父子贵贱殊，兄弟声名异，何也？体尽读数百卷书耳。吾今悔无所及，欲以前车诫尔后乘也。汝年入立境[④]，方应从官，兼有室累[⑤]，牵役情性，何处复得下帷如王朗时邪[⑥]？

【注释】

①失荫：失去祖上的余荫庇护。②政：通“正”。③蔑：灭。④年入立境：进入而立之年（三十岁）。⑤室累：妻室之累。⑥下帷：放下窗帷读书。王朗：字景兴，曾被曹操征为谏议大夫，官至司空，读书刻苦，著《周易传》《春秋传》《孝经传》《周官传》等，已佚。

【译文】

我们家族中也有年少时便有好名誉，刚成年便超越显贵的地位的人，随后在王氏家族中，优秀的成了龙凤，差一点的也成了虎豹。失去祖上积下的余荫之后，哪里又谈得上是龙虎啊？何况我也不能为你们积下余荫，你们正需要各自努力噢。有的人虽身经三公，但仍默默无闻；有的人虽然出身寒门，但却让卿相为之屈服。也有一些父与子的贵贱不同，兄与弟的名声有别，这是为什么呢？完全是由于自身尽读几百卷书所致。我现在后悔一无所成，想用我的这个前车之鉴来鞭策你，要引以为戒啊。你已经到了而立之年，正要当官应付公事，又有妻室拖累，到何时才能像王朗一样下帷安心读书呢？

（廉碧）

诫子崧

徐勉

徐勉（466—535），字修仁，东海郯（tán，今山东郯城）人。南朝梁文学家。萧衍时任掌书记，梁朝朝章仪制，皆参与其议。为官清廉，家无蓄积。自称遗子以清白。《梁书》《南史》有传。

【提要】

古往今来，诸多做父母的遗留给子孙的往往是多多益善的物质财富。实际这不是爱子，而是害子，使子滋长奢侈依赖的心理，从而丧失独立创业的勇气和能力。徐勉清醒地意识到，作为一个合格的父亲，给子孙留下的不应是物质财富，而是光辉的人格风范。

【原文】

吾家世清廉，故常居贫素，至于产业之事，所未尝言，非直不经营而已①。薄躬遭逢②，遂至今日，尊官厚禄，可谓备之，每念叨窃若斯③，岂由才致？仰藉先代风范及以福庆④，故臻此耳⑤。古人所谓“以清白遗子孙，不亦厚乎⑥”。又云：“遗子黄金满籯，不如一经⑦。”详求此言，信非徒语。吾虽不敏，实有本志，庶得尊奉斯义，不敢坠失。

【注释】

①直：只。②薄躬遭逢：自身卑微的际遇。薄，卑微。躬，自身。③窃：窃取，得到。④仰藉：依靠。风范：教化榜样。⑤臻：至，达到。⑥此为杨震语，见《后汉书·杨震传》。⑦此为韦贤语，见《汉书·韦贤传》。籯（yíng），箱。

【译文】

我家世代都很清廉，因此常常过着清贫朴素的生活。至于产业的事情，不但从来没有营求过，也从未谈起过。自身卑微的辛苦际遇，一直到了今天，尊贵的官职与丰厚的俸禄，可以说是都有了，每每念叨得到这些，难道是由于自己的才能得到的吗？那是依靠先代的风范榜样和福运的降临，因此才有今天的。古人所说“将清白遗留给予孙，不也是很丰厚的礼物吗？”又说：“留给子孙满箱黄金，不如教会子孙一本经书。”认真地咀嚼这句话，确实不是虚妄之词。虽然我不聪慧，却真正有这样的志向，幸而能遵照这些教诲从事，从不敢有所失误。

（周晓薇）

诫　子

萧纲

梁简文帝萧纲（503—551），字世缵，南兰陵（今江苏常州西北）人。梁武帝第三子，在位两年，为叛将侯景所杀。为太子时，常与文士徐擒、庾肩吾等，以轻靡绮艳的文辞，描写上层贵族的荒淫生活，时称“宫体”。著有《昭明太子传》等，后人辑有《梁简文帝集》。

【提要】

梁简文帝教育儿子要努力学习，并认为学习是人一生中最大的事情。他不赞成对学习采取“面墙而立”“沐猴而冠”的态度，既要对学习有兴趣，又要扎扎实实，不可不学无术，亦不可华而不实。

【原文】

汝年时尚幼，所缺者学。可久可大，其唯学欤。所以孔丘言：“吾尝终日不食，终夜不寝，以思，无益，不如学也。”若使墙面而立，沐猴而冠①，吾所不取。立身之道与文章异，立身先须谨重，文章亦勿放荡。

【注释】

①沐猴而冠（guàn）：猕猴戴帽子，比喻虚有仪表。沐猴，即猕猴。

【译文】

你现在年龄还小，所缺少的东西是学习。可以长久存在的，可以博大无边的，难道不是只有学习吗？所以孔子说：“我曾经整天不吃饭，整夜不睡觉，去思考，没有收益，不如去学习。”如果对学习采取“墙面而立”“沐猴而冠”的态度，那是我所不能赞同的。立德修身的道理与写文章是不同的，立德修身首先必须谨慎、自重，写文章也不要放荡。

（周晓薇）

枕中篇

魏收

魏收（506—572），字伯起，小字佛助，下曲阳（今河北晋州）人。北齐史学家。北魏时任散骑常侍，编修国史，北齐时任中书令兼著作郎，奉诏编撰《魏书》，后累官至尚书右仆射，监修国史。

【提要】

这篇家训首先从管子的“重任”“畏途”“远期”落墨，再以此为内在意脉，旁征博引，归纳演绎，说明怎样才能成为君子。他提出的教子为人的独特见解，无不透着哲理的灵光，而且显示了他作为史学家的严谨缜密，以及汇通今古、博大精深的才学。这篇训诫文辞华美流畅，排比铺陈，属对工整；遣词造句，变化多端；承接转折，丝丝入扣，亦具有较高的文学价值。

【原文】

收以子侄少年，申以戒厉，著《枕中篇》，其词曰：

吾曾览管子之书[①]，其言曰：“任之重者莫如身，途之畏者莫如口，期之远者莫如年。以重任，行畏途[②]，至远期，惟君子为能及矣。”追而味之[③]，喟然长息。若夫岳立为重[④]，有潜戴而不倾[⑤]；山藏称固，亦趋负而弗停吕梁独浚[⑥]；能行歌而匪惕；焦原作险[⑦]，或跻踵而不惊；九陔方集[8]，故渺然而迅举；五纪当定[9]，想窅乎而上征[10]。

苟任重也有度，则任之而愈固；乘危也有术，盖乘之而靡恤。彼其远而能通，果应之而可必，岂神理之独尔？亦人事其如一！

呜呼！处天壤之间，劳生死之地，攻之以嗜欲，牵之以名利，梁肉不期而共臻，珠玉无足而俱致，于是乎骄奢仍作，危亡旋至。然则上知大贤[11]，唯己唯哲，或出或处，不常其节[12]，其舒也济世成务，其卷也声销迹灭。玉帛子女[13]，椒兰律吕[14]，谄谀无所先；称肉度骨[15]，膏唇挑舌[16]，怨恶莫之前。勋名共山河同久，志业与金石比坚。斯盖厚栋不挠[17]，游刃砉然[18]。

逮于厥德不常，丧其金璞[19]，驰骛人世，鼓动流俗。挟汤日而谓寒[20]，包溪壑而未足。源不清而流浊，表不端而影曲。嗟乎，胶膝谓坚，寒暑甚促，反利而成害，化荣而就辱，欣戚更来[21]，得丧仍继[22]，至有身御魑魅，魂沉狴狱[23]，岂非中力不强，迷在当局，孰可谓车戒前倾[24]。

人师先觉[25]，闻诸君子；雅道之士，游遨经术；厌饫文史[26]，笔有奇锋，谈有胜理，孝悌之至，神明通矣。审道而行，量路而止，自我及物，先人后己，情无系于荣悴，心靡滞于愠喜[27]，不养德于丘壑，不待价于城市，言行相顾，慎终犹始，有一于斯，郁为羽仪[28]。

恪居展事[29]，知无不为。或左或右，则髦士攸宜[30]；无悔无吝，故高而不危。异乎勇进忘退，苟得患失，射千金之产[31]，邀万钟之秩[32]，投烈风之门[33]，趋炎火之室[34]，载蹶而坠其贻宴[35]，或蹲乃丧其贞吉[36]。可不畏欤！可不戒欤！

门有倚祸[37]，事不可不密；墙有伏寇[38]，言不可或失。宜谛其言，宜端其行。言之不善，行之不正，鬼执强梁[39]，人囚径廷[40]，幽夺其魄，明夭其命。不服非法[41]，不行非道。公鼎为己信，私玉非身宝。过缁为绀[42]，逾蓝作青；持绳视直，置水观平。时然后取[43]，未若无欲；知止知足，庶免于辱。是以为必察其几[44]，举必慎于微。知几虑微，斯亡则稀；既察且慎，福禄攸归，昔蘧瑗识四十九非[45]，颜子几三月不违[46]。跬步不已[47]，至于千里；覆一篑进，及于万仞。故云行远自迩，登高自卑。

可大可久，与世推移，月满如规[48]，后夜则亏，槿荣于枝[49]，望暮而萎。夫奚益而非损，孰有损而不害？益不欲多，利不欲大。唯居德者畏其甚，体真者惧其大，道遵则群谤集，任重而众怨会，其达也则尼父恓遑[50]；其忠也而周公狼狈[51]。无曰人之我狭[52]，在我不可而覆；无曰人之我厚[53]，在我不可而咎；如山之大，无不有也；如谷之虚，无不受也。能刚能柔，重可负也；能信能顺，险可走也；能知能愚[54]，期可久也。周庙之人，三缄其口[55]；漏卮在前[56]，欹器留后[57]；俾诸来裔[58]，传之坐右[59]。

【注释】

①管子：即管仲。②畏途：艰险可怕的道路。③追而味之：追想体味它们。④岳立：直立的山岳。⑤潜戴：传说中的海中巨鳌，背负山。⑥趋负而弗停：用《列子·汤问》中愚公移山典。吕梁独浚：指大禹疏浚吕梁洪。见《水经注·河水》。⑦焦原：山名，在山东莒县南。⑧九陔：通“九垓”，犹九重天，谓天极高极远。⑨五纪：指岁、月、日、星辰、历数五种天象记录。⑩窅（yǎo）：深远的样子。⑪上知：上等的智人，知，通“智”。⑫不常其节：不凝滞于一定的节度。⑬玉帛子女：指财物和美色。⑭椒兰律吕：指奸佞与声色。⑮称肉度骨：挑肥拣瘦，斤斤计较。称、度，均指盘算、计算。⑯膏唇挑舌：指说长道短，搬弄是非。⑰厚栋不挠：厚实的栋木不会弯曲。⑱游刃砉（huā）然：指游刃有余。⑲金璞：金玉般的品质。璞，未琢之玉。⑳挟汤日而谓寒：手中携带着沸开水，在太阳下还说自己寒冷。此句及下句皆言贪得无厌。㉑欣戚更来：欢喜与悲戚更替而来，此指乐去悲来。㉒得丧仍继：得和失相继出现，此指得去失来。㉓狴（bì）狱：监狱。㉔车戒前倾：以前车之倾为戒。㉕人师先觉：可以为人师者和先醒先觉者。㉖厌饫：精通，饱学。㉗愠：愤怒。㉘羽仪：表率。㉙恪居展事：恭敬谨慎地处世行事。㉚髦士：俊杰之士。攸宜：顺性自得。㉛射：追求，逐取。㉜邀：求，招。秩：俸禄。㉝烈风之门：有卓著功业的人家。㉞炎火之室：势力强大的人家。㉟载：动词词头。蹶：跌倒，受挫。贻宴：使子孙安吉。宴，燕也，安定。㊱贞吉：贤

贞的德操。㊲倚祸：指灾祸。化用《老子》“祸兮福所倚，福兮祸所伏”语意。㊳伏寇：潜藏的仇敌。㊴强梁：凶暴。㊵径廷：憨直。㊶服：顺从，服从。㊷缁：黑色。绀：红青色，深青透红。㊸时：伺机，窥伺。㊹几：微小，丝毫。㊺蘧瑗：春秋卫人，字伯玉，年五十而知四十九年非，卫大夫史蝤知其贤，屡荐于灵公，皆不用。㊻颜子：颜回。几：差不多。《论语·雍也》：“回也其心三月不违仁。”㊼跬步：一步。现在的两步古代才称“步”。㊽规：圆规。㊾槿：即木槿花。朝开夕凋。㊿尼父：孔子。悀遑：悀惶，心惊胆战。51周公：即周公姬旦。周公辅政时，曾因管蔡流言而避居东都。后成王知其忠心，遂迎回成周。52人之我狭：“人狭我”的倒装，别人对我狭劣。53人之我厚：即“人厚我”，别人对我宽厚。54知：通“智”。55“周庙”二句：相传孔子至周，走进太庙，见有金人，三缄其口。缄，封。56漏卮：渗漏的酒器。57欹器：倾斜易覆之盛水器，水少则倾，则由正，满则覆，人常置于座右以为戒。58俾诸来裔：把这些赔给后代。59坐右：即“座右”。当作座右铭。

【译文】

我有感于儿子侄子们年轻，想陈述我的训诫与勉励，所以写下了《枕中篇》这篇文章，全文如下：

我曾读管仲的书。其中说：“责任重大没有比保重自身的事更大，道路的艰辛可怕没有比自己的言语更可怕的，希望传之久远没有比岁月更长远。承担重大的任务，走艰险可怕的道路，又让它传之久远，只有君子才能做到。”追想此话仔细体味它，不禁让我喟然长叹，山岳虽然沉重，鳌鱼却能背负着它而不倒塌；山的土石虽坚固，愚公却能担过不停；大禹独疏吕梁洪水，还歌唱着而不害怕；焦原山如此险峻，有人却能走在上面不惊怯；九重青天方就，就有想飞上天的，时律刚定就有想探溯其源的。

假如担任重大事务而有一定法度，就会承担它更加稳固；假如走在危险境地而有计谋，就能在险境中行走无患。如能有远大目标又有途径到达，那么果真是承诺了又可以信赖。这哪是神明们的理论所独有？普通的人的事也是如此！

啊！人处在天地之间，劳作在生死的土地上，嗜欲攻于内，名利牵于外，福禄不需苦求便完满到来，钱财不够时自然而然就补充足了，这样便产生了骄奢淫逸的习性，危亡的时刻紧跟着也就到来了。但是大智大贤的人，了解自己，深谙哲理。或是出仕或是独处，都能随时推移，不凝滞于一定的节度，他舒展开来治理天下，成就伟业，他卷藏起来时声名不闻，形迹不著。财物美色，奸佞淫声，献媚阿谀不占先；挑肥拣瘦，搬弄是非，怨恨憎恶不近前。功勋名声可以与山川河流一样长久，志向事业可以与金玉璞石比坚固，这就像厚实的栋木不会弯曲，高明的屠夫游刃有余一样。

后来像这样的德行没能保持多久，丧失了金玉一般的品德，在人世间趋炎附势，追求名利，随俗逐流。怀抱着沸开水在太阳下却仍说自己寒冷，囊括溪谷还不知满足。水源不清而导致水流浑浊，仪表不端正所以影子弯曲。哎！如胶似漆可谓坚固，但随着时间的飞逝，不成利反而成害，把荣耀化为耻辱，欢喜离去而悲戚随来，得去而失来，以致有身子被扔给山神水怪，冤魂沉入监牢的人，哪里是能力不够，关键是当局者自我迷惑的缘故；哪里是前车翻倒了，后车就引以为戒呢?

那些可做人师的先知先觉者，耳里听到的是君子的话语；高雅有道之士，游遨在经典学术的大海里。饱学文史，下笔有奇峰。谈话有胜理，孝顺友爱无以复加，已经与神明相通了，观察道路后才行走，揣度路途后便停止，从我而推及他物，先替别人着想然后才轮到自己，情不系挂于荣盛衰败，心不滞留于怒怨欢喜。不退居山林以沽名钓誉，不奇货自居以售高价于朝市。言行一致，善始善终。有其中的一点，便可作为表率。

恭敬谨慎地处世行事，掌管的事没有不可以做的。能左右逢源，这样的俊杰之士，就能顺性自得；能无悔无恨，所以处于高处而没有危险，完全不同于那些只知勇猛前进而不知退却，一有所得就担心失去，追求千金产业，谋取万钟官禄，投靠有功名之人，趋附有势力之臣，一旦受到挫折便失去了使子孙安乐吉祥的环境，有的卑躬屈膝而丧失了坚贞的德操的人，这难道不可怕吗！不值得引以为戒吗！

家门有灾祸，事情不能不保密；墙外有暗敌，说话要慎重。需要小心谨慎自己的言语，应该端正严肃自己的行为。不好的言论，不端正的行为会得到鬼和人的共同处分，鬼抓住凶暴的，人拘捕憨直的，暗里摄去魂魄，明里让你夭折。不做非法之事，不走不正之道。为公众谋福利使你得到威信，为自己聚私财不会有利自身。过分的黑便变成红青色，过度的蓝便变成青色；拿绳时要观看它的直，看水时要观察它的平。审视以后还去获取，不如没有私欲；懂得适可而止，知足常乐，就能够避免受辱。所以做事时必须洞察丝毫，行动时必须谨小慎微，连细枝末节都考虑到，这样失败的时候就少了；既洞察又慎重，福禄自然招来。过去蘧瑗五十岁时，知道自己四十九年都错了，颜回能够长时间都不违背仁义。一步一步不停地走下去，终会到达千里之途；一筐一筐地搬运下去，最终会堆成万仞之山。所以说走向远大目标是从近处开始的，向高处攀登是从低处开始的。

达到远大目标，流布可否长久，都将随着世间的变化而变化。月圆如圆规，到后来的夜晚就会变残缺；木槿花早晨开得旺盛，一到晚上就枯萎了。哪里有满了以后而不亏损，亏损后没有毁坏呢？不要过多的满足，不求过大的好处，只有那些拥有德行的人害怕过多，体味真理的人担心过大。如果你的道德很高尚，就会有诽谤云集；你承担的任务重大，就会怨怒丛生。你若要仕途通达，即使你有孔子一样的学识，你也会颠沛惊恐；你若要忠贞不贰，即使你有周公一样的德行，你也会遭受谗言而处境狼狈。无论别人是否对我狭劣，在我自己我不能伺机报复；无论别人是否对我宽厚，在我自己我不能以牙还牙。像山那样广大，做到无所不有，像山谷那样虚心，做到无所不受。能刚能柔，可以承担重任；能忠信能顺从，言语之险途可以通过；能智慧能糊涂，可以期望传之久远。周庙里的金人，封口三重，就是为了警诫多言取祸的啊。把漏酒器放在面前，要经常学着它的虚怀若谷；把易倾器放在背后，应时刻提防自己自满招败。把这些赠给后代，你们要把它当作座右铭。

（储兆文）

幼 训

王褒

王褒（？—577），字子渊，临沂（今属山东）人。文学家。梁元帝时，召拜吏部尚书左仆射。北周陷江陵，入西魏被留不反，官至宜州刺史。博览史传，工文章，与庾信齐名。有《王司空集》。

【提要】

本训以古人重寸阴而轻尺璧为依据，诲导其子应珍惜光阴，深居简出，持之以恒地坚持读书、修行。

【原文】

陶士行曰①：“昔大禹不吝尺璧，而重寸阴。”文士何不诵书，武士何不马射②。若乃玄冬修夜③，朱明永日④，肃其居处，崇其墙仞，门无糅杂，坐缺号呶⑤。以之求学则仲尼之门人也，以之为文则贾生之升堂地⑥。古者盘盂有铭⑦，几杖有诫⑧，进退修焉，俯仰观焉，文王之诗曰：“靡不有初，鲜克有终⑨。”立身行道，终始若一，“造次必于是”⑩，君子之言欤。吾始乎幼学，及于知命⑪，既崇周孔之教，兼循老释之谈，江左以来⑫，斯业不坠，汝能修之，吾之志也。

【注释】

①陶士行：陶侃，字士行，晋浔阳人。②马射：骑马射箭。③玄冬：冬季。修夜：长夜。④朱明：夏季。永日：长昼。⑤号呶：喧闹声。⑥贾生：贾谊，西汉文学家，以政论文和赋著称。升堂：即升堂入室，指学问造诣精深，已达到一定深度。⑦盘盂：盛物之器，圆者为盘，方者为盂。古人刻文于其上，或以记功，或以警醒。此处用于警策自己。⑧几杖：案几与手杖。⑨“靡不”二句：此两句诗出《诗经·大雅·荡》，意为：开始很好，却很难坚持到底，即不能善始善终。⑩“造次”句：此句引自《论语·里仁》：“君子无终食之间违仁，造次必于是。颠沛必于是。”造次：仓促，顷刻。⑪知命：即知命之年，指五十岁。⑫江左：古人以长江

中下游以东地区为江左，此处指任官于江东。

【译文】

陶侃说：“昔大禹不吝惜尺璧而珍惜寸阴。”文士为何不努力读书，武夫为何不发奋骑马射箭呢？冬季的长夜，夏季的长昼，使其住处肃静，使其院墙加高，使门庭无嘈杂，座位无喧闹。用这种方式来求学，就可以算得上孔子的门徒了；用这种方式写文章，就可追得上贾谊的水平了。古时人们在盘盂上刻有铭文，在案几手杖上刻有诫言，无论是进是退，都不辍修行，是俯是仰都可观览，以此来警策自己。文王作诗说：“不是没有好的开端，而是很少能坚持到底。”立身修行，始终如一，没有片刻懈怠，是君子告诫的话啊。我幼年就开始为学，到如今已经五十岁了，既崇尚周公孔子的学说，也兼或依循老庄佛家的言谈。自任官江东以来，这种努力一直没有停止。你如能像我一样修行学业，那就是我的最大愿望了。

（储兆文）

颜氏家训

颜之推

颜之推（531—590），字介，临沂（今属山东）人。北齐文学家。初仕梁元帝为散骑侍郎。江陵为西魏军所破，投奔北齐，官至黄门侍郎。齐亡入周，为御史上士。隋开皇中，太子召为学士。以疾卒，代表作为《颜氏家训》。

【提要】

《颜氏家训》体制宏大，共有七卷，分为二十类。每类先叙总意，后列举事实加以说明。内容赡博，是集隋代及隋代之前教子学的大成著作。涉及教子的内容、方法、治家原则诸多方面。援古论今，说服力强。本书在历史上产生了巨大而深远的影响，被人誉为

“篇篇药石，言言龟鉴”。

教子篇

1. 自幼施教

【提要】

教育孩子同培育树苗一样，要对他们自幼加以扶持和引导，使他们向着正确的方向发展。未出生应进行胎教；不懂事时要适当劝诱；懂事之后则要用家长的威严和慈爱，使孩子在饮食行为和道德作风方面都养成好习惯。“宜诫翻奖，应呵反笑”，这种做法并不明智。“习惯成自然”，人间善良的父母们，应切记此诫！

【原文】

古者，圣王有胎教之法①：怀子三月，出居别宫，目不邪视，耳不妄听，音声滋味，以礼节之。书之玉板②，藏诸金匮③。生子咳喂④，师保固明孝仁礼义⑤，导习之矣⑥。凡庶纵不能尔⑦，当及婴稚，识人颜色，知人喜怒，便加教悔，使为则为⑧，使止则止。比及数岁⑨，可省笞罚。父母威严而有慈，则子女畏慎而生孝矣。吾见世间，无教而有爱，每不能然；饮食运为⑩，恣其所欲⑪，宜诫翻奖⑫，应呵反笑⑬，至有识知⑭，谓法当尔⑮。骄慢已习，方复制之，捶挞至死而无威，忿怒日隆而增怨⑯，逮于成长⑰，终为败德。孔子云“少成若天性，习惯如自然”是也。俗谚曰：“教妇初来⑱，教儿婴孩。”诚哉斯语⑲！

【注释】

①圣王：古时品德高尚的君王，如尧、舜、周文王、周武王等。②玉板：刻写文字的白石板。③金匮：用金属制成的藏书柜。④咳喂：二三岁儿童的笑声。⑤师保：古指太师、少保之类教育皇太子的老师。⑥导习：劝教诱导。⑦庶：平民百姓。尔：像圣人那样进行胎教。⑧使为则为：让孩子做什么就做什么。⑨比及：等到。⑩运为：行为。⑪恣：放任，放纵。⑫翻：反而。⑬呵：斥责，制止。⑭识知：懂事。⑮法：礼法。⑯隆：盛。⑰逮：等到。⑱妇：媳妇。⑲诚：正确。

【译文】

古时候，圣明的君王有胎教之法：王后怀孕三个月时，便离开王宫，单独居住在别的宫殿里，眼睛不看邪恶的东西，耳朵不听狂乱的声音。王后所听的音乐、所进的饮食都用礼法加以节制。圣王把这套胎教法刻写在洁白的石板上，保存在金属制成的书柜中。王后生产，孩子在襁褓中，就为他请懂得孝仁礼义的老师进行劝教诱导。平民百姓家虽然没条件这样做，但也应让孩子在年幼天真时，懂得看大人的脸色，知道大人的喜怒，严加教诲。让他做就得做，让他停就得停。等他长到几岁，便用不着鞭打惩罚了。父母亲威严而慈爱，那么子女便敬畏谨慎而生孝心。我看见人世间有些父母，对孩子只有溺爱而不加管教。往往不能使孩子孝悌知礼。孩子的饮食行为方面，放纵他们的欲望，该劝阻的地方反而夸奖，该呵斥的时候反而一笑了之，孩子长大后，便以为那些都是礼法所允许的。等他养成了傲慢的习惯才加以制止，把他鞭打至死都不能树立父母的威严，反而使他怨愤日盛而增加对父母的怨恨，最终他将成为一个没有道德修养的人。孔子说："小时候养成的习惯就像天生的一样，习惯成自然。"就是针对幼年教育而言的。民间谚语说："教育媳妇要在她刚进门时，教育孩子要趁他年幼时。"此话对极了。

2. 教子从严

【提要】

教子如治病。不用针灸，治不好重病，不施严厉也教不好孩子。如果家中不严，等到在社会上受到严教时，那可就悔之晚矣。"棍棒底下出孝子"，虽不可全用，也不可不用。试看那些被溺爱与放纵惯了的孩子，几个能有好结果呢？

【原文】

凡人不能教子女者，亦非欲陷其罪恶[①]；但重于呵怒[②]，伤其颜色[③]，不忍楚挞惨其肌肤耳[④]。当以疾病为谕[⑤]，安得不用汤药针艾救之哉[⑥]？又宜思勤督训者[⑦]，可愿苛虐于骨肉乎？诚不得已也。王大司马母魏夫人[8]，性甚严正。王在湓城时[9]，为三千人将，年逾四十，少不如意，犹捶挞之，故能成其勋业[10]。梁元帝时，有一学士，聪敏有才，为父所宠，失于教义：一言之是，徧于行路[11]，终年誉之；一行之非，掩藏文饰[12]，冀其自改，年登婚宦[13]，暴慢，日滋，竟以言语不择[14]，为周逖抽肠衅鼓[15]。

【注释】

①陷其罪恶：使（孩子）陷入罪恶。②重：难。③颜色：孩子的脸色。④楚挞：用树枝条鞭打。⑤疾病：治病。谕：比喻。⑥针艾：治病用的石针和艾叶。⑦勤督训者：经常监督训斥孩子的人。⑧王大司马：王僧辩，梁朝人。⑨湓（pén）城：今江西九江市。⑩勋业：伟业。⑪徧：同“遍”。⑫文饰：掩饰。⑬登：升，成长。婚宦：结婚，做官。⑭不择：出言不逊。⑮周逖：即梁代周迪，性情粗暴残酷。衅鼓：一种祭礼，把血涂在鼓上。

【译文】

凡是没有教育好自己子女的人。也并不是有意让孩子陷于罪恶，其根本原因是不愿意对孩子呵斥发怒。他们可怜孩子痛苦的脸色不忍心鞭打孩子，怕使他皮肉受苦。对他们应拿治病来打比方，对病人哪能不用汤药和针艾去治疗呢？试想那些经常监督训斥管教自己孩子的人，他们何曾想虐待自己的骨肉呢？梁朝大司马王僧辩的母亲魏夫人，性情非常严厉端正。王僧辩在湓城时，统领三千军卒。年过四十，稍不如魏夫人意，魏夫人还鞭打他，所以能使他成就丰功伟业。梁元帝时，有一学士，聪明敏捷而有才华，其父非常宠爱他，但教法失当。他说对一句话，其父便到处宣扬，终年赞赏；他做错一件事，其父便替他遮蔽掩藏，希望他自己改正。年及结婚、入仕，便日益凶暴傲慢，最后因为出语不逊，触怒了残暴之徒，而被周逖杀死，肠子被拉出来，血也被用去祭祀战鼓，不得善终。

3. 严慈兼施

【提要】

父亲对孩子既要威严，又要慈爱，不能亲热得没有限度，失去父亲的尊严，但也不能严肃得近乎冷漠，失去对孩子的关照。严慈兼施，善得其中，这是处理父子关系的基础。

【原文】

父子之严[①]，不可以狎[②]；骨肉之爱，不可以简[③]。简则慈孝不接，狎则怠慢生焉。由命士以上[④]，父子异宫。此不狎之道也。抑搔痒痛[⑤]，悬衾箧枕[⑥]，此不简之教也。

【注释】

①严：尊严。②狎：亲密，轻侮。③简：淡漠疏远。④命士：古时指士阶层的人。⑤抑搔：按摩。⑥悬衾箧枕：把被子挂起来，把枕头放进箱子里。

【译文】

父亲在孩子面前应该保持尊严，不可与他过于亲昵随便，但父母与孩子之间的骨肉之爱，也不可过于淡漠疏远。过于淡漠则仁慈和孝心不能相通，过于亲昵则会导致对父母的不恭敬。所以古礼规定，自士大夫以上的人，父与孩各居一室，这就是不过于亲昵的办法。孩子不忘孝敬父母，替他们按摩，消除痛痒；父母不忘记关心孩子，给他收拾床铺、整理被枕，这就是不过于淡漠疏远的办法。

4. 宠子无成

【提要】

溺爱孩子，这是天下父母的通病，即使身为帝后，不免如此。春秋时姜氏宠爱共叔段而使其自取灭亡的故事，在后世还继续重演；北朝齐武成帝宠爱幼子，使他骄横傲慢，贪得无厌，长大之后竟在宫廷举兵，结果被处死，这难道不令人深思吗？

【原文】

齐武成帝子琅琊王[①]，太子母弟也，生而聪慧，帝及后并笃爱之[②]。衣服饮食，与东宫相准[③]。帝每面称之曰[④]：“此黠儿也[⑤]，当有所成。”及太子即位，王居别宫，礼数优僭[⑥]，不与诸王等；太后犹谓不足，常以为言，年十许岁，骄恣无节，器服玩好⑦，必拟乘舆⑧；常朝南殿⑨，见典御进新冰⑩，钩盾献早李⑪，还索不得，遂大怒，诟曰⑫："至尊已有我何意无？"不知分齐⑬，率皆如此。后嫌宰相，遂矫诏斩之⑭，又惧有救，乃勒麾下军士⑮，防守殿门，既无反心，受劳而罢⑯。后竟坐此薨⑰。

【注释】

①琅琊王：北朝齐慕容俨。十四岁时因在宫廷举兵，被杀。②笃爱：厚爱，偏爱。③东宫：太子所居住的宫殿。相准：相同，一样。④面称：当面夸奖。⑤黠（xiá）儿：聪明的孩子。⑥礼数：礼仪的等级。优僭（jiàn）：礼数优待，而不嫌他僭越过分。⑦器服：器物与服饰。玩好：赏玩喜好的物品。⑧拟：相同，类似。乘舆：皇帝所坐的车。此代指皇帝。⑨南殿，皇帝理政的殿堂。⑩典御：掌管皇帝饮食的官。⑪钩盾：掌管皇帝园林的官。⑫诟：怒骂。《北齐书》载：由于太上皇和太皇后的娇宠，慕容俨与皇帝争物，如果皇帝先得到新奇东西，而他没有，那么送物的官员就要遭罪。⑬分齐：本分，分寸。⑭矫诏：假借皇帝的诏书。⑮勒：命令。麾下：部下。⑯受劳：接受抚慰。⑰幽薨：悄悄死去。《北齐书》载：慕容俨在宫中作乱后，皇帝没有马上治他的罪，在一天深夜命人在幽巷之中将他用马拉死。

【译文】

北朝时，齐武成帝之子，琅琊王慕容俨，与皇太子是同胞兄弟。天性聪慧，皇帝和皇后都很偏爱他，他的衣服饮食，都与太子相同。皇帝经常当面夸奖他说："这是个聪明的孩子，日后肯定有所成就。"等到太子即位后，慕容俨居住在别宫，在礼仪方面受到特别优待，与其他诸王不同。太后还说对琅琊王不够好，时常唠叨。慕容俨十岁左右，愈发骄横放肆，不知礼节。所用的器物、所赏玩的物品，一定要与皇帝相同。有时在南殿朝拜，看见司膳官给皇帝进刚出窖的冰块，或看到司园官给皇帝献最早成熟的李子，便非要拿过来自己享用，不达到目的，便在殿中怒骂："皇帝已经有的东西．我为什么没有呢？"经常是如此不知本分，不知满足。后来，他嫌宰相不顺意，于是假借皇帝诏令去杀他，怕有人来救，便命令部下士兵防守皇宫大门。他只想杀宰相，本无造反之意，见到皇帝亲自出阵，便接受抚慰息兵了。后来他还是因这事而被悄悄处死在幽巷之中。

5. 爱不偏宠

【提要】

对孩子，无论是聪明还是迟钝，都应平等对待，不可偏宠。“有偏宠者，虽欲以厚之，更所以祸之。”偏宠孩子是造成家庭不和的祸根，小则宠子遭罪，大则亡国亡家。

【原文】

人之爱子，罕亦能均①。自古及今，此弊多矣②。贤俊者自可赏爱③，顽鲁者亦当矜怜④。有偏宠者，虽欲以厚之⑤，更所以祸之⑥。共叔之死⑦，母实为之。赵王之戮⑧，父实使之，刘表之倾宗覆族⑨，袁绍之地裂兵亡⑩，可为灵龟明鉴也⑪。

【注释】

①罕：很少。均：平等。②弊：危害。③贤俊：贤良聪明。④顽鲁：愚昧迟钝。矜怜：怜惜。⑤厚之：使他得到好处。⑥祸之：给他带来灾祸。⑦共叔：春秋时郑国共叔段。《左传·隐公元年》载：共叔段因受母亲姜氏的宠爱，十分骄横，与兄郑庄公不和，企图谋取，后被郑庄公击败，逃往共国。⑧赵王：汉高祖刘邦之子赵隐王刘如意。刘邦生前很宠爱他，想让他取代太子。刘邦死后，吕后将他毒死。⑨刘表：东汉皇室。他有二子，一名刘琦，一名刘琮，他听信后妻之言，偏爱刘琮。刘表死后，刘琮以荆州之地投降了曹操。⑩袁绍：东汉末年大军阀。有三子：袁谭、袁熙、袁尚。袁绍偏爱袁尚，致使兄弟不和。他死后，兄弟之间拼杀。最终都被曹操消灭。⑪灵龟：龟甲上有纹路，可以占卜，故称之为灵龟。明鉴：明显的前例，引以为戒。

【译文】

人们喜爱自己的孩子，但很少有平均施恩的。从古到今，偏宠造成的危害很多。贤良聪敏的孩子固然应该受到奖赏，愚昧迟钝的孩子也应当被怜惜。偏宠孩子的人，虽然是想让孩子多得到些好处，但更会使他因此而招来灾祸。春秋时共叔段之死，完全是他母亲偏心造成的。汉代赵隐王遭到毒害，也是他父亲过于宠爱带来的后果。刘表亡家灭族、袁绍地分兵败，都可以作为偏宠之害的明显的引以为戒的例子！

6. 注重气节

【提要】

人生在世，重在气节。高尚的气节，也有赖于父母亲的熏陶。为谋求功名富贵而背叛祖国的文化，这是十分卑鄙的。父母不应那样，更不能教孩子那样。而在北齐却就有那么一个父亲，为自己教儿学鲜卑语去巴结权贵而洋洋得意。如此教子，能成才吗？

【原文】

齐朝有一士大夫，尝谓吾曰："我有一儿，年已十七，颇晓书疏①，教其鲜卑语及弹琵琶②，稍欲通解③，以此伏事公卿④，无不宠爱，亦要事也。"吾时俛而不答⑤。异哉，此人之教子也！若由此业，自致卿相，亦不愿汝曹为之⑥。

【注释】

①书疏：写奏疏、信札之类的文字。②鲜卑：北方少数民族，东晋时在北方建立魏朝，是北朝各代占统治地位的民族。北齐皇帝高洋的祖先亦鲜卑人，他喜欢弹琵琶，当时不少士大夫都因通晓鲜卑语和擅长弹琵琶而官运亨通。但对汉人来说，这是一种变节行为。③通解：精通。④伏事：服侍。⑤俛：同"俯"，低头。⑥汝曹：你们这些人。

【译文】

北齐有一士大夫，曾经得意地对我说："我有一个儿子，已经十七岁了，通晓写奏疏和信札，我想教他学鲜卑语和弹琵琶。只要这两项精通，凭此本领去服侍王公贵卿，没有一个不宠爱他。这是教子的重要内容。"我当时低头不语，心里十分悲痛。这人教子之道是多么荒唐啊！孩子们，即使凭借鲜卑语和弹琵琶可以去获取卿相之位，我也不愿意让你们去做，那样会有损我们的民族气节。

兄弟篇

7. 亲密伴侣

【提要】

兄弟是人生中亲密的伴侣，虽然形体相离，但精神是相通的。他们年幼时一起依偎在父母的身边，童年时共读于书桌旁，长大成人后又同游天下。在漫漫人生旅途中，最难得的是无论处于什么条件下，都要爱惜这份珍贵的骨肉之情。

【原文】

夫有人民而后有夫妇①，有夫妇而后有父子，有父子而后有兄弟：一家之亲，由三而已矣。自兹以往②，至于九族③。皆本于三亲焉，故于人伦为重者也，不可不笃。兄弟者，分形连气之人也④，方其幼也，父母左提右携⑤，前襟后裾⑥，食则同案，衣则传服⑦，学则连业，游则共方，虽有悖乱之人⑧，不能不相爱也。及其壮也，各妻其妻，各子其子，虽有笃厚之人，不能不少衰也⑨。娣姒之比兄弟固⑩，则疏薄矣⑪；今使疏薄之人，而节量亲厚之恩⑫，犹方底之于圆盖⑬，必不合矣。惟友悌深至⑭，不为旁人之所移者⑮，免矣⑯！

【注释】

①人民：此指人类。②兹：指夫妇、父子、兄弟三亲。③九族：一指古时同姓亲族，即从自己算起，上至高祖，下至玄孙，共九族。一指异姓亲族，即父族四、母族三、妻族二。④分形连气：形体不同，但感情相通。⑤携：同“挈”，拉着。⑥前襟：指兄前挽父母的前襟。后裾：指弟后牵父母的衣袖。⑦传服：大孩子不能穿的衣服，留给小孩子穿。⑧悖乱：惑乱，不明事理而作乱。⑨少衰：感情衰退减弱。⑩娣姒（dìsì）：妯娌。兄弟之妻互称，弟妻为娣，兄妻为姒。⑪疏薄：疏远淡薄。⑫节量：度量。⑬方底之于圆盖：形容两种完全不同的类型。⑭友悌：这里指兄弟间友爱尊重：感情深厚。⑮旁人：此指妻子。⑯免：通“勉”，努力。

【译文】

有人类然后有夫妇，有夫妇然后有父子，有父子然后有兄弟，一家之中的亲人，就是这三类，以一个家庭为例，推广开去，直至父族、母族、妻族，都是以夫妇、父子、兄弟三类人为基础的。兄弟，本是身体不同但感情相通、息息与共的骨肉。当他们年幼时，父母亲左拉右牵，前引后扶。兄弟在同一桌上吃饭，穿过同一件衣服，读一样的书，出游则同到一个地方，即使是惑乱之人，也不能不相互爱护尊敬。等他们长大了，各自娶妻成家，各自抚养子女，即使是性情忠厚的人，兄弟友情也不能不有所减弱。妯娌与兄弟相比，感情要疏远淡薄得多。有的人以妯娌之情来衡量兄弟之间的亲热深厚的感情，这就像是在方底器物上盖圆盖一样不协调，必然会使兄弟不和。只有那些情感深厚且不因为娶妻而有所转移的兄弟，才是应该赞扬的。

8. 相互谅解

【提要】

兄弟之间难免会有摩擦。怎样处理呢？当然应该从骨肉亲情出发。相互沟通，不要把责怪积聚在心中，不要明争暗斗。文中塞洞补隙的妙喻，耐人寻味。

【原文】

二亲既殁①，兄弟相顾②，当如形之与影，声之与响③。爱先人之遗体④，惜己身之分气⑤，非兄弟何念哉？兄弟之际，异于他人，望深则易怨⑥，地亲则易弭⑦。譬犹居室，一穴则塞之，一隙则涂之，则无颓毁之虑；如雀鼠之不卹⑧，风雨之不防，壁陷楹沦⑨，无可救矣。

【注释】

①二亲：双亲。殁：逝世。②相顾：相看，相互关照。③响：回音。④先人之遗体：意即兄弟是前辈留下的身体。⑤分气：意即兄弟是同气异体之人。⑥望：期望。⑦地亲：相距很近。弭：消除。⑧卹：同“恤”，忧虑。⑨楹：房柱。

【译文】

父母双亲死后，兄弟之间要相互关照，就像是影子不离身体，回音总伴着声响一样。兄弟是父母形体的延续，是同气异形的亲人。如果他们不相互爱护、相互同情，那还有谁来关怀他们呢？兄弟之间，不同于别人，期望过高而不能满足的话，容易产生怨恨，但如果相距很近，多加解释，怨恨也容易消除。比如房屋，有一个小洞便将它堵住，有一点裂缝即将它糊好，那么房子就不会颓坏倒塌。但如果不理睬屋上的雀巢、墙边的鼠洞，不提防风雨对墙壁对房柱的浸蚀，到时候墙塌柱倒，房子也就彻底毁了。

9. 尊兄爱弟

【提要】

兄弟相处，贵在友爱，但有人能广交天下之士，却不尊敬自己的兄长；有人能统率千军万马，却不爱护自己的弟弟，以致兄弟不和，家风败坏，这是为什么呢？颜之推把这个硕大的问号留给了后世无数的读者。

【原文】

兄弟不睦，则子侄不爱；子侄不爱，则群从疏薄①；群从疏薄，则童仆为仇敌矣。如此，则行路皆踖其面而蹈其心②，谁救之哉？人或交天下之士③，皆有欢爱，而失敬于兄者，何其能多而不能少也④；人或将数万之师⑤，得其死力⑥，而失恩于弟者，何其能疏而不能亲也⑦。

【注释】

①群从：族中子弟。②行路：路人，陌生人。踖（jí）：践踏。蹈：踏。③或：有的人。④能多：指能对众多的人施加礼遇。不能少：指不能尊敬自己为数甚少的兄长。⑤将：统领。⑥死力：拼死为自己效力。⑦能疏：指能对疏远的人施恩。

【译文】

兄弟不和睦，那么子侄们就不友爱。子侄们不友爱，则族人关系疏远淡薄。族人关系疏远淡薄，他们的书童奴仆们也会像仇敌一样，这样下去，即使有陌生人殴打他，踏他的头、踩他的胸，又有谁救他呢？有人的能结交天下之士，与他们都友好爱护，但却不能尊敬自己的兄长，他对众人如此友好，但对人生少有的兄长为什么如此无礼呢？有的人能统帅数万军队，广施恩德，能让士兵们为自己拼死卖命，但却不能对自己的兄弟加以爱护。他对疏远的人那么仁厚，但对自己的亲人为什么如此冷漠呢？

10. 无私无争

【提要】

妯娌是兄弟生活中的重要人物。她们的不和则是家庭争斗的导火索，所以兄弟之间，切不可受妻子的挑拨，各怀私心，争夺不休。

【原文】

娣姒者[①]，多争之地也，使骨肉居之[②]，亦不若各归四海，感霜露而相思[③]，伫日月之相望也[④]。况以行路之人，处多争之地，能无间者[⑤]，鲜矣[⑥]。所以然者，以其当公务而执私情[⑦]，处重责而怀薄义也。若能恕己而行[⑧]，换子而抚，则此患不生矣。

【注释】

①娣姒（dìsì）：妯娌。②骨肉：即兄弟。③感霜露：有感于霜降露生，岁月流逝。④伫日月：久久站立，望着日月。⑤间：参与。⑥鲜：少。⑦当：面对，遇到。⑧恕己：使自己心地宽厚。

【译文】

妯娌之间，纠纷争斗最多，让骨肉兄弟处在她们的纷争之中，还不如让他们各居一方，一年一年，感叹霜降露生，痛惜岁月的流逝。相互思念，眼望日月，久久伫立，寄托纯真的情怀。即使是一个陌生的人，让他置身于喜欢争斗的妯娌之间，也很少有不参与进去的。其所以如此，是因为他们面对公共事务时各怀私情，处理重大问题时各怀浅薄之心。如果办事时心地宽厚，对兄弟的孩子就像对自己的孩子一样仁慈，那么妯娌之间也就会没有争斗而和睦相处了。

11. 彬彬有礼

【提要】

兄弟应该以礼相处，弟弟像事父一样尊敬兄长，兄长像爱子一样爱护弟弟。这里有一个弟弟严守礼节与兄对话的故事，十分有趣，读之令人捧腹。

【原文】

人之事兄，不可同于事父①，何怨爱弟不及爱子乎？是反照而不明也②。沛国刘琎③，尝与兄瓛连栋隔壁④，瓛呼之数声不应，良久方答。瓛怪问之，乃曰："向来未着衣帽故也⑤。"以此事兄，可以免矣⑥。

【注释】

①不可：不肯，不愿意。②反照：用镜子的背面照。不明：看不清。③沛国：古沛郡，今属河南。刘琎：字子敬，与兄刘瓛（huán）都是南齐著名儒生。④连栋：同居一幢房子，隔墙而住。⑤向来：刚才。⑥免：同"勉"，努力。

【译文】

人们侍奉兄长，不肯像侍奉父亲那样恭敬知礼，那又有什么理由埋怨兄长不能像爱其子那样爱其弟呢？这就像用镜子的背面照自己而看不到自己的缺点一样。南齐沛郡刘琎曾与兄刘瓛隔墙而处。刘瓛喊他，叫了几声他都没有答应，过了很久才回话，刘瓛感到很奇怪，问他为什么不答应自己。刘琎这才解释道："刚才我还没有穿好衣戴好帽，不宜与兄长说话。"你们也应努力以这种恭敬的态度来待兄长。

12. 同生共死

【提要】

人生在世，兄弟最亲。天下太平，生活安宁，长相依恋；灾祸当头，生命攸关，舍身相护。有福同享，有难同当，兄弟之间就应该这样。

【原文】

江陵王玄绍[①]，弟孝英、子敏，兄弟三人，特相友爱，所得甘旨新异[②]，非共聚食，必不先尝。孜孜色貌[③]，相见如不足者[④]。及西台陷没[⑤]，玄绍以形体魁梧[⑥]，为兵所围；二弟争共抱持，各求代死，终不得解，遂并命尔[⑦]。

【注释】

①江陵：梁朝荆州刺史所在地，即今湖北江陵县。王玄绍：南朝梁人。②甘旨新异：美味珍稀的食物。③孜孜：勤勉不怠。色貌：表情极为温和友爱。④不足：做得不够。⑤西台：即江陵，因在南京以西，故名。⑥魁梧：高大。⑦并命：相随而死。

【译文】

江陵人王玄绍与弟孝英、子敏兄弟三人特别友爱。如果哪一位得到美味稀奇的食物，一定要聚在一起共同分享，自己决不肯先尝一口。他们虽然平时勤勉不怠、温和恭敬，但相见时仍像做得很不够似的。及至梁朝灭亡，江陵被敌兵攻陷时，王玄绍因身材高大魁梧，吸引了敌兵，被敌人团团包围。孝英、子敏两个弟弟一起抱住哥哥，请求代他去死，最终没有得到允许，便从容地陪着兄长一起死去。

后娶篇

13. 慎于续娶

【提要】

妻死续弦，人之常情。只要父亲仁慈，子女孝顺，后妻贤惠，就能组成一个和睦的家庭，享受天伦之乐。然而，人心难测，像尹吉甫那样的贤人也会误信后妻的挑拨，将孝子赶出家门，酿成骨肉离散的悲剧，这怎能不令后娶者谨慎呢？

【原文】

吉甫[①]，贤父也，伯奇，孝子也，以贤父御孝子[②]，合得终于天性[③]，而后妻间之，伯奇遂放[④]。曾参妇死[⑤]，谓其子曰："吾不及吉甫，汝不及伯奇。"王骏丧妻[⑥]，亦谓人曰："我不及曾参，子不如华、元[7]。”并终身不娶，此等足以为诫。其后，假继惨虐孤遗[8]，离间骨肉，伤心断肠者，何可胜数。慎之哉！慎之哉！

【注释】

①吉甫：即尹吉甫，周朝大夫。有子名伯奇，伯奇生母去世后，吉甫再娶，后妻诬陷伯奇，说伯奇想调戏她，吉甫不信。后妻知道伯奇孝顺，便设下圈套，将一只毒蜂放在自己衣领上，让伯奇帮她捉下来，并故意让吉甫看见。吉甫认为伯奇真有戏母之心，大怒，把他驱逐出门。②御：带领。③合得：应该得到。天性：这里指父慈子孝的天伦之乐。④放：放逐在外。⑤曾参：孔子的弟子。⑥王骏：西汉人，妻死，不再娶。⑦。华、元：曾参之子。《礼记》上说，曾参病重时，曾元抱着他的头，曾华抱着他的脚，照顾得十分周全。⑧假继：假母，继母。

【译文】

尹吉甫本是一个贤良的父亲，伯奇是他孝顺的儿子，用这贤能的父亲管教孝顺的儿子理应永远享受父慈子孝的天伦之乐，但吉甫的后妻却挑拨离间，使伯奇被驱逐出门。曾参妻子死后，他对儿子说：“我的德行比不上吉甫，你们的孝顺比不上伯奇。”王骏丧妻，有人劝他再娶，他也对人说：“我的才德比不上曾参，儿子比不上曾华、曾元孝敬。”都终身未再娶。这些事都足以为后娶之诫。他们之后，继母虐待前妻的子女，离间父子感情之类令人伤心断肠的事，怎能数得清？后娶一定要谨慎啊！

14. 乱娶误家

【提要】

古时江南不忌讳妾所生之子，家庭争斗很少出现。中原民俗看重正妻所生之子，鄙夷侧室所生之子。只要正妻死后，便一定要再娶，于是有人竟然续娶三四次，后妻比前妻之子还要小。使兄弟之间、后妻和儿子之间为地位和财产斗争不已，演出了一幕幕人间丑剧。

【原文】

江左不讳庶孽[1]，丧室之后[2]，多以妾媵终家事[3]，疥癣蚊虻[4]，或未能免，限以大分[⑤]，故稀斗阋之耻[⑥]。河北鄙于侧出[⑦]，不预人流[⑧]，是以必须重娶，至于三四，母年有少于子者。后母之弟，与前妇之兄，衣服饮食，爰及婚宦[⑨]，至于士庶贵贱之隔[⑩]，俗以为常。身没之后，辞讼盈公门[⑪]，谤辱彰道路[⑫]，子诬母为妾，弟黜兄为佣[⑬]，播扬先人之辞迹[⑭]，暴露祖考之长短[⑮]，以求直己者[⑯]，往往而有。悲夫！自古奸臣佞妾[⑰]，以一言陷人者众矣！况夫妇之义，晓夕移之[⑱]，婢仆求容，助相说引[⑲]，积年累月，安有孝子乎？此不可不畏。

【注释】

①江左：即江东，指今江浙一带。不讳：不避讳。庶孽：封建时代指妾所生的子女。②丧室：妻子死后。③妾媵（yìng）：古时贵族女子出嫁时陪嫁的侍女。终家事：妾媵代亡妻处理家务。④疥癣：疥疮和癣疮。都是皮肤病。蚊虻（méng）：即蚊子。此用疥癣和蚊子比喻小患小害，危险不大。⑤限：限制。大分：大礼，总的要领。⑥斗阋（xì）：家庭兄弟之间的争执。⑦河北：古指黄河以北的中原地区。鄙：鄙夷。侧出：妾所生之子。⑧不预：不让参与。⑨爰及：以及。爰，与。⑩士：士大夫。庶：平民。⑪辞讼：争讼，诉讼。公门：衙门。⑫谤辱：诽谤，羞辱。彰：张扬。⑬黜：贬，废免。佣：奴仆。⑭播扬：宣扬。辞迹：说话记录。⑮祖考：祖先。父亲死后称考。⑯直己：使自己有道理。⑰佞妾：谄谀奸巧之妾。⑱移：改变。⑲说引：诱引。

【译文】

江南不忌讳妾所生之子，妻子死后，多让妻子陪嫁过来的侍妾管理家事，虽然家庭中的小矛盾有时难免，但这种做法还没有超出大礼，所以很少出现家庭争斗的丑事。中原各地鄙弃妾所生之子，不让他们参与家庭和社会事务，这样妻子死后，丈夫一定要再娶，甚至多到娶三四次，有的后母比前妻的子女还年轻。后母所生之子，与前妻所生之子，在衣服饮食、结婚入仕，甚至士庶贵贱方面都明显不同，时人也认为理应如此。丈夫死后，家庭争吵不断，或在衙门中争讼，或在路上相互辱骂。前妻之子骂后母是妾，后妻之子把前妻之子当作奴仆，传扬先人所留下的遗嘱，暴露祖先的是非，以求为自己辩护，使自己占理。这种事情时常发生，真可悲啊！自古奸臣佞妾，一句话就能陷害他人，何况夫妇之情，一早一晚都可能改变。奴婢们为了求得主人的青睐，纳为正室，争相诱引，败坏家风。年长月久，怎能有孝子呢？这种事不得不提防。

15. 平等待子

【提要】

在一般的续娶家庭中，后夫多宠爱前夫之子，后妻多虐待前妻之子，因而导致父母被怨恨，兄弟如仇人，是一种什么心理造成这种严重的后果呢？作者在这里做详尽的分析。

【原文】

凡庸之性[①]，后夫多宠前夫之孤，后妻必虐前妻之子；非唯妇人怀嫉妒之情，丈夫有沉惑之僻[②]，亦事势使之然也[③]。前夫之孤，不敢与我子争家，提携鞠养[④]，积习生爱，故宠之。前妻之子，每居己生之上，宦学婚嫁，莫不为防焉，故虐之。异姓宠则父母被怨[⑤]，继亲虐则兄弟为仇[⑥]，家有此者，皆门户之祸也。思鲁等从舅殷外臣[⑦]，博达之士也。有子基、谌，皆已成立[⑧]。而再娶王氏，基每拜见后母，感慕呜咽[⑨]，不能自持，家人莫忍仰视[⑩]。王亦凄怆，不知所容[⑪]，旬月求退[⑫]，便以礼遣[⑬]，此亦悔事也[⑭]。

【注释】

①凡庸：平常。②沉惑：沉溺所好，为情所惑。③事势：事情的趋势，这里指夫妻感情的必然结果。④鞠养：哺养。⑤异姓：指异姓之子，即前夫之子。被：遭到。⑥继亲：继母。⑦思鲁：颜之推的儿子。从舅：母亲家族的兄弟。⑧成立：成家立业。⑨感慕：感动而敬慕。⑩莫：没有谁。⑪不知所容：无地自容。⑫退：离开。⑬遣：送回家。⑭悔：后悔，遗憾。

【译文】

在常人天性中，后夫多宠爱前夫之子，后妻必定要虐待前妻之子；其原因并不仅仅在于妇人心胸狭窄，喜欢嫉恨，丈夫也多有沉溺所爱、为情所惑的毛病，所以宠爱与虐待，也是势之必然。

后夫想，前夫之子不敢与我的儿子争家业，便对他没有介意，悉心照料哺养，逐渐蒙发爱心，进而更加宠爱。后妻想，前妻之子事事都处在自己孩子之上，仕宦、学业以及娶妻出嫁，处处都提防他们，怕他们比自己的孩子强，所以要虐待他们。宠爱异姓之子，则父母亲要遭到别的子女的怨恨；继母虐待前妻之子，则会使兄弟不和，相互敌视。一家出现这类事，都是家庭的祸害。我儿子颜思鲁的舅舅殷外臣，是一位博学通达之人。有二子，一名殷基，一名殷谌，都已成家立业。妻子死后，他又娶了王氏。殷基每次拜见后母，都感动而敬慕，呜咽抽泣，不能控制，家里人谁都不忍心看下去。王氏也十分悲伤，不知所措，很难为情，不到一个月便要求离去，殷外臣便合礼节地将她送回娘家。这也是件令人遗憾的事。

16. 尊敬继母

【提要】

前妻之子怎样与继母相处呢？贵在真诚仁厚。无论继母对自己怎样，只要心诚情笃，最终总会赢得继母的爱。同样，无论继母之子对自己怎样，只要胸襟宽厚，最终也会赢得社会的尊敬。

【原文】

《后汉书》曰：“安帝时①，汝南薛包孟尝②，好学笃行，丧母，以至孝闻。及父娶后妻而憎包，分出之③。包日夜号泣，不能去，至被殴杖。不得已，庐于舍外④，旦入而洒扫⑤。父怒，又逐之，乃庐于里门⑥，昏晨不废⑦。积岁余，父母惭而还之。后行六年服⑧，丧过乎哀。既而弟子求分财异居，包不能止，乃中分其财⑨；奴婢引其老者⑩，曰：‘与我共事久，若不能使也。’田庐取其荒顿者⑪，曰：‘吾少时所理⑫，意所恋也。’器物取其朽败者，曰：‘我素所服食，身口所安也⑬。’弟子数破其产，还复赈给⑭。建光中⑮，公车特征⑯，至拜侍中。包性恬虚⑰，称疾不起，以死自乞。有诏赐告归也⑱。”

【注释】

①安帝：东汉刘祜，107—125 年在位。②汝南：东汉郡名，即今河南汝南县东。薛包：字孟尝。以孝闻名，年八十卒。③分：脱离关系。出之：驱逐出门。④庐：名词活用为动词，筑庐，建房。舍外：屋外。⑤洒扫：洒水扫地。⑥里：村民的宅院。古时二十五户为一里。⑦不废：不废定省之礼。⑧六年服：封建时代，父母死后，子服孝三年。薛包性孝顺，服丧六年。⑨中分：分一半。⑩引：挑。⑪荒顿：荒废。⑫理：治，置办。⑬安：合适。⑭赈给：救济。⑮建光：汉安帝号，即公元 121 年。⑯公车：汉官署名。掌管宫殿中的警卫、臣民上书和征召。特：独。⑰恬虚：恬淡虚静。⑱赐告：汉代规定，官吏生病三月即免官，皇帝特地赐诰书，让他带着官印、绶带，以及侍从回故乡养病，史称赐告。

【译文】

《后汉书》中记载了这样一件事：安帝时汝南郡薛包，字孟尝，好学忠厚，母亲死后，以侍父最孝敬闻名乡里。父亲娶后妻之后，转而憎恨他，与他脱离关系，并将他逐出家门。薛包日夜痛哭，不愿意离开。直至遭到棍棒痛击，不得已，在父母院外盖一小屋，每天天一亮就进父母宅院洒扫，父大怒，将他从小屋逐出。他又在里门外筑了间屋子住下，每天黄昏和早晨都不废定省之礼。一年以后。父母亲感到很惭愧，将他接回家中。父母亲死后，薛包服丧六年，极为哀痛。不久，弟弟要求分财独居，包无法制止，于是将家产分一半给他。奴婢中他挑年老的，说："他们与我共事多年，你们不便使用。"田亩和房舍中他取荒废的，说："这是我年轻时置办的，很舍不得它们。"器物中取那些腐烂的和破旧的，说："它们是我平时所使用和食用的，对我的身体和口味都很合适。"弟弟多次破产，他还救济他。建光中，朝廷单独征召他，官拜侍中。薛包性情恬淡虚静，称病，不赴征召，以死自请。皇帝嘉奖他，特地下诏，让他带着官爵和俸禄在家养老。

治家篇

17. 家风醇正

【提要】

家庭是社会的细胞，家风在一定程度上也是社会文明的体现。正如社会风俗教化是自上而下、从先到后一样，家庭中，长者、尊者的表率作用是不容低估的，但仅有表率作用是不够的，将家庭的诱导与法制的威慑结合起来，是醇化家风的重要手段。

【原文】

夫风化者①，自上而行于下者也，自先而施于后者也，是以父不慈则子不孝，兄不友则弟不恭，夫不义则妇有顺矣②。父慈而子逆③，兄友而弟傲，夫义而妇陵④，则天下之凶民，乃刑戮之所摄⑤，非训导之所移也⑥。

【注释】

①风化：风俗教化。②义：礼义。顺：和顺，温厚。③逆：不孝顺。④陵：凶暴。⑤刑戮：刑罚或杀戮。摄：同“慑”，威慑。⑥训导：教训诱导。移：改变。

【译文】

家庭的风俗教化，是自上行到下、从先辈施行到后辈的，所以，父亲不慈则儿子不孝，兄长不友爱则弟弟不恭敬，丈夫不守礼则妻子不和顺。如果父亲慈爱但儿子不孝顺，兄长友爱而弟弟傲慢，丈夫守礼而妻子凶暴，那就是天下的恶人，应用刑罚和杀戮去威慑他们，不是单纯的教育诱导所能改变的。

18. 奖罚分明

【提要】

治家如治国，国家需要法制，家庭也需要奖罚。奖罚分明，既可鞭挞顽逆，又可树立正气，使孩子有规可循，人民有德可依。

【原文】

笞怒废于家[1]，则竖子之过立见[2]；刑罚不中[3]，则民无所措手足[4]。治家之宽猛[5]，亦犹国矣。

【注释】

①笞怒：鞭挞和发怒。废：废弃。②竖子：未成年的孩子。过：过错。立：马上。见：同“现”，显露。③不中：用得不当。④无所措手足：不知道该怎样行动。⑤宽猛：宽厚和严厉。

【译文】

家庭中不鞭挞和发怒，那么小孩子的过错马上就显露出来。刑罚若用得不当，则人民也就不知所措。治家的宽厚和严厉，就像治国一样，要有一定的限度。

19. 俭而不吝

【提要】

节俭是人的美德，但因节俭而走向吝啬，则是鄙俗的。正确的持家原则应是“施而不奢，俭而不吝”。而在实际生活中要真正做到这一点又谈何容易！

【原文】

孔子曰：“奢则不孙[1]，俭则固[2]；与其不孙也，宁固。”又云：“如有周公之才之美[3]，使骄且吝，其余不足观也。”然则可俭而不可吝已。俭者，省约为礼之谓也[4]；吝者，穷急不邺之谓也[5]。今有施则奢，俭则吝；如能施而不奢，俭而不吝，可矣。

【注释】

①孙：同“逊”，恭逊，恭顺。②固：固陋，寒碜。③周公：古代圣贤之一。④省约：节约。为礼：符合礼节。⑤穷急：极为困窘。邺：同“恤”，体恤。

【译文】

孔子说：“奢侈了就显得不谦逊，太节俭则显得寒碜。与其显得不谦逊，不如显得寒碜。”又说：“一个人即使有周公一样的美德才能，但如果他既骄傲又吝啬，其余的德行就不足道了。”治家时可以节俭，但不能吝啬。节俭，是指生活节约而符合礼节；吝啬，是说到了极为困窘、应该用钱的时候却不知体恤，一味俭省。现在有两种情况，要么用钱时过于奢侈，要么省钱时过于吝啬。如果能花钱而不奢侈，节省而不吝啬，就可以了。

20. 勤劳为本

【提要】

劳动是人类生存的基础，治家应以勤劳为本，自耕自给的小农生活让人从汗水中品尝到人生的真趣，无论生长在怎样的环境，以什么方式生存，勤劳也应是教子的基本原则。

【原文】

生民之本①，要当稼穑而食②，桑麻以衣③。蔬果之畜④，园场之所产；鸡豚之善⑤，埘圈之所生⑥。爰及栋宇器械⑦，樵苏脂烛⑧，莫非种植之物也。至能守其业者⑨，闭门而为生之具以足⑩，但家无盐井耳⑪。今北土风俗，率能躬俭节用，以赡衣食⑫。江南奢侈，多不逮焉⑬。

【注释】

①生民：教养人。②稼穑：耕种和收获。③桑麻：名词活用为动词，即种桑麻。④畜：同“蓄”，贮藏。⑤善：同“膳”，美味。⑥埘（shí）圈：鸡窝和猪圈。⑦爰及：以及。⑧樵：砍柴。苏：割草。脂烛：以羊牛之脂作蜡烛。⑨守其业：保护他们的家业。⑩为生：谋生，维持生计。具：条件。⑪盐井：能熬盐的井水。⑫赡：丰富。⑬逮：比不上。

【译文】

教养孩子的根本，要而言之，应该是亲自耕种收获而得食，亲自种桑麻、学织布而穿衣。丰富的蔬菜瓜果，产自菜园和果林；肥美的鸡和猪，生长在鸡窝和猪圈。甚至屋上的栋宇、室内的器物工具、烧火的柴草、照明的蜡烛，没有一样不是通过种植而后得到的。最能保护家业的人，足不出户，而谋生的条件都已完全具备，只是自家没有盐井罢了。如今北方人的风俗，是大都能亲自劳作，节俭省用，使自己衣食丰盛。江南风俗大都奢侈，所以不及北方淳厚。

21. 宽严适度

【提要】

治家是一门高深的学问，过于严厉，容易引起家人的怨恨，招致自身的灭亡；过于宽松，则又容易导致家风败坏，惹来乡党的不满。下面这出家庭悲剧发人深思。

【原文】

梁孝元世，有中书舍人[①]，治家失度[②]，而过严刻，妻妾遂共贷刺客[③]，伺醉而杀之。世间名士，但务宽仁，至于饮食饷馈[④]，僮仆减损，施惠然诺[⑤]，妻子节量[⑥]，狎侮宾客[⑦]，侵耗乡党[⑧]。此亦为家之巨蠹矣[⑨]。

【注释】

①中书舍人：古官名。掌管中书省文书。②失度：没有掌握好标准，失其常度。③贷：以钱请。④饷馈：赠送。⑤施惠：施加好处。诺：许诺。⑥节量：限制，没有分寸。⑦狎侮：轻侮。⑧侵耗：损害。⑨巨蠹：大蠹虫，比喻危害严重。

【译文】

梁朝孝元帝时代，有一位中书舍人，治家失其常度，过于严厉苛刻，妻妾不堪忍受，便联合起来收买一个刺客，趁他酒醉时杀了他。人世间有些名士，治家时只求宽仁，食物的赠送、童仆的减少、施惠许诺，都受到妻子的控制，以致轻侮宾客，得罪乡党。这也是治家的一大祸害。

22. 宽厚待人

【提要】

对家庭成员应该宽厚仁爱，原谅他的过错，周济他的困难。切不可贪得无厌，虐待家人；也不可吝啬守财，怠慢亲友。下面这四种人有如四面镜子，照出了人世的百种情态。

【原文】

齐吏部侍郎房文烈①，未尝嗔怒②，经霖雨绝粮③，遣婢籴米④，因尔逃窜，三四许日，方复擒之。房徐曰⑤：“举家无食⑥，汝何处来?”竟无捶挞。尝寄人宅⑦，奴婢彻屋为薪略尽⑧，闻之颦蹙⑨，卒无一言。裴子野有疏亲故属饥寒不能自济者⑩，皆收养之。家素清贫，时逢水旱，二石米为薄粥⑪，仅得遍焉⑫，躬自同之⑬，常无厌色。邺下有一领军⑭，贪积已甚，家童八百，誓满一千。朝夕每人肴膳⑮，以十五钱为率⑯，遇有客旅⑰，更无以兼⑱，后坐事伏法⑲，籍其家产⑳，麻鞋一屋，弊衣数库，其余财宝，不可胜言。南阳有人㉑，为生奥博㉒，性殊俭吝㉓，冬至后女婿谒之㉔，乃设一铜瓯酒㉕，数脔獐肉㉖。婿恨其单率㉗，一举尽之㉘。主人愕然，俛仰命益㉙，如此者再㉚；退而责其女曰：“某郎好酒，故汝常贫。”及其死后，诸子争财，兄遂杀弟。

【注释】

①房文烈：北齐人，官至司徒左长史。性情温厚。②未尝：从没有。嗔怒：发脾气，发怒。③霖雨：大雨绵绵。雨连续下三天称霖。④籴（dí）米：买米。⑤徐：慢慢地。⑥举家：全家。⑦寄人宅：把房屋让给别人住。⑧彻屋：拆掉房屋。略尽：将尽。⑨颦蹙：皱眉。⑩裴子野：字几原，梁武帝时为著作郎、中书侍郎。《南史》载：裴子野性情笃厚，极孝敬，为父亲服孝期间，每到父坟前，四周草木都为之枯死，并有白兔白鸠，驯化似的围在他身边。亲戚不论疏亲，凡有贫乏，都周济他们，使得妻子和儿女们经常处于饥寒之中。⑪薄粥：很稀的稀饭。⑫遍：指让每人都吃到。⑬躬自：亲自。⑭邺下：即邺城，北齐建都于此，即今河北临漳县。领军：武官名，全称为领军将军。《北齐书·慕容俨传》载：当时有一叫厍狄伏连的领军，为人刁狠，专事聚敛。一家数百口每天只给两升米，不配给盐菜，使家人常有饥色。冬天，妻子偶尔用喂马的黄豆做豆饼吃，也要将妻子和马官毒打一顿。后来因同琅琊王慕容俨一起杀死当朝宰相，被处死。其财产全部充公，仅绢就有二万匹，余不可胜计。颜之推所说的就是此人。⑮肴膳：饮食。⑯率：标准。⑰客旅：客人。⑱兼：增

加。⑲坐事：因罪犯法。伏法：被处死。⑳籍：没收入官。㉑南阳：今河南南阳市。㉒为生：营生。奥博：深奥而且广博，此指富裕。㉓殊：特别。㉔谒：拜见。㉕乃：竟。设：准备。铜瓯（ōu）：铜制的酒壶。㉖脔（luán）：割碎的肉。獐：鹿科动物，似鹿，但比鹿小，无角。㉗单率：简单随便，不热情。㉘一举：一下子。㉙俛仰：点头赔笑。俛，同“俯”。益：指添酒加菜。㉚如此者再：再次一举而尽。

【译文】

北齐吏部侍郎房文烈，生性温厚，从不发怒。有一次连续几天下雨，家中断粮，便派一婢女去买米，但她却趁机逃走了，大约三四天后才被抓回来。房文烈慢慢地问她：“全家都没粮吃，你从哪里来?”竟然没有抽打她。他又曾把房子借给别人住，奴婢们把房屋拆了当柴烧，所存无几，他听后只是皱皱眉，最终没说一句话。南朝梁裴子野也是位性情宽厚之人，无论是亲近的还是疏远的，只要他们饥寒交迫，不能自济，他都收养他们。他家里本来就清贫，有时遇到水灾和旱灾，用二石米煮成很稀的稀饭，才勉强让每人都吃到一点儿。他自己也与众人一样，忍饥挨饿，但没有一点厌恶的表情。邺下有位领军，极为贪婪，积聚了很多家财，家中已有童仆八百，发誓要增加到一千。但他给每人早晚的饮食只以十五钱为标准。遇上来客，仍不增加饭菜。后因犯法而被处死，没收他的家产，麻鞋有一屋，破衣服有数库，其余的财宝多得无法统计。南阳有一人，家境富裕，但特别吝啬，一年冬至后，他女婿来拜见他，他便拿出一小铜壶酒、几块碎小的獐肉，女婿怪他对自己冷淡，便一下子将酒菜吞了下去。他感到十分吃惊，急忙点头赔笑，又让添了一小壶酒、几块碎肉，女婿又一下子吞完了。后来他责怪女儿说：“你丈夫好饮酒，所以你们经常贫穷。”等他死后，几个儿子争夺财产，兄长还杀死了弟弟。

23. 以贤为德

【提要】

这里宣扬的是一个不合时宜的教条——妇不理财，女不主政。

如今妇女在家庭和社会中的地位早已随着社会的变革而彻底改变了，不过在这段看似迂腐的文字里，却描绘了一幅中古妇女的生活图画，使人从中感到女性在当时的某些地方还是有举足轻重的作用的。

【原文】

妇主中馈①，惟事酒食衣服之礼耳②。国不可使预政，家不可使干蛊③；如有聪明才智，识达古今，正当辅佐君子，助其不足，必无牝鸡晨鸣④，以致祸也。江东妇女，略无交游⑤，其婚姻之家⑥，或数年间，未相识者，惟以信命赠遗⑦，致殷勤焉。邺下风俗，专以妇持门户⑧，争讼曲直⑨，造请逢迎⑩，车乘填街衢，绮罗盈府寺⑪，代子求官，为夫诉屈。此乃恒、代之遗风乎⑫？南间贫素⑬，皆事外饰，车乘衣服，必贵整齐；家人妻子，不免饥寒。河北人事，多由内政⑭，绮罗金翠，不可废阙，羸马颓奴⑮，仅充而已；唱和之礼⑯，或尔汝之⑰。

【注释】

①中馈：在家中主持饮食之事。②事：从事，操作。③干蛊（gǔ）：主事。④牝（pìn）鸡：母鸡。母鸡晨鸣，比喻妻子凌越丈夫主持家事。⑤略：几乎。交游：交友游玩。⑥婚姻之家：亲家。古称婿之父为姻，妇之父为婚。⑦信命：使者携带的音信。遗（wèi）：赠。⑧持门户：当家主事。⑨曲直：指是非。⑩造请：拜访。⑪府寺：官府。⑫恒、代之遗风：指北魏遗风。北魏建都平城，即今山西大同市，此地古时属恒州代郡，所以以恒、代代指北魏。⑬南间：南方人。⑭内政：妇人主管的事务。⑮颓奴：身体衰弱的奴仆。颓，同“悴”。⑯唱和：指夫唱妻和。⑰尔汝：即你。古时尊长者对卑幼者以尔汝称，引申为轻贱之称。此处意即妻子对丈夫不尊重。

【译文】

女人在家中掌管饮食之事，只需操持好酒食衣服之礼就行了。国家朝政不可让她们参与，家庭中不可让她们主持家事，她们如果有聪明才智，能通达古今，就应当辅佐丈夫，帮助他克服缺点。一定不能像母鸡晨鸣一样，让她取代丈夫，而造成灾祸。江南妇女，几乎不外出交友游玩，她们的联姻亲家，有的几年间都不来往，只以书信往来，表达亲密之情。北方风俗，专靠妇女支撑门面，掌管家事，与别人争辩是非，访友待客，她们乘坐的车子挤满了街道，官府中时见一些身着绮丽服装的妇女们，代儿子求官职、为丈夫诉冤屈。这大概就是北魏之遗风吧！南方人比较贫穷，都喜欢装饰外表，车乘衣服，讲究整洁齐备，但家中的妻子儿女，却不免忍受饥寒。北方习俗，多由妇人主持家事，华美的绫罗绸缎、珍贵的金玉首饰，都不能缺少。马匹和奴仆，无论疲病或衰老，只要能用就行，但夫唱妻随之礼淡薄，时常以“你”称丈夫。

24. 爱护女孩

【提要】

宇宙自然，有阴有阳；芸芸人类，岂能有男无女？女孩是父母身体的遗传，她有何罪？很不幸，在男尊女卑观念的毒害下，多少女孩失去了生存的权利，多少母亲哭干了伤心的眼泪！

【原文】

太公曰：“养女太多，一费也①。”陈蕃曰②：“盗不过五女之门③。”女之为累④，亦以深矣。然天生蒸民⑤，先人传体⑥，其如之何⑦？世人多不举女⑧，贼行骨肉⑨，岂当如此，而望福于天乎⑩？吾有疏亲，家饶妓媵⑪，诞育将及⑫，便遣阍竖守之⑬。体有不安，窥窗倚户，若生女者，辄持将去⑭。母随号泣，使不忍闻也。

【注释】

①费：花费财产，浪费。②陈蕃：字仲举，东汉人。③过：光顾。④累：负担。⑤蒸民：众人，百姓。⑥先人传体：意即人是先辈形体的延续。⑦如之何：有什么办法呢？⑧举：养育。⑨贼行骨肉：像强盗一样对待自己的亲骨肉。⑩望福：求上天赐福。⑪饶：多。⑫诞育：分娩。将及：将近。⑬阍竖：看门人。⑭辄：即时，马上。

【译文】

太公说：“养女太多，只会破费财产。”陈蕃说：“盗贼都不光顾养有五个女儿的人家。”女孩被当成很重的负担，积习确实太深了。然而，女孩也是天生之人，也是祖先身体的再传，有什么办法改变呢？世人多不愿养育女孩，像强盗一样无情地对待自己的骨肉，难道应当如此才能求福于上天吗？我有一个远房亲戚，家中有很多姬妾，等她们快要临产时，便派人看守，孕妇体内有动静，即将分娩时，就从窗户观看。如果生的是女孩，马上就抱起来送走。母亲在身后大声哭喊，令人不忍心听。

25. 媳婿平等

【提要】

女婿和儿媳，都是组合到家庭中的新成员，地位是平等的。然而人世间有些妇女总宠爱女婿而虐待儿媳，原因何在？

【原文】

妇人之性①，率宠子婿而虐儿妇。宠婿，则兄弟之怨生焉。虐妇，则姊妹之谗行焉。然则女之行留②，皆得罪于其家者，母实为之。至有谚云③：“落索阿姑餐④。”此其相报也⑤。家之常弊，可不诫哉！

【注释】

①性：本性，天性。②行：此指喜欢谗害他人的行为。留：保留。③至有：至于。④落索：冷落萧索。阿姑：媳妇对婆母的称谓。⑤相报：相互报应。

【译文】

女人的天性大都宠爱女婿而虐待儿媳。宠爱女婿，则兄弟之间怨恨产生；虐待儿媳，则姊妹之间谗言不断。女人谗佞之性使她得罪全家，其根源完全在于做母亲的不会处理与女婿和媳妇的关系。所以民间有谚语说：“阿婆吃饭，冷冷清清。”这就是儿媳对婆母的报复。宠婿和虐媳，这是家庭常见的弊端，不可不引以为戒！

26. 不买卖婚姻

【提要】

婚姻理应是纯真高洁的，容不得半点铜臭味。但有些人把婚姻当作招财之路、买誉之门，攀比家世，计较财富，由此导出的丑剧，实在令人发笑！

【原文】

婚姻素对[①]，靖侯成规[②]。近世嫁娶，遂有卖女纳财[③]，买妇输绢[④]，比量父祖[⑤]，计较锱铢[⑥]，责多还少[⑦]，市井无异[⑧]。或猥婿在门[⑨]，或傲妇擅室[⑩]，贪荣求利，反招羞耻，可不慎欤？

【注释】

①素对：清白的配偶。②靖侯：即晋人颜含，字弘都，琅琊人。因军功封西平县侯，死后谥号靖侯。据《晋书·孝友传》载，颜含有一女，当时大将军桓温求与他联姻结亲，但颜含因为桓温过于富足而没有答应。成规，即指此。③卖女纳财：靠卖女儿发财。④买妇输绢：因要买儿媳而送重礼。绢，古指钱。⑤比量父祖：注重祖辈和父辈是否有势。⑥锱铢：都是古时重量单位，六铢为一锱，二十四铢为一两，一锱为四分之一两。后以锱铢比喻轻微、细小。⑦责多还少：要得多而陪嫁得少。⑧市井：市场。⑨猥婿：鄙贱女婿。⑩擅室：在家中独断专行。

【译文】

婚姻应以清白相配。晋时靖侯颜含早已做出了榜样。但近些年来，人们嫁女娶媳却并不是如此。嫁女之家贪求财利，靠卖女发财。娶媳之家也像买人一样，给女方送钱送礼。他们注重权衡祖辈和父辈的权势，斤斤计较，索要得多，而陪嫁却很少，简直跟市场上做交易一样。有的女婿彩礼不多，女方家的人就在门边奚落蔑视他；有的高价娶过来的女子傲气凌人，独断专行。贪图荣耀，索求财物，结果反而招致羞耻。这些不可不谨慎啊！

27. 爱护书籍

【提要】

爱护书籍是人的文明的表现。借阅他人之书，应倍加爱惜；对经典著作，也应严肃对待，切不可随意丢弃。毁坏图书是一种缺德行为。

【原文】

借人典籍，皆须爱护。先有缺坏，就为补治，此亦士大夫百行之一也①。济阳江禄②，读书未竟，虽有急速，必待卷束整齐③，然后得起，故无损败，人不厌其求假焉④。或有狼藉几案⑤，分散部帙⑥，多为童幼婢妾之所点污，风雨虫鼠之所毁伤，实为累德⑦。吾每读圣人之书，未尝不肃敬对之。其故纸有《五经》词义⑧，及贤达姓名⑨，不敢秽用也⑩。

【注释】

①百行：指士大夫所订的百种立身行己之道。②济阳：今河南兰考。江禄：字彦远，南朝梁人，自幼笃学，善文章，官至唐侯相。③卷束：唐以前典籍写在绢素上，做成卷捆起来收藏。④假：借。⑤狼藉：散乱堆放。⑥部：古时把书按内容分为甲乙丙丁四部，此指书。帙（zhì）：书衣。古时藏书都在书卷之外作衣帙把书包上，称为书帙。⑦累德：有损道德。⑧《五经》：古指《诗经》《尚书》《礼记》《周易》《春秋》五种经典。⑨贤达：贤明之士。⑩秽：轻慢，不庄重。

【译文】

借别人的书籍，都必须爱护。借时如有缺损和破坏，就把它修补和整理好，这也是士大夫百种美德之一。南朝梁代，济阳有一名叫江禄的书生，十分爱惜书，读书未完，即使有紧急迫切之事，也一定要把书卷束紧、安放整齐之后，才起身离开，所以他借的书没有损坏，别人也不厌烦把书籍借给他。有的人则喜欢把书散乱堆放在桌上，把书和书衣分散杂放，使书多被小孩和奴婢们弄脏，被风雨和虫鼠毁坏，这确实是一种缺德行为。我每次读圣人之书，未尝不严肃恭敬，如果旧纸片上有《五经》词义及圣贤的姓名，不敢派作他用，怕侮慢圣贤。

28. 不信巫神

【提要】

谁是命运的主宰？是人，不是鬼神。要操持家业，全靠人为的努力，靠烧香求神是无济于事的，古时如此，现在仍然如此。

【原文】

吾家巫觋祷请[①]，绝于言议[②]；符书章醮亦无祈焉[③]，并汝曹所见也[④]。勿为妖妄之费[⑤]。

【注释】

①巫觋（xí）：古代能通过跳舞请降神灵的人，男的称觋，女的称巫。祷请：祈神求福。②绝于言议：从不谈论。③符书：巫觋和道士们用来驱鬼治病的秘密文书。章醮（jiào）：巫觋和道士请神消灾的仪式。章，即上章，道士根据阴阳五行之术，推算人的年命，把它们像写章表一样写下来，然后燃香诵读，奏给上天，请为之除灾。醮，即夜晚设酒果食物，逐一祭祀天皇、太一、五星、列宿，把祛灾免祸之文奏给上天。④并：全都。汝曹：你们，这里指颜之推的子女们。⑤妖妄：不真实的东西，此指请神。费：指浪费精力。

【译文】

我们家不认鬼神，从来不谈论请巫觋祈神求福、祛灾免祸之事；也从来不请巫觋在家中设案燃香，念符诵章，这都是你们亲眼看见的。你们千万不要为那些妖妄不实的东西花费精力。

风操篇

29. 以公为上

【提要】

思念父母，避讳父名，在情理之中，但不在公务之上。行文、祭祀、上朝时，不可因为犯忌而抛开公事。作者虽以避讳为题，说明个人与社会的关系，但推而广之，以公为上还是有一定借鉴意义的。

【原文】

《礼》曰[①]：“见似目瞿[②]，闻名心瞿[③]。”有所感触[④]，恻怆心眼[⑤]；若在从容平常之地[⑥]，幸须申其情耳[⑦]。必不可避[⑧]，亦当忍之；犹如伯叔兄弟，酷类先人[⑨]，可得终身肠断[⑩]，与之绝耶？又：“临文不讳[⑪]，庙中不讳[⑫]，君所无私讳[⑬]。”益知闻名，须有消息[⑭]，不必期于颠沛而走也[15]。梁世谢举[16]，甚有声誉，闻讳必哭[17]，为世所讥。又有臧逢世，臧严之子也[18]，笃学修行，不坠门风[19]；孝元经牧江州[20]，遣往建昌督事[21]，郡县民庶，竞修笺书[22]，朝夕辐辏[23]，几案盈积，书有称“严寒”者，必对之流涕[24]，不省取记，多废公事，物情怨骇[25]，竟以不办而还。此并过事也[26]。

【注释】

①《礼》：《礼记》。②似：指与自己父母相像的人。瞿（jù）：惊愕，惊悸。③闻名：听到与父母相同的名字。④感触：感动，引发情感。⑤恻怆：悲伤。⑥在从容平常之地：在没有急事而且不重要的地方。⑦申其情：表达自己悲伤之情。⑧必不可避：确实不能回避。⑨酷类：很像。⑩肠断：比喻极度悲伤。⑪临文不讳：写文章时不必避讳什么。⑫庙中无讳：在祖先的牌位前没有什么忌讳的。庙，祭祀祖先的宗庙。⑬君所：国君的面前。无私讳：没有个人忌讳的东西。⑭消息：消悲愁，即压抑，控制。⑮期：希望。颠沛：慌忙的样子。走：回避。⑯谢举：字言扬，南朝梁人。⑰闻讳：听到父母的姓名。⑱臧严：字彦威，南朝梁人。幼以孝顺闻名，勤学博识，是当时有名的文人。⑲不坠门风：继承父业，使家风相续。⑳孝元：梁元帝。经牧：巡视。江州：今江西九江市。㉑建昌：江州所辖之地。督事：视察县中事务。㉒竞修：争先恐后地写。笺书：表奏之类的文书。㉓辐辏：车辐集中于轴心，比喻人或事物聚集一处，此说文书从四面八方汇聚而来。辐，车轮中连接轴心和轮圈的直木条。㉔必对之流涕：说他父亲叫臧严，而文书中所说的“严寒”，有犯他家讳，所以看到这类文书便伤心流泪。㉕物情：即人情。怨骇：怨怒。㉖并：都是。过事：不对的行为。

【译文】

《礼记》中说：“见到与父母长相相似的就眼酸，听到与父母相同的名字就心悲。”这是说目之所见、耳之所闻，触发了内心对父母的怀念之情，所以使自己的心和眼伤悲。如果是在闲适而不重要的地方，应该表达自己内心的这种哀情。但如果确实无法回避，也应当强加忍受；例如叔叔、伯伯和兄弟，他们都很像你们的父亲，难道可以因此一辈子悲戚，永不和他们来往吗？《礼记》中又说：“在文章中不应有忌讳，在宗庙中不应有忌讳，在君王面前也不能有自己的忌讳。”从此可知听到父母姓名，应须有所克制，不一定一听到父母名讳时便慌忙走开回避。南朝梁谢举，在当时很有声誉。他每听父母名讳，就痛哭不已，结果被世人所讥笑。又有一个叫臧逢世的，他是梁朝名人臧严之子，勤奋学习，刻苦修行，继承父志，很有作为。梁元帝巡察江州时，把他派往建昌督察事务。他到任后，郡县百姓争先恐后给他写来奏表文书，堆满了桌子。但文书中只要有写“严寒”字样的，他都对着它伤心流泪，以致不知道从文书中记取些什么，使公务荒废，百姓怨恨，最后还是因为无法办完公事而回到朝廷。这些都是不正确的举动。

30. 不以讳害情

【提要】

避讳，不可不有，但也不可泛滥，以至于不近人情。作者记述了几件滥避讳的笑话，对那种为讳害情的行为给予了善意的嘲讽。

【原文】

近在扬都①，有一士人讳审①，而与沈氏交结周厚②。沈与其书，名而不姓③，此非人情也。凡避讳者，皆须得其同训以换之④；桓公名白⑤，博有五皓之称⑥；厉王名长⑦，琴有修短之目⑧。不闻谓布帛为布皓，呼肾肠为肾修也。梁武小名阿练⑨，子孙皆呼练为绢；乃谓销炼物为销绢物⑩，恐乖其义⑪。或有讳云者，呼纷纭为纷烟；有讳桐者，呼梧桐树为白铁树，便以戏笑耳。

【注释】

①讳审：因其名为审，故避忌这个字。②周厚：交往密切，感情深厚。③名而不姓：只写名字，不写姓。因为“沈”字犯友人讳。④同训：意思相同的字。⑤桓公：春秋时齐国国君，名小白。⑥博：同“簙”，古时一种游戏，后发展为赌博的一种形式。五皓：古时赌博的用品，木质，因为五子都是白色，故称为五白。“白”与“皓”意义相同，为避齐桓公讳，称“五白”为“五皓”。⑦厉王：汉高祖刘邦的儿子刘长，封淮南王。

⑧修短：即长短。因避“长”字，所以用“修”代“长”。⑨梁武：南朝梁武帝萧衍，字叔达，小名阿练。⑩销炼：熔化冶炼。⑪乖：背离。

【译文】

近日在扬州，有一士人名审，与一姓沈的交往密切，感情深厚，沈氏给他写信时，为了避讳，只写自己的名字而不称姓氏，这是不近人情的。凡避讳的字，都应用与原字意思相同的字来替代：如齐桓公名小白，赌博场上便称五白为五皓；汉代厉王名长，便称长琴为修琴。但没有听谁把布帛称为布皓，把肾肠称为肾修的。梁武帝萧衍小名阿练，他的子孙都称练为绢，但把销炼之物称为销绢之物，恐怕就有背原义了。如果有人讳云，称纷纭为纷烟；有人讳桐，称梧桐树为白铁树，这就近于游戏笑话了。

31. 取名应雅

【提要】

名是人的符号，应该有所包涵，高雅不俗。猪狗驴虫，“思妣”“少孤”之类的名字，本无可厚非，但连及父母，终觉不妥。

【原文】

周公名子曰禽①，孔子名儿曰鲤②，止在其身③，自可无禁。至若卫侯、魏公子、楚太子，皆名虮虱，长卿名犬子④，王修名狗子⑤，上有连及⑥，理未为通，古之所行，今之所笑也。北土多有名儿为驴驹⑦，豚子者，使其自称及兄弟所名，亦何忍哉？前汉有尹翁归⑧，后汉有郑翁归，梁代亦有孔翁归，又有顾翁宠，晋代有许思妣⑨，孟少孤⑩，如此名字，幸当避之。

【注释】

①周公：周朝大臣，其子鲁公名伯禽。②孔子：春秋时期著名的教育家，孔子生儿子那年，鲁昭公赐他一条鲤鱼，孔子引以为荣，所以给他儿子取名鲤，字伯鱼。③止在其身：只名他自己。止，只。④长卿：汉代文学家司马相如，字长卿，小时候好读书，好击剑，所以其父母称他为犬子。⑤王修：字敬仁，小名苟子。六朝人苟狗通用，所以称苟子为狗子。⑥上

有连及：说狗子之类的名字连及父亲，使父也成为狗类。上，指前辈。⑦驴驹：驴儿。⑧前汉：即西汉。下句后汉即东汉。尹翁归：字子兄（音况），河东平阳（今山西临汾）人。翁归，与父连得太紧，有期望父死意，不雅。⑨许思妣：晋代许永，字思妣。妣（bǐ），母亲死后称妣。思妣，与母亲连得太紧，有母已死之意，不雅。⑩孟少孤，即孟陋，字少孤。少孤，含有父母早亡之意，不雅。

【译文】

周公给他儿子取名为伯禽，孔给他儿子取名为伯鱼，都只是就他们自身而言的，无可厚非。但如果像卫侯、魏公子、楚太子都取名虮虱，又像司马相如取名为犬子，王修取名为狗子，牵涉了他们的父亲，从情理上说不通。这些名字在古时候能通行，在如今却要被人笑话。北方人给儿子取名字多用驴驹、猪子等，不仅给一个孩子这样取名，对其他兄弟也用类似的名字，这怎能让人忍受呢？西汉时有尹翁归，东汉时有郑翁归，梁朝时也有孔翁归，又有顾翁宠，晋代有许思妣、孟少孤，像这类名字，希望能够避免。

32. 言语纯朴

【提要】

言语是人精神修养的标志。不要出语粗鄙，使人难堪。即使对人有意见，但没有根本的利害冲突，也应措辞婉转、出语纯朴。就是开玩笑也有高下之分，那些粗劣玩笑，除了表明恶作剧者可怜的修养之外，在客观上还污染了语言。对此应当加以避免。

【原文】

昔刘文饶不忍骂奴为畜产①，今世愚人遂以相戏②，或有指名为豚犊者③：“有识傍观④，犹欲掩耳，况当之者乎⑤？”近在议曹⑥，共平章百官秩禄⑦，有一显贵，当世名臣，意嫌所议过厚⑧。齐朝有一两士族文学之人，谓此贵曰：“今日天下大同⑨，须为百代典式⑩，岂得尚作关中的旧意⑪？明公定是陶朱公大儿耳⑫！”彼此欢笑，不以为嫌。

【注释】

①刘文饶：东汉刘宽，字文饶。据《后汉书·刘宽传》载：刘宽有一次与客人宴坐，派一奴仆去买酒，仆人过了很久才大醉而还。客人忍不住骂道：“畜产!”刘宽马上派人去照看那个奴仆，担心他会自杀，说：“他是人，但却骂他是畜产，所以我担心他会死。”畜产：即牲畜。②愚人：愚笨无知的人。戏：开玩笑。③指名为豚犊者：以猪、牛来指那些姓朱、刘的人。名，叫、称呼。④有识：指刘宽那样的有识之士。⑤当：承受。⑥议曹：官署名。⑦平章：商讨。秩禄：俸禄。⑧过厚：俸禄太多。⑨大同：统一。隋灭北齐、南陈，而统一天下，所以说天下大同。⑩典式：典范、楷模。⑪关中：即长安所在的关中地区。北齐定都于此，隋朝统一天下后，也定都长安，相对北齐而言，是新朝。⑫明公：对别人的尊称。陶朱公：春秋时越国范蠡，因避陶地，自称陶朱公。《史记·越王勾践世家》：范蠡的二儿子因杀人关押在楚国，范蠡派大儿子和小儿子带着黄金千镒（二十两为一镒）去楚国托人相救。到楚国后，那人收了黄金，在楚王面前说情，即将赦免犯人，但范蠡的大儿子则以为那人没有出力，要收回那一千镒金子，其人大怒，又劝说楚王杀死了范蠡的二儿子。范氏大儿因金钱而使弟弟送命，被称为吝啬之人。此文中的“陶朱公大儿”，所言即此。

【译文】

从前，汉代刘宽不忍心骂奴仆为畜生，现在有些愚笨之辈却以刘宽的行为开玩笑，有时指着姓朱、刘的人说：“有识之人在一旁听骂畜生都于心不忍，你们这些姓猪、牛的人怎能活下来呢?”近来在官署时，官员们一起商讨百官的俸禄。有一显贵，是当时名臣，觉得所商定的俸禄太多了，这时，由北齐入隋的几个文士对他说：“今日天下统一，应该为后代树立榜样，哪能还用以前的态度来考虑问题呢？明公觉得俸禄太重，那你一定是范蠡那个吝啬的大儿子。”他们说完彼此大笑。人们也不觉得出语太粗，对人不友好。

33. 称谓得体

【提要】

在人际交往中，首先是对人的称谓，而称谓是否得体，则又能体现一个人的基本修养。对家人、亲戚、朋友以及自己怎样称呼，在这里能得到启示。

【原文】

昔侯霸之子孙①，称其祖父曰家公；陈思王称其父为家父②，母为家母；潘尼称其祖曰家祖③。古人之所行，今人之所笑也。今南北风俗，言其祖父及二亲，无云家者；田里猥人④，方有此言耳。凡与人言，言己世父⑤，以次第称之⑥，不云家者，以尊于父，不敢家也⑦。凡言姑姊妹女子子：已嫁，则以夫氏称之，在室，则以次第称之。言礼成他族⑧，不得云家也。子孙不得称家者，轻略之也⑨。蔡邕书集⑩，呼其姑姊为家姑家姊；班固书集⑪，亦云家孙，今并不行也。凡与人言，称彼祖父母、世父母、父母及长姑，皆加尊字，自叔父母以下，则加贤字，尊卑之差也。王羲之书⑫，称彼之母与自称己母同，不云尊字，今所非也。昔者王侯自称孤、寡、不穀⑬，自兹以降，虽孔子圣师，与门人言皆称名也。后虽有臣仆之称，行者盖亦寡焉⑭。江南轻重⑮，各有谓号，具诸《书仪》⑯。北人多称名者，乃古之遗风，吾善其称名焉。

【注释】

①侯霸：字君房，东汉人，官至大司徒。②陈思王：三国魏曹植，曹操之子。⑧潘尼，字正叔，晋文学家潘岳之侄。④田里：乡村。猥人：猥俗鄙野之人。⑤世父：伯父。⑥次第：排行。⑦不敢家：称伯父时不用家字。⑧他族：别的家族。⑨轻略：轻视不尊重。⑩蔡邕：字伯喈，东汉文学家。⑪班固：字孟坚，东汉史学家，著《汉书》。⑫王羲之：字逸少，书法家。⑬孤、寡、不穀：都是帝王的谦称。⑭行：流传。⑮轻重：不庄重。⑯《书仪》：书名。据《隋·经籍志》载：南朝有谢元、蔡超、王宏等撰《书仪》。

【译文】

从前，东汉侯霸的子孙，称他的祖父为家公；陈思王曹植称其父为家父，母为家母；潘尼称他的祖先为家祖。这种称谓只是古人中所用，今人却要笑他们称呼不当。现在，南北风俗中，称其祖上及父母双亲，没有说“家”的。村间鄙陋之人，才有这种称法。凡是与别人说话，言及自己伯父时，要以他的排行称他，不用“家”字，以显示尊重父亲，不让伯父在家中居于自己父亲之上。姑姑、姐姐、妹妹及她们的孩子，已出嫁的，就用夫姓称之；未出嫁的，就用排行称之。从礼仪上来说，她们已是外族人，不得称“家”。对子孙辈也不要以“家”称之，因为他们是晚辈，不宜过于尊敬。东汉蔡邕书中，称他的姑、姊为家姑、家姊；班固在书中，也称家孙，这些现在都不可取。凡是与别人交谈，称他人的祖父母、伯父母、父母，及自己的比父亲大的姑，都要加“尊”字。自叔父母以下，则应加“贤”字，以显示出尊卑之别。王羲之在信中，称他人的母亲与称自己的母亲相同，不说“尊”字，现在看来也是不对的。从前，国君和诸侯都谦称为“孤”“寡人”“不榖”，自王侯以下，即使是孔子这样的圣师，与门人说话都自称其名。后虽然有“臣”“仆”之类的称法，但流传的不是太广。江南人不重名字，每个人都有别号，这些在《书仪》之类书中处处可见。北方人多自称姓名，这是古人之遗风。我赞赏自称其名的做法。

34. 迎送礼貌

【提要】

迎来送往，人之常情。区域不同，习俗不同，迎送的方式也有所差异。但无论采取哪一种方式，礼貌应是宾朋交往的前提。

【原文】

南人冬至岁首①，不诣丧家②。若不修书③，则过节束带以申慰④。北人至岁之日⑤，重行吊礼⑥，礼无明文，则吾不取。南人宾至不迎，相见捧手而不揖⑦，送客下席而已⑧；北人迎送并至门，相见则揖，皆古之道也，吾善其迎揖。

【注释】

①冬至：农历二十四节气之一，即每年12月21日至22日之间。岁首：春节。②诣：到。丧家：有丧事的人家。③修书：写信。④束带：整饬衣

冠，束紧衣带，表示敬意。申：表达。⑤至岁：指冬至和岁首两个节日。⑥吊礼：吊唁之礼。⑦捧手不揖：只拱手示意，不弯腰作揖。⑧下席：即离开座位。席，古时供坐卧铺垫的用具。

【译文】

南方人在冬至和春节，不到有丧事的人家。如果不写信问候，则过了这两个节日后穿着整齐、束紧衣带前去拜访，以表达其慰问之意。北方在冬至和春节时，重行吊唁之礼。这些礼节没有明文规定，我看不足为法。南方人宾客来了不起身迎接，相见时只拱手而不弯腰作揖，送客也只是离席就行了；北方迎送客人都到门口，相见时互相作揖，很有礼貌，这是古人尚礼之道，我非常赞赏北方人迎送客时作揖的礼节。

35. 感慕先人

【提要】

这是一个比较古老的教条。作者以为提及先人，乃大不敬也，这反映了根深蒂固的父权意识。因尊敬先辈而把先辈当作神灵来膜拜，以致日常生活中拘束自己，这种做法，今天毕竟已不多见了。

【原文】

言及先人①，理当感慕②，古者之所易，今人之所难。江南人事不获已③，须言阀阅④，必以文翰⑤，罕有面论者。北人无何便尔话说⑥，及相访问，如此之事，不可加于人也。人加诸己，则当避之。

【注释】

①言及先人：说话时谈到自己的先辈。②感慕：感动而敬慕。③不获已：迫不得已。④阀阅：家世。⑤文翰：信札，公文书。⑥无何：少时，没多久。便尔：很熟悉的样子。

【译文】

与人说话谈到先辈时，理应感动而敬慕。这在古时容易做到，而今人却难办到。江南人办事时迫不得已，必须要谈到自己的门第家世时，一定要通过书信，很少当面交谈的。北方人相见没多久便说话随意，并邀到家中。这种事情不好，不要对别人这样做，别人如果对自己这样，也应当避开。

36. 珍重远别

【提要】

相见时难别亦难，多情自古伤离别。歧路分手，天各一方，送者悲，行者哀，执手相看泪眼，一片深情，尽在那挥别的神情和热泪之中。但这只是当时南方风俗，作者所见的北方别情、别景又是如何呢？文章同样细致地描绘了当时北方与南方迥异的送别习惯，饶有情趣。

【原文】

别易会难，古人所重。江南饯送①，下泣言离。有王子侯②，梁武帝弟，出为东郡③，与武帝别，帝曰："我年已老，与汝分张④，甚以恻怆⑤。"数行泪下。侯遂密云⑥，赧然而出⑦，坐此被责⑧，飘摇舟渚，一百许日，卒不得去。北间风俗，不屑此事，歧路言离，欢笑分首。然人性自有少涕泪者，肠虽欲绝，目犹烂然⑨。如此之人，不可强责。

【注释】

①饯送：设宴送行。②王子侯：南朝梁武帝时给皇室子弟都封侯。③东郡：此指建康以东的郡邑。④分张：分别。⑤恻怆：悲伤。⑥密云：六朝时俗云，有云而无雨，戏称人不哭。⑦赧（nǎn）然：惭愧的样子。⑧坐：由于，因为。⑨烂然：目光炯炯有神。

【译文】

分别容易相逢难，古人很看重离别。江南人送行时，一提起别离，眼泪就滚下来了。南朝有一位王子，他是梁武帝之弟，将离开京师建康，往东郡为侯。与梁武帝分别时，武帝忧伤地说："我年岁已大，现与你离别，心里十分难过。"说着落下了眼泪。王子只是哭丧着脸，却没有流泪，惭愧地离开了京城。他因此而受到责怪，在江边荡舟徘徊了一百多天，最后还是没有离开哥哥。北方风俗，不屑于分别时流泪。在岔路口分别时，欢笑着各自东西。不过，人的天性不同，有的人就是很少流泪，分别时虽柔肠欲断，但偏偏眼神显得很明亮，对这类人，也不可强加指责。

37. 名字有别

【提要】

名，证明人体的存在；字，表现人的德操。它们有内在联系，又有一定区别。什么时候用名，什么时候用字，古人也有讲究。

【原文】

古者，名以正体①，字以表德⑧，名终则讳之③，字乃可以为孙氏④。孔子弟子记事者，皆称仲尼；吕后微时⑤，尝字高祖为季⑥；至汉爰种⑦，字其叔父曰丝；王丹与侯霸子语⑧，字侯霸为君房；江南至今不讳字也。河北士人全不辨之。名亦呼为字，字固呼为字，尚书王元景兄弟⑨，皆号名人，其父名云，字罗汉，一皆讳之，其余不足怪也。

【注释】

①名以正体：名字用来证明身体的存在。正，同“证”。②表德：表现人的德操。③“名终”句：人死后名字要避讳。④“字乃”句：字却可以作为孙子的氏。古时，氏是姓的分支，以区别子孙出自何姓。汉代以后，姓与氏相合。⑤吕后：汉高祖刘邦皇后。微时：贫贱时。⑥字：以字称之。高祖：即刘邦，字季。⑦爰种：西汉人。《汉书·爰盎传》载：爰盎，字丝。将作吴王宰相，其侄爰种对他说：“吴王骄日久，国多奸，今丝（指爰盎）欲劾治，彼不上书告君，则利剑刺君矣。”⑧王丹：字仲回，东汉人。侯霸：字君房。其子名昱（yù）。⑨王元景：北齐人，官至祠部尚书，其弟王晞，字叔朗，官至大鸿胪，加仪同三司，都是当时名人。

【译文】

古时候，名用来证明人的身体，字用来表明人的德操。人死后，名要忌讳，字则可以作孙子的氏。孔子的弟子记述孔子的事迹时，都称仲尼；吕后贫贱时，曾直称刘邦的字——季。至于西汉爰种，则用字称他叔父爰盎“丝”；东汉王丹与侯霸之子谈话时，也用字称侯霸为“君房”；江南人到现在仍不忌讳字。北方士人们不辨名与字，该称名时则用字，该称字时当然也用字。北齐尚书王元景兄弟，都号称名人，他们的父亲名云，字罗汉。父亲死后，名字全都忌讳。他们尚且如此，其余的人当然也就不足怪了。

38. 哭丧真恳

【提要】

这里展示了一组真实的民俗画卷。古时候根据哭丧者与亡者的关系，把吊丧分为五个等级，每一个等级有不同的丧服、不同的哭态、不同的表情。哭丧者处于不同的等级，向亡者表达哀思。

【原文】

《礼·闲传》云①：“斩缞之哭②，若往而不反③，齐缞之哭④，若往而反；大功之哭⑤，三曲而偯⑥；小功缌麻⑦，哀容可也。此哀发于声音也。”《孝经》云：“哭不偯⑧。”皆论哭有轻重质文之声也⑨。礼以哭有言者为号⑩，然则哭亦有辞也。江南丧哭，时有哀诉之言耳；山东重丧⑪，则唯呼苍天，期功以下⑫，则唯呼痛深，便是号而不哭。

【注释】

①《礼·闲传》：专论服丧之礼。②斩缞（cuī）：古时候五种丧服之首，用整块粗麻布披在身上，衣旁和下边都不缝缉。这是古时候最重的丧服，要服孝三年。丧服中上衣称缞，下衣称裳。③若往而不反：哭得很伤心，好像要死过去再也不回来一样。反，同“返”，回来。④齐缞：古时五种丧服之一，用麻布做成，下边缝缉整齐，故称齐缞。这种丧服次于斩缞，要服孝一年。⑤大功：古时五种丧服之一，用熟布做成，比齐缞质料细。服期九个月。⑥三曲：一声三折。偯（yǐ）：哭的余声。⑦小功：五种丧服之一，用熟布做成，质料比大功细。服期五个月。缌麻：也是熟布做成，料比小功更细，这是五种丧服中最轻的一种，服期三个月。⑧哭不偯：不大声哭号。《孝经·丧亲章》中说：“孝子之丧亲也，哭不偯，礼无

容，服美不安，闻乐不乐，食旨不甘，此哀戚之情也。”⑨质文：质实和修饰，言真哭和礼节性的哭。⑩哭有言者：边哭边说。⑪山东：指太行、恒山以东，即河北之地。⑫期：指期服，服丧一年。功：指大功，小功。

【译文】

《礼记·闲传》中说：“服斩缞的丧，要放声痛哭，好像要哭死过去，与亡者同在；服齐缞的丧，要伤心悲哭，哀痛欲绝；服大功的丧，要一哭三折，悲声悠长；服小功和缌缏的丧，只须脸上有哀痛的表情就行了。这就是悲哀之情发于声音的礼节要求。”《孝经》说：“悲哭时不要过于哀婉。”都是说哭丧的要根据亡者与自己的亲疏关系表达自己的情感。从礼仪上来说，边哭边说为号，但是一般人哭丧时都是要说的。江南人哭丧时，经常夹有哀诉之言；北方人有重丧时，则只呼苍天。期服和大功小功的丧事以下，则只呼悲伤之类的词，这便是号而不哭。

39. 及时吊唁

【提要】

亲友亡故，当及时吊唁，不可错过日期，影响与亡者亲人的感情。另外，吊唁时与人交接，还要注意礼节。

【原文】

江南凡遭重丧，若相知者，同在城邑，三日不吊则绝之①；除丧②，虽相遇则避之；怨其不已悯也③。有故及道遥者，致书可也。无书亦如之④。北俗则不尔⑤。江南凡吊者，主人之外，不识者不执手；识轻服而不识主人⑥，则不于会所而吊，他日修名诣其家⑦。

【注释】

①绝之：与他绝交。②除丧：服丧完毕。③不已悯：不哀悯自己的不幸。④如之：指像对待三日不吊唁一样，与他断交。⑤不尔：不这样。⑥轻服：服轻孝的人。即与亡者关系不直接的人。⑦修名：写好名帖。诣：到。

【译文】

在江南，凡是遭逢重丧，如果同住一个城邑中的相识者，三天之内不到家吊唁，就与他断交。服丧期满后，即使两人相遇也都要避而不见，恨他不怜悯自己。有特殊原因及路途遥远的，写信致哀即可。如连信都没有，也要与他绝交。北方风俗则不这样。江南风俗，凡吊唁者，除主人之外，不认识的人不能握手，如果吊唁者不认识主人，只认识办丧事家服轻孝人的，就不要在灵堂吊唁，改日写好名帖再到他家去慰问。

40. 尊重人情

【提要】

送丧是人类情感最悲戚的时刻，对亡者的哀悼和思念将悲哀的人们引向一种超我的生命境界——与亡灵同在。但在当时却有一种在门前撒灰，祛灾驱鬼的习俗，简直不近人情。

【原文】

偏傍之书[①]，死有追杀[②]。子孙逃窜，莫肯在家；画瓦书符[③]，作诸厌胜[④]；丧出之日，门前燃火，户外列灰，祓送家鬼[⑤]，章断注连[⑥]；凡如此比，不近有情，乃儒雅之罪人，弹议所当加也[⑦]。已孤，而履岁及长至之节[⑧]，无父，拜母、祖父母、世叔父母、姑、兄、姊，则皆泣；无母，拜父、外祖父母、舅、姨、兄、姊，亦如之：此人情也，江左朝臣，子孙初释服[⑨]，朝见二宫[⑩]，皆当泣涕；二宫为之改容。颇有肤色充泽[⑪]，无哀感者，梁武薄其为人[⑫]，多被抑退[⑬]。裴政出服[⑭]，问讯武帝，贬瘦枯槁[⑮]，涕泗滂沱[⑯]，武帝目送之曰："裴之礼不死也[⑰]"。

【注释】

①偏傍之书：旁门左道之书。②杀：又作"煞"，追杀。当时民间流传，人死后于某日要回家，称回煞，即追杀。至那一天，全家人必须外出躲避。俗称避煞。③画瓦：把图像画在屋瓦上，用来镇邪。书符：写桃符。用以防鬼。④作诸：做这些。厌（yā）胜：靠那些图像和桃符战胜鬼怪。厌，通"压"。⑤祓送：古时有人家送丧时，于门前烧火，屋外撒灰，防止鬼附在家里，是一种除灾驱鬼的方法。家鬼：指家中死去的人的魂魄。

⑥章断注连：道教认为人死后真魂仍注连在个别家人身上，使他连连生病遭灾。生者为了摆脱灾疾，应该给天神写一封奏章，要求神断绝他与亡者的关联。注连，即两相连接。⑦弹议：弹劾和驳议。⑧履岁：履端岁首，即新年的第一天。长至：冬至。⑨释服：服丧期满，除去丧服。⑩二宫：皇帝和太子。⑪频有：常有。肤色充泽：脸上充满光泽，即没有一点哀悯之意。⑫薄其为人：觉得他品性浅薄，不忠厚。⑬抑退：抑止斥退。⑭裴政：字德表，入隋后为襄阳总管，有政绩。出服：除去丧服。⑮贬：损，憔悴。⑯涕泗：眼泪。滂沱：泪水纵横的样子。⑰裴之礼：字子义，裴政之父，梁时官至少府卿。

【译文】

那些出自旁门左道的邪书上说，人死后至某一日要回煞。亡者的子孙们相信邪说，到那天都逃避在外，不敢留在家中。还在屋瓦上画图像，在房中写桃符，以此制压鬼怪。送丧那天，在门前烧火、屋外撒灰，像驱逐邪魔一样送走家鬼。烧香奏章，祈求天神断绝亡者与生者的关联：凡此种种，都不近人情，是儒雅温厚之教的罪人，应该受到弹劾和斥责。自己孤寡时遇到新年和冬至节，如果是父亲已死，拜见母亲、祖父母、伯父伯母、姑、兄、姊时，都要悲哭；如果是没有母亲，拜见父亲、外祖父母、舅、姨、兄、姊时，也一样要伤心落泪，这才是人之常情。江南朝臣中，如果子孙刚除丧服，朝见皇帝和太子时都要流泪，皇帝和太子也被他感动，表情忧伤。时常有些人在这种场合下还面色得意，没有哀戚之情，梁武帝便认为他们道德浅薄，将他们抑止斥退。裴政除丧进朝，朝见梁武帝，身体憔悴枯槁，泪水泉涌。梁武帝目送他出宫，说："裴之礼没有死啊！"

41. 爱惜遗物

【提要】

睹物思亲，父母去世后，其遗物哪怕是一本书、一只茶杯，都是留给后代的纪念，儿女们应该珍惜爱护。但要切合实际，不可陷于迂腐，更不可妄定禁忌，束缚自己的行动。

【原文】

二亲既没，所居斋寝，子与妇弗忍入焉。北朝顿丘李构[①]，母刘氏，夫人亡后，所住之堂，终身锁闭，弗忍开入也。夫人，宋广州刺史纂之孙女[②]，故构犹染江南风教。其父奖[③]，为扬州刺史，镇寿春[④]，遇害。构尝与王松年、祖孝徵数人同集谈谎[⑤]。孝徵善画，遇有纸笔，图写为人。顷之，因割鹿尾，戏截画人以示构[⑥]，而无他意。构怆然动色，便起就马而去[⑦]。举座惊骇，莫测其情。祖君寻悟[⑧]，方深反侧[⑨]，当时罕有能感此者。吴郡陆襄[⑩]，父闲被刑，襄终身布蔬饭，虽姜菜有切割[⑪]，皆不忍食，居家惟以掐摘供厨[⑫]。江宁姚子笃[⑬]，母以烧死，终身不忍噉炙[⑭]。豫章熊康父以醉而为奴所杀[⑮]，终身不复尝酒。然礼缘人情，恩由义断[⑯]，亲以噎死，亦当不可绝食也。《礼经》[⑰]：“父之遗书，母之杯圈，感其手口之泽[⑱]，不忍读用。”政为常所讲习[⑲]，雠校缮写[⑳]，及偏加服用，有迹可思者耳。若寻常坟典[㉑]，为生什物[㉒]，安可悉废之乎？既不读用，无容散逸，惟当缄保[㉓]，以留后世耳。

【注释】

①顿丘：古县名，今河南清丰。李构：字祖基。北朝齐人，官至太府卿，谨守雅道，很受当时名流推崇。②宋：南朝刘宋王朝。③奖：李奖，字遵穆，容貌魁伟，有治国之才，后魏时为河南尹。元颢谋反入洛阳，委任奖为尚书左仆射。元颢派他慰劳徐州军，进入城中，遇害，传首洛阳。书中说为扬州刺史时遇害，误。④寿春：今安徽寿县。⑤谈谎：宴饮。⑥截画人：画人的一半。⑦就马：骑上马。⑧寻悟：马上明白。⑨方：才。反侧：心情反复，不能平静。⑩陆襄：字师卿，梁武帝太清元年为度支尚书。其父陆闲，官至扬州别驾，因参与谋反，被杀，时陆襄年仅十四岁。《南史·陆慧晓传》中称他除丧服后，还像服孝期一样，终身只吃蔬菜，只披布为衣，不动刀剪。⑪虽：即使。⑫掐摘：不用刀切，用手掐摘。⑬江宁：今江苏南京市。⑭噉炙（dànzhì）：吃烧烤的肉。噉，同“啖”。⑮豫章：古郡名，即今江西南昌市。⑯恩由义断：恩情的表示要适合礼义。断，判定。⑰《礼经》：即《礼记》。《礼记·玉藻》：“父没而不能读父之书，手泽存焉尔。母没而杯圈不能饮焉，口泽之气存焉尔。”⑱泽：

恩泽。⑲政：同“正”。⑳雠校：校对古书。缮写：抄写。㉑寻常：一般。坟典：书籍。㉒为生：维持生活。㉓缄保：束捆保存。

【译文】

父母死后，他们斋戒时所住的房屋，儿子和媳妇都不忍心再到里面去。北齐顿丘人李构母亲刘氏死后，她所住的房子，终年锁闭，李构不忍开门进去。刘氏是南朝刘宋时广州刺史李纂的孙女，所以李构还染上江南的风俗。他的父亲李奖，任扬州刺史，坐镇寿春，不幸遇害。李构曾与王松年、祖孝徵等人聚集在一起宴饮。祖考徵善画，遇有纸笔，都要给人画像。宴饮一会儿后，他便割下鹿尾，开玩笑式地画一个半截人给李构看，但决无他意。李构看后心情悲伤，脸色顿变，随即起身离席，骑马而去。满座人都十分吃惊，不知他为什么这样做。祖孝徵马上就明白了，深加后悔，当时却很少有人能感受到这种心情。吴郡人陆襄，父亲陆闲犯法被杀，他便终身披布为衣，不吃肉食，即使是姜菜，因为要用刀切，都不忍吃。江宁人姚子笃，因为母亲被烧死，便终身不忍心吃烧烤之类的肉食。豫章人熊康，其父酒醉后被奴仆杀死，他便终身不再尝酒。但是守孝节要符合人情，重恩情也要适合礼义。父母亲因为吃东西被噎死，也不应因此而绝食。《礼记·玉藻》中说：“父亲读过的书籍，母亲用过的杯子，感慕它们上面有父母手和口的恩泽，不忍再翻读和使用。”正是由于它们是双亲平常所讲习、校勘、抄写，同时很少为一般人所用的东西，有先人的遗迹，可以寄托自己的思念。但父亲所读过的一般的书籍，母亲所用过的必要的生活品，难道也可以完全废弃不用吗？对父母所遗留的东西，既然不能翻读和使用，也不能散佚丢弃，应该把书捆好，把东西保存起来，以留传给后世。

42. 忌日不乐

【提要】

心情笃实之人，每逢父母忌日，应自伤自悼，表达对先人的思念。有些人表面上哀痛，而背地里却饮酒作乐，这种虚伪的行为应受到谴责。

【原文】

《礼》云："忌日不乐[①]。"正以感慕罔极[②]，恻怆无聊[③]，故不接外宾，不理众务耳。必能悲惨自居[④]，何限于深藏也？[⑤]世人或端坐奥室[⑥]，不妨言笑，盛营甘美[⑦]，厚供斋食[⑧]；迫有急卒[⑨]，密戚至交[⑩]，尽无相见之理：盖不知礼意乎！魏世王修母以社日亡[⑪]，来岁社日，修感念哀甚[⑫]，邻里闻之，为之罢社。今二亲丧亡，偶值伏腊分至之节[⑬]，及小月晦后[⑭]，忌之外，所经此日，犹应感慕，异于余辰[⑮]，不预饮谵，闻声乐及行游也。

【注释】

①忌日不乐：语出《礼记·祭仪》："君子有终身之丧，忌日之谓也。"②罔极：没有边际，无限的。③恻怆无聊：因悲伤而心绪不乐。④自居：有悲伤心痛之意。⑤深藏：深居室中不外出。⑥奥室：深隐之屋。⑦甘美：甘旨香美的食品。⑧斋食：素食。⑨迫有：遇有。急卒：紧急而突然。⑩密戚：密切的亲戚。至交：最好的朋友。⑪王修：字叔治，三国魏人，七岁丧母。社日：古代祭祀社神的节日。其时四邻聚合在一起，备下祭品，先祭神，然后吃供神的祭肉。⑫感念哀甚：思念母亲，十分哀伤。⑬伏：指伏日，也称伏天，三伏的总称，古风俗中指三伏中祭祀神的那一天。腊：指腊日，古时岁末祭祀百神的节日，一般指农历十二月初八。分：指春分、秋分。至：指夏至和冬至。⑭小月晦后：小月的最后一天。小月，只有二十九天，如果父母亲是在大月去世，经历小月时，应以其最后一天为忌日。⑮余辰：其余的节气。

【译文】

《礼记·祭义》中说："父母亲的忌日，心情哀伤。"这正是由于对父母无限感慕和思念使自己心情悲伤，情绪低落，所以不接待一般的宾客，不处理平常的事务。但如果一个人真正能够内怀悲痛之情，又何必局限于居屋中不出来呢？世上有的人端坐在深隐的屋中，却谈笑如故，准备丰盛的佳肴，大吃大喝；有的遇有突然而紧急的事情，即使是亲戚和至交，都无相见之理：这两种人大概都不知孝义之礼的真正意义吧！三国魏时王修，其母在社日那天去世，第二年社日，他内心感伤，思念母亲，非常哀痛，邻里们听到之后，也深受感动，为他罢社。现在，如果父母双亲都去世，除忌日之外逢到伏日、腊日、春分、秋分、夏至、冬至之类祭祀的节日，以及小月的最后一天，还应感念双亲，有别于其余的节气，不参加宴会，不听声乐，不外出游乐。

43. 言语谨慎

【提要】

朋友的禁忌，也像自己的禁忌一样，要注意回避。此外，与人交谈，也要听清别人的话再作回答，不要贸然应对，让人笑话。

【原文】

刘绦、缓、绥①，兄弟并为名器②，其父名昭，一生不写照字，惟依《尔雅》火旁作召耳③。然凡文与正讳相犯，当自可避；其有同音异字，不可悉然④。刘字之下，即有昭音⑤。吕尚之儿⑥，如不为上；赵壹之子⑦，傥不作一⑧：便是下笔即妨，是书皆触也⑨。尝有甲设谯席⑩，请乙为宾，而旦于公庭见乙之子，问之曰："尊侯早晚顾宅⑪？"乙子称父已往。时以为笑⑫。如此比例⑬，触类慎之，不可陷于轻脱⑭。

【注释】

①刘绦：字言明，精通《三礼》，南朝梁大同年间官至尚书祠部郎。缓：字舍度，善文章，在当时很有声誉。绥：字衍文。②名器：知名之器，即名人。③"惟依"句：《尔雅·释虫》："萤火即炤。"刘绦兄弟因父讳照，所以不用"照"字，而只用"炤"字。④悉然：全都忌讳。⑤昭音：刘字的繁体为劉，上从卯，下从钊。"钊"与"昭"同音。作者认为同音异体字不应忌讳，否则，刘绦兄弟连姓也不能写。⑥吕尚：即姜太公，"尚"与"上"同音，故要避讳。⑦赵壹：字元叔，东汉文学家，"壹"与"一"同义，同音，故要避讳。⑧傥：或许。⑨是书皆触：凡是书札，都触忌讳。是，凡是。⑩谯席：即宴席。⑪早晚：什么时候。⑫时以为笑：时人把他当作笑柄。⑬比例：比方，诸如此类。⑭轻脱：轻薄佻脱。

【译文】

刘绦、刘缓、刘绥兄弟，同是当时的知名之士，他们的父亲名昭，他们终身都不写“照”字，只依《尔雅》火字旁写作“炤”。凡是在行文中与正讳相冲突的字，当然应该避开，但对那些同音异义的字，则不可全都那样做。如刘字以下的字，有昭音，难道可以因此而不写姓吗？吕尚的儿子，可能不写“上”字，赵壹的儿子，或许不写“一”字。这便是下笔就有妨碍，处处都触忌讳，要多加留意。从前有甲某设宴席，请乙某到家做客，刚好早晨在官府中遇见乙某的儿子，问他说：“你父亲早晚（何时）光顾寒舍？”乙某的儿子不知“早晚”是何意；以为父亲早晨出门就是去赴宴，所以回答说：“父亲已经去了。”当时的人以此作为笑柄。诸如此类的事，遇到后都要格外谨慎，不可出语轻佻浅薄，惹人笑话。

44. 生日思亲

【提要】

生日纪念，人生快事。从周年试儿到长大成人，过生日总是人们生活中的一件重要的事情。父母亲在世时，可与他们同乐，父母亲辞世后，则要在生日那天表达对亡亲的思念，即使贵为帝王，也不能忘记。

【原文】

江南风俗，儿生一期①，为制新衣，盥浴装饰②，男则用弓矢纸笔③，女则刀缕鍼尺④，并加饮食之物，及珍宝服玩，置之儿前，观其发意所取，以验贪廉愚智⑤，名之为试儿。亲表聚集⑥，致谦享焉⑦。自兹已后，二亲若在，每至此日，尝有酒食之事耳，无教之徒⑧，虽已孤露⑨，其日皆为供顿⑩，酣畅声乐，不知有所感伤。梁孝元年少之时⑪，每八月六日载诞之辰⑫，常设斋讲⑬，自阮修容薨殁之后⑭，此事亦绝。

【注释】

①一期：一周年。②盥浴：洗澡。装饰：穿戴整齐。③男：指男孩。弓矢：弓和箭。④女：指女孩。刀：剪刀。缕：线。鍼：同“针”。⑤验：

检验，预测。⑥亲表：族亲和表亲。⑦谶享：设宴庆贺。⑧无教：不知礼教。⑨孤露：指丧父，又称“偏露”，即孤单而无所荫庇。⑩其日：周岁纪念日。供顿：准备酒菜。⑪梁孝元：南朝梁元帝绎。⑫载诞之辰：诞生的日子。⑬斋讲：吃斋讲经。据《爱日斋丛钞》中载：梁元帝每逢生日，便要斋素讲经。⑭阮修容：梁元帝母亲石氏。修容，古时宫内女官名，为九嫔之一。薨（hōng）：古时皇帝死称崩，皇后死称薨。

【译文】

江南风俗，孩子出生一周年时，给其做一套新衣服，盥洗干净，穿戴整齐。是男孩就用弓箭和纸笔，女孩就用剪尺针线，再加上一些饮食之物和珍宝器玩，把它们一起摆放在婴儿面前，看婴儿想取其中的哪一件，并以此来预测婴儿以后是贪婪还是清廉，是愚蠢还是聪明。这种游戏称作试儿。那天，亲戚们都聚集在一起，宴饮作乐，以示庆贺。从此以后，父母如健在，每到周岁纪念日，便饮酒宴客。但有些无教化之辈，即使父亲已逝，自己失去依靠，到他生日那天还要准备酒菜，酣畅痛饮，享受声乐，却不知道为父亲之死而伤感。梁元帝年轻时，在每年八月六日这天，要举行斋素讲经的仪式，来祝贺他的生日。自从母亲阮修容去世后，这种事再也没有举行过。

45. 不嫌父罪

【提要】

犯罪受刑，或冤屈遭贬，对家人来说都是不幸的。聪明的儿子们要注重父子深情，不嫌弃父亲，守候狱中的父亲，关心远谪的亲人。另外，弹劾别人也应根据事实，不可公报私仇，伤天害理。

【原文】

梁世被系劾者[①]，子孙弟侄，皆诣阙三日[②]，露跣陈谢[③]，子孙有官，自陈解职[④]。子则草屦粗衣[⑤]，蓬头垢面，周章道路[⑥]，要候执事[⑦]，叩头流血，申诉冤枉。若配徒隶[⑧]，诸子并立草庵于所署门[⑨]，不敢宁宅[⑩]，动经旬日[⑪]，官司驱遣，然后始退。江南诸宪司弹人事[⑫]，事虽不重，而以教义见辱者，或被累系而身死狱中者，皆为怨仇，子孙三世不交通矣⑬。到洽为御史中丞⑭，初欲弹刘孝绰⑮，其兄溉先与刘善，苦谏不得，乃诣刘涕泣告别而去。

【注释】

①梁世：南朝梁代。系劾：即劾系，揭发罪行，拘禁在狱。②诣阙：到京城。阙，原指皇帝住处，此指京师。③露：即露髻，指头发散乱，露出了发髻。跣（xiǎn）：即跣足，指不穿鞋。陈谢：表达谢罪之意。④自陈：自己上表，请求免除职务。⑤草屩（juē）：草鞋。⑥周章：徘徊流转。⑦要（yāo）候：等候。执事：掌管刑狱的官员。⑧配：发配到边疆。徒隶：服苦役。⑨草庵：小草房。所署：父亲所关押的机构。⑩宁宅：安居在屋。⑪旬日：十几天。⑫宪司：御史的别称，主管弹劾和刑罚。⑬交通：相互交往。⑭到洽：字茂淞，南朝梁代为御史中丞。⑮刘孝绰：本名冉，原与到洽友善，原同游太子宫，刘孝绰才优于到洽，时常鄙夷到洽之文，到洽因而记恨在心。到洽为御史中丞时，刘孝绰为廷尉正，到洽借故弹劾他，使刘孝绰被罢官。

【译文】

南朝梁代时，凡被弹劾拘禁者，子孙及弟侄们都要到京城住多日，露着发髻、赤着脚板向皇帝陈情谢罪；子孙中有当官者，也要自请免职。儿子们还要穿着草鞋和粗布衣，蓬头垢面，徘徊于大路，等候管事的官员，叩头流血，申诉父亲的冤枉。父亲如果被发配做苦役，儿子们都在父亲所押的衙门边盖间小茅屋，而不敢安居在家中。经过十几天之后，有官吏们来驱赶，方才回到家里。江南诸御史弹劾别人时事情虽然不重，但如果因为慎守教义而受到耻辱，或者因为细小的过错而死在狱中，双方都要结仇怨，子孙三代都互不交往。到洽为御史中丞后，想弹劾刘孝绰，其兄到溉以前与刘孝绰很友好，便苦苦劝弟不要那样做，但他不听。到溉没办法，只好到刘孝绰处痛哭一番，辞别而去。

46. 临危见孝

【提要】

战争和病魔，对人类威胁最大，它们既能磨炼人的意志，又能考验人的品德。作为人子，在战争或病魔把父辈们逼到绝境时，应是什么态度呢？

【原文】

兵凶战危[①]，非安全之道[②]。古者，天子丧服以临师[③]，将军凿凶门而出[④]。父祖伯叔，若在军阵，贬损自居[⑤]，不宜奏乐宴会及婚冠吉庆事也[⑥]。若居围城之中，憔悴容色，除去饰玩[⑦]，常为临深履薄之状焉[⑧]。父母疾笃，医虽贱虽少[⑨]，则涕泣而拜之，以求哀也[⑩]。梁孝元在江州[⑪]，尝有不豫[⑫]，世子方等亲拜中兵参军李猷焉[⑬]。

【注释】

①兵凶战危：战争是残酷危险的。兵，此指战争。②安全：安居全身。③“天子”句：皇帝穿着丧服统帅军队，以显示其战死的决心。④“将军”句：古时将军出战，凿一向北开的门。表示他此战必死。凶门，向北开的门，古时的丧礼之一。⑤贬损自居：克制自己的情感。贬损，抑制。⑥婚：结婚。冠：男子成年时举行的加冠的礼仪。⑦饰玩：装饰和玩好之物。⑧临深：站在深渊边。履薄：走在薄冰上。⑨医：指医生。少：年轻。⑩求哀：求医生哀怜病人，将他治好。⑪孝元：梁元帝萧绎。⑫不豫：古时天子病称不豫，意即不再豫政理事。豫，同“预”。⑬世子：帝王正妻所生的长子，又称太子。方等：即萧方等。中兵参军：官名。

【译文】

战争残酷而危险，不是安居全身之道。所以古时天子要穿着丧服统帅军队，将军要凿一凶门，以丧礼送他出战。祖父、父亲、伯伯、叔叔，他们如果正在战场上厮杀，子孙们在家中心事沉沉，不宜奏乐宴请，也不宜举办婚娶、冠礼以及吉庆之类的热闹事情；若父祖伯叔被困在围城中，则晚辈应当面容憔悴，除去饰物和玩好，常作如临深渊、如履薄冰之状，心情忧虑，惶恐不安。父母亲病情严重时，医生即使贫贱而年轻，也要流着眼泪给他叩拜，求他哀怜病人，尽力治好父母的病。梁元帝萧绎在江州时，尝卧病不起，世子萧方等亲自拜请中后参军李猷为父治病。

47. 交友重义

【提要】

情义为上，志趣相投，方可结为兄弟。如果像当时北方那样，萍水相逢，不择是非，轻易结拜，将会演出结父为兄、托子为弟的闹剧。作者善意地批评了北方民族粗豪气质所决定的简单草率的交友方式，强调了择友应有坚实的道义基础，这是很富于启迪的。

【原文】

四海之人，结为兄弟，亦何容易。必有志均义敌①，令始如终者，方可议之②。一尔之后③，命子拜伏，呼为丈人④，申父友之敬⑤，身事彼亲⑥，亦宜加礼。比见北人⑦，甚轻此节，行路相逢，便定昆季⑧，望年观貌⑨，不择是非，至有结父为兄⑩，托子为弟者。

【注释】

①志均义敌：志趣相投，气节相配。②议：考虑。③一尔：一如此。④丈人：引指前辈。⑤申：表达。⑥身事：亲自侍奉。彼亲：朋友的双亲。⑦比：近来。⑧昆季：兄弟。⑨望年观貌：凭感觉来判断别人的年龄，从相貌来看别人的品行。⑩“结父”句：与父亲辈的人结为兄长。下句说把儿子辈的当作弟弟。颜之推所指出的这种现象在唐、五代依然存在。如唐德宗以其子唐顺宗的儿子李源作为第六子，便是以孙为子。而唐代宗制度规定，与公主结婚的人，其辈行上升一级，与其父同辈。

【译文】

天下之人都结为兄弟，是很不容易的。一定要有志趣相投、意气相配，并忠诚于友情、始终如一的人，才能考虑与他结拜为兄弟。两人一旦结拜之后，便要令儿子跪拜，尊为前辈，表达对父亲友人的尊敬；侍奉朋友的双亲时，也应更加注重礼节。我近来看见北方人，在交友之礼上很轻率，路人相逢，便定兄弟之礼，凭感觉揣度他人的年岁，凭相貌判断一个人的品性，不择是非，甚至有交父辈为兄，与儿子辈称弟的。

48. 恭敬待客

【提要】

对客的态度，也体现着一个人的涵养和品德。昔日周公洗发时只要有人求见，便握着湿发出来迎接，深受人们爱戴。但也有人傲慢待客，招人讥讽。如以客人身份的高低来决定接客的态度和表情，更是缺乏教养，不为人所齿。“门无停宾”，这是古老的中国文明的表现方式之一。

【原文】

昔者，周公一沐三握发①，一饭三吐餐②，以接白屋之士③，一日所见者七十余人。晋文公以沐辞竖头须④，致有图反之诮⑤。门不停宾，古所贵也。失教之家，阍寺无礼⑥，或以主君寝食嗔怒⑦，拒客未通⑧，江南深以为耻，黄门侍郎裴之礼⑨，号善为士大夫⑩，有如此辈，对宾杖之；其门生童仆，接于他人，折旋俯仰⑪，辞色应对⑫，莫不肃敬，与主无别也。

【注释】

①一沐三握发：洗一次发要中断多次，握着湿发出来会见客人。三，虚指，以示次数之多。②一饭三吐餐：进餐时为会见客人，多次吐出口中的饭，出门迎接。③白屋之士：即贫微之人。白屋，茅草盖的房子，多为贫贱之人所居。④晋文公：春秋时晋国国王，五霸之一。⑤图反：念头倒着。据《左传·僖公二十四年》载：晋文公的奴仆头须求见，晋文公因嫌他以前偷过宝物，不愿见他，便说自己在洗发，不能见客。头须知道真情，便对别的仆人说：“洗发时心是反着的，心反着念头正好倒过来了，所以该我见不着他。”（沐则心覆，心覆图反，宜吾不得见也。）晋文公听到后感到很惭愧，马上出来接待他。⑥阍寺：守门人。⑦“或以”句：因为主人睡觉或吃饭而嗔怪客人来打扰。⑧拒客未通：将客人拒之门外，不加通报。⑨黄门郎：古官名。裴之礼：南朝梁人。⑩善为：性情和善，办事温和。⑪折旋：弯腰而退。俯仰：恭敬点头。⑫辞色：脸上表情。应对：回答客人的话。

【译文】

从前，周公求贤若渴，洗一次发要多次握发出门，吃一顿饭要多次吐出口中之食，为的是及时接待前来拜访的贫贱之士，他一天要这样接待七十余人。晋文公因私怨，而以洗发为辞，不愿见奴仆头须，结果招来心思颠倒的责怪。不让宾客留滞在门前，这是古人所重视的礼节。没有教化的人家，守门人傲慢无礼，有的因为主人睡觉或吃饭而怒斥客人，将客人拒于门外，不予通报，江南人认为这是最可恶的。梁代黄门侍郎裴之礼，时号性情和善的大夫，但如果有这类奴仆，便当着客人痛打他，以示赔罪。他的门生童仆，接待他人时，点头奉迎，弯腰而退，说话和表情都非常恭敬而庄重，与对待主人没有区别。

慕贤篇

49. 结交贤能

【提要】

虽然大圣大贤，旷世难逢，但我们的生活中又确实充满着比我们贤能的人，入芝兰之室，久而同其芬芳。我们应该爱慕贤才，尊重能人，与贤能的人在一起，接受他们的熏陶，以培养自己高尚的情操，选择正确的人生方向。

【原文】

古人云："千载一圣，犹旦暮也[①]；五百年一贤，犹比髆也[②]。"言圣贤之难得，疏阔如此[③]。傥遭不世明达君子[④]，安可不攀附景仰之乎[⑤]？吾生于乱世，长于戎马，流离播越[⑥]，闻见已多；所值名贤[⑦]，未尝不心醉魂迷向慕之也[⑧]。人在年少，神情未定[⑨]，所与款狎[⑩]，熏渍陶染[⑪]，言笑举动，无心于学，潜移暗化，自然似之；何况操履艺能[⑫]，较明易习者也[⑬]？是以与善人居，如入芝兰之室[⑭]，久而自芳也。与恶人居，如入鲍鱼之肆[⑮]，久而自臭也，墨子悲于染丝[⑯]，是之谓矣。君子必慎交游焉，孔子曰："无友不如己者"[⑰]。颜、闵之徒[⑱]，何可世得[⑲]！但优于我，足贵足之[⑳]。

【注释】

①“千载”二句：意谓隔一千年出一位圣人，还就像人间早晚之间，极言圣人出现的周期之长。旦暮，从早到晚。②“五百年”二句：意谓五百年间出一位贤人，还就像人们摩肩接踵一样密。比髆，肩并肩。髆，肩膀。③疏阔：远离，隔开。④不世：非凡。⑤攀附：依附。景仰：仰慕。⑥播越：离散。⑦值：逢，遇到。⑧向慕：景仰，敬慕。⑨神情：精神修养和性格习惯。⑩款狎：密切亲近。⑪熏：熏染。渍：浸泡。陶：陶冶。染：濡染。⑫操履：操行。艺能：才干。⑬易习：容易学习。⑭芝兰：两种香草名。⑮鲍鱼之肆：卖鲍鱼的店铺。鲍鱼，腌鱼，气味腥臭。⑯“墨子”句：《墨子·所染篇》记载：墨子见染布的人，感叹道：“把布放到黑色染料中变就成黑的，放在黄色染料中就变成黄的，染料不同，所染的颜色也就不同，所以染布一定要小心谨慎啊。”⑰“无友”句：不要与不如自己的人交朋友。见《论语·学而篇》。⑱颜：颜回，小孔子三十岁。闵：闵损，小孔子十五岁，二人都是孔子的弟子，以贤能著称。⑲世得：在当时得到。世，古代以三十年为一世。⑳贵之：尊重他。

【译文】

古人说：“隔千年出一圣人，还就像只隔早晚一样短；隔五百年出一贤人，还就像摩肩接踵一样近。”都是说圣贤之人出现的周期太长，难得遇见，相隔遥远。倘若遇到罕有的贤明通达之人，怎能不对他依附敬仰呢？我出生在动乱的时代，成长于兵戈戎马之中，到处漂流，见闻很多；对所遇见的名士贤能，未曾不心醉魂迷一般仰慕。人在青少年时，精神修养和性格习惯都没有定型，对与他密切亲近的人，熏陶渍染，言笑举动，虽无心去学，但潜移默化，自然也就会像他，更何况操行才干之类明显易学的东西呢？所以，与善人相处，就像置身芝兰熏过的房屋中，时间长了自然也会充满香味；与恶人相处，就像身处鲍鱼铺中，时间久后自然就臭味难闻。墨子叹息白布被染，随色而变，也是这个意思。正直的人一定要谨慎地交友，孔子说：“不要与不如自己的人做朋友。”颜回和闵损这样的贤人怎样能在每一世中都出现呢？只要有人比我高尚，便足以值得敬重！

50. 敬慕近贤

【提要】

墙里开花墙外香。世俗见识短浅，贵耳贱目，重远轻近，身边的贤良不加敬重，而对外乡稍有风声的能人却钦慕不已。有此弊病，小者损身，大者亡国。

【原文】

世人多蔽①，贵耳贱目②，重遥轻近。少长周旋③，如有贤哲，每相狎侮④，不加礼敬；他乡异县，微藉风声⑤，延颈企踵⑥，甚于饥渴。较其长短⑦，核其精粗⑧，或彼不能如此矣。所以鲁人谓孔子为东家丘⑨，昔虞国宫之奇⑩，少长于君，君狎之，不纳其谏⑪，以至亡国，不可不留心也。

【注释】

①蔽：遮盖。②贵耳贱目：注重听到的，轻视看到的。③少长：稍稍比自己年长的人。周旋：应酬。④狎侮：轻视，看不起。⑤微藉风声：稍有一点贤哲的传闻。藉，借助。⑥延颈：伸长脖子。企踵：跷起脚跟。极言其仰慕之情。⑦较：比较。⑧核：衡量。精粗：比喻其优点和缺点。⑨孔子：名丘。《孔子家语》中说：鲁人不知道孔子是圣人，便说："东家那个孔丘吗？我认识他。"⑩宫之奇：春秋时虞国大夫。《左传·僖公五年》载：晋国想借道虞国击攻虢国，虞君答应了，宫之奇进谏，说晋灭虢之后必定会回师灭虞，不能让晋军过去。虞君不听，宫之奇说："虞国过不到腊月！"果然这年冬天，晋国回师灭虞。⑪谏：劝言。

【译文】

世人多有受蒙蔽，相信听到的而蔑视看到的，尊重远处的而鄙夷身边的。在和稍大于自己的人交往应酬中，遇有才德优异的，往往要轻视他，怠慢他，对他不友好、不尊重，而对外地稍有一点贤良传闻的人，却伸长脖子跷起脚，格外仰慕，求之若渴。如果把两个人的德行和才能进行比较核实，或许外地的还不如身边的，所以鲁国人不尊敬孔子，直呼他为"东家丘"；春秋时虞国大夫宫之奇，比虞君稍大一点，虞君怠慢他，不采纳他的劝言，以至亡国。对这类事情不可不留心。

51. 不窃人美

【提要】

剽窃他人的成果，是一种卑鄙的行为，偷别人的东西有刑罚加以制裁；盗取别人精神财富的人，要受到良心的谴责。高尚的人如果吸收了别人有用的东西，即使那人是低贱的也一定要替他扬名。南朝有一位杰出的书法家，专为皇帝起草文书，却因他地位低下而埋名终身。

【原文】

用其言，弃其身①，古人所耻。凡有一言一行，取于人者，皆显称之②，不可窃人之美，以为己力；虽轻虽贱者，必归功焉③。窃人之财，刑辟之所处④；窃人之美，鬼神之所责⑤。梁孝元前在荆州⑥，有丁觇者⑦，洪亭民耳，颇善属文⑧，殊工草隶⑨；孝元书记⑩，一皆使之。军府轻贱⑪，多未之重⑫，耻令子弟以为楷法⑬，时云："丁君十纸，不敌王褒数字⑭。"吾雅爱其手迹，常所宝持⑮。孝元尚遣典签惠编送文章示萧祭酒⑯，祭酒问云："君王比赐书翰，及写诗笔⑰，殊为佳手，姓名为谁？那得都无声闻？"编以实答，子云叹曰："此人后生无比，遂不为世所称⑱，亦是奇事。"于是闻者稍复刮目，稍仕至尚书仪曹郎⑲，末为晋安王侍读⑳，随王东下。及西台陷没㉑，简牍淹散没㉒，丁亦寻卒于扬州㉓，前所轻者，后思一纸，不可得矣。

【注释】

①弃其身：即弃其人，不重用他。②显称：颂扬。③归功：将功劳归于他。④刑辟：刑罚。处：处置。⑤责：处罚。⑥孝元：即梁元帝萧绎。他即位前曾为西中郎将、荆州刺史。⑦丁觇：南朝书法家，善隶书，与智永齐名，时称丁真永草。⑧属文：写文章。⑨草隶：草书和隶书。⑩书记：奏记、书牍等书写文字。⑪军府：军幕。轻贱：轻微贫贱之地。⑫未之重：未重之的倒装。重：敬重。⑬楷法：以他为楷模，去效法他。⑭王

褒：字子渊，南朝梁书法家。⑮宝持：当作宝物保存。⑯典签：官名，掌握宣传和风教之类的事。祭酒：官名。萧祭酒，即萧子云，善草隶。⑰比：近来。诗：诗歌。笔：散文。⑱遂：终究。称：称赞。⑲尚书仪曹郎：官名。⑳晋安王：梁简文帝萧纲，曾封晋安王。㉑西台：即江陵。因在建安（今南京）以西，故称西台。西台陷没，梁朝灭亡。㉒简：书简。牍：木片。㉓寻：接着。

【译文】

采纳别人的意见，但却不任用他，古人认为这是可耻的。凡是从别人那里得到一句话或一点指导，都要加以颂扬，不要窃取他人的美行，作为自己的功劳。即使他是一个低贱贫寒之人，也要归功于他，盗窃别人的财富，要受到刑法的惩治；窃取别人的美行，要受到鬼神的处罚。梁元帝萧绎在即位前任荆州刺史，幕中的一位叫丁觇的人，很会写文章，更长于草书和隶书；孝元帝的奏札和信牍，全都由他代笔，但军幕是个轻微贫贱之地，人们都不尊重他，耻于让子弟们以他为楷模，仿效他的笔法，当时流传说："丁觇君十张纸，不敌王褒数行字。"我特别喜欢他的手迹，当作珍品保存。孝元帝曾派典签官惠编送文章给祭酒官萧子云看，萧祭酒问："君王近来所赐书信，以及诗歌和散文，都是上乘之作，不知道作者叫什么名字？怎么连一点声誉都没有呢？"惠编告诉他实情，萧子云感叹道："此人在后生中出类拔萃，无与伦比，但终不为世人所称颂，也真是件怪事！"人们听到这话之后，开始对丁觇稍稍刮目相看。不久，丁觇官至尚书仪曹郎，最后又做晋安王侍读，随王东下，江陵陷没时，官府的书籍全部散失，丁觇随即死于扬州，以前轻蔑他的人，后来想得到他一张纸，也不能如愿。

52. 贤臣救世

【提要】

乱世见忠臣。贤良之臣是国家的栋梁，在社会危难的时候，他们的雄才大略和英武刚毅，是国家的希望，梁朝羊侃就是这样的英雄。

【原文】

侯景初入建业[1]，台门虽闭[2]，公私草扰[3]，各不自全[4]。太子左卫率羊侃坐东掖门[5]，部分经略[6]，一宿皆办[7]，遂得百余日抗凶逆[8]。于是城内四万许人，王公朝士，不下一百，便是恃侃一人安之[9]，其相去如此[10]。古人云："巢父、许由[11]，让天下，市道小人，争一钱之利。"亦已悬矣[12]。

【注释】

①侯景：字万景，梁朝大将，封河南王。后举兵谋反，攻陷建业，自称汉帝，不久即被平定。建业，梁都城，即今江苏南京市。②台门：台城门，六朝期间称朝廷所在地为台。③草扰：秩序混乱。④自全：保全自己。⑤太子左卫率：掌握宫中兵仗羽卫的武官。羊侃：梁朝著名人物，官至都官尚书。侯景反叛，进攻台城时，他亲临前线指挥抗击叛军。苦战三个多月，后病死在台城中。东掖门：台城正南门。⑥部分：指布置安排。⑦一宿：一晚。⑧凶逆：即叛军。⑨恃：依靠，倚仗。⑩相去：相距很大。⑪"巢父、许由"句：《高士传》载：尧时有两个隐士，一名巢父，一名许由。尧曾经想把天子之位让给许由，许由不受，便到溪边去洗耳。巢父问何故如此，许由把尧欲让天下之事告诉他，巢父听后，恼怒地说："你洗耳把水弄脏了。"于是牵着牛犊让它到上游去饮水。⑫悬：悬殊。

【译文】

梁朝侯景要攻入都城建业，虽然台城门紧闭，但城内一片混乱，人们内心恐慌，不能自保。太子左卫率羊侃却镇静自如，坐镇东掖门，部署防御，制定策略，一夜之间把所有事宜全都办妥，随即指挥军民抗击叛军，长达一百余日。当时，城内百姓四万多人，王公朝士，不下百人，都是靠羊侃一人得以安定。关键之时，人与人之间的才能悬殊多大啊！古人说："巢父、许由，连天子之位都不受，市道小人却争一钱之利。"这也是说贤良与庸人的悬殊。

53. 害贤乱世

【提要】

忠臣难为，封建时代皇帝昏庸，小人当道，贤良多被谗害，殊不知，多少朝代的崩溃都是从迫害贤臣开始的，北齐的灭亡即是个活生生的例证。

【原文】

齐文宣帝即位数年①，便沉湎纵恣②，略无纲纪③，尚能委政尚书令杨遵彦④，内外清谧⑤，朝野晏如⑥，各得其所，物无异议⑦，终天保之朝⑧。遵彦后为孝昭所戮⑨，刑政于是衰矣⑩。斛律明月，齐朝折冲之臣⑪，无罪被诛，将士解体⑫，周人始有吞齐之志⑬，关中至今誉之⑭。此人用兵，岂止万夫之望而已哉⑮！国之存亡，系其生死。张延隽之为晋州行台左丞⑯，匡维主将⑰，镇抚疆埸⑱，储积器用，爱活黎民⑲，隐若敌国矣⑳。群小不得行志，同力迁之㉑，既代之后㉒，公私扰乱㉓，周师一举，此镇先平。齐亡之迹，启于是矣㉔。

【注释】

①齐：指北齐。文宣帝：北齐开国皇帝。《北齐书·文宣帝纪》载，他即位六七年后，“以功业自矜，纵酒肆欲，事极猖狂，昏邪残暴，近世未有”。②沉湎：指沉溺于酒。纵恣：放肆。③略无：一点也没有。纲纪：法度。④委政：把政事委托。尚书令：官名。杨遵彦：即杨愔，北齐名臣，使天下比较太平。所以当时人说：“主昏于上，政清于下。”⑤清谧：太平安宁。⑥朝野：朝廷内外。宴如：安静。⑦物无异议：世人没有不同的议论。物，物议，即众人的议论。⑧天保：文宣帝年号（550—559）。⑨孝昭：北齐孝昭帝，文宣帝之弟。⑩刑政：刑罚和政令。⑪斛律明月：即斛律光。北齐勇将，周人惧之，行反间计，齐朝以谋反罪将他杀死。折冲之臣：保卫边防的重要人物。⑫解体：比喻人心离散。⑬“周人”句：《北齐书·斛律金传》载：斛律光死后，周武帝即带兵攻陷邺城。⑭誉之：称颂他。《北齐书》载：周武帝后追赠斛律光为上柱国公，并指着诏书说：“此人如果活着的话，我怎么能到邺城呢?”⑮万夫之望：为万民所敬仰。⑯张延隽：北齐人。晋州：即今山西临汾市。行台：官名，南北朝时朝廷派到外州督军的大臣。⑰匡维：扶持，辅佐。⑱镇抚：安抚。⑲爱活：保护和拯救。⑳隐：威重。敌国：指人才安系天下，与国相匹敌。㉑迁：离散。㉒代：废弃。㉓扰乱：混乱。㉔启：开。

【译文】

北齐文宣帝即位数年后，便沉溺于酒，放纵不检，没有一点儿法度，不过他还能把政权交给尚书令杨遵彦，杨遵彦为政清廉，朝廷内外，仍比较安宁，朝野人士比较平静。人们各行其是，各得其位，百姓对此也没有异议，使“天保”之朝得以平安度过。杨遵彦后来被昭帝杀死，朝廷的刑罚和政令于是衰坏。大将斛律光是齐朝御敌重臣，朝廷听人谗言，无罪而将他杀死，天下称冤，将士们因此精神颓丧，有离散之心，周朝人开始起吞齐之意，而关中人至今还在赞颂斛律光。此人领兵打仗，不仅仅是受万人敬仰，国家的存在也与他的生死密切相关。张延隽担任晋州行台丞时，辅佐主将，安抚战场士兵，储存军器和物品，爱惜百姓，庄重英武，就像国家的栋梁。那些奸佞小人们不能按其意愿办事，便勾结起来谗害他。他被罢免之后，官府和私人一片混乱，边防动摇。周朝一发兵，晋州最先被破。北齐正是这样从陷害贤良开始走向灭亡的。

勉学篇

54. 学以立业

【提要】

读书学习是立业之本。农民种田、工匠造器、武士骑射、文士讲经，都需要学习。有的恃有个好家世，能混得一官半职，但到考验他的真才实学时，却羞辱难堪，这又何苦呢！作者在这里反复晓谕，真挚剀切。凡有志于学者，都当录置案头，细细体会。

【原文】

自古明王圣帝[①]，犹须勤学，况凡庶乎[②]！此事遍于经史，吾亦不能郑重[③]，聊举近世切要[④]，以启寤汝耳[⑤]。士大夫子弟，数岁以上莫不被教，多者可至《礼》《传》[⑥]，少者不失《诗》《论》[⑦]。及至冠婚[⑧]，体性稍定[⑨]；因此天机[⑩]，倍须训诱。有志尚者[⑪]，遂能磨砺，以就素业[⑫]；无履立者[⑬]，自兹堕慢，便为凡人。人生在世，会当有业[14]：农民则计量耕稼，商贾则讨论货贿[15]，工巧则致精器用[16]，伎艺则沉思法术[17]，武夫则惯习弓马，文士则讲议经书。多见士大夫耻涉农商，羞务工伎，射则不能穿札，笔则才记姓名，饱食醉酒，忽忽无事，以此销日，以此终年。或因家世余绪[18]，得一阶半级[19]，便自为足，全忘修学；及有吉凶大事，议论得失，蒙然张口[20]，如坐云雾；公私宴集，谈古赋诗，塞默低头[21]，欠伸而已[22]。有识旁观，代其入地。何惜数年勤学，长受一生愧辱哉[23]！

【注释】

①明王圣帝：明哲圣贤的帝王。②凡庶：凡人庶民。③郑重：此指频繁，重复。④切要：要领。⑤启寤：开通，觉悟。⑥《礼》：《礼记》。《传》：指《春秋三传》。⑦诗：《诗经》。论：《论语》。⑧冠：指成年。婚：结婚。⑨体性：性情。⑩天机：天赋和悟性。⑪志尚：志向。⑫就：成就。素业：清素高雅职业。⑬履立：指德行学业方面的操守和建树。⑭会当：应当。⑮货贿：货物。古时金玉曰货，布帛曰贿。⑯工巧：能工巧匠。致精器用：把器物制作修饰得精美。⑰伎艺：从事杂技和艺术的人。法术：此指要玩的技法。⑱余绪：先辈的余恩。⑲一阶半级：即一官半职。⑳蒙然：茫然无知。㉑塞默：如口被塞，默不作声。㉒欠伸：困倦时打呵欠，伸懒腰。㉓愧辱：惭愧和羞辱。

【译文】

自古以来，明哲圣贤的帝王还须勤奋学习，何况凡俗之人呢！这类事例在经史、典籍中处处可见，我就不用重复了。现在暂且举近世一些关键的事宜，来启发开导你们。士大夫子弟，几岁之后，没有不接受教育的，学得多的能学到《礼经》《春秋三传》，学得少的也没有漏掉《诗经》和《论语》，等到长大成人，结婚成家时性情稍稍稳定，便要随其天资格外训诱劝导。有志向的人。便能刻苦磨砺，以成就清素高雅的职业；没有操守和建树的人，自此懒惰怠慢，不肯发愤，便成为凡俗之人。人生在世，应该有自己谋生的事业：农民要丈量田亩，计算收成；商贾要辨别货物，商讨价格；能工巧匠要苦练手艺，使器物更加精美；杂耍卖艺的人要开动脑筋，思考新的招数；武士们要练习射箭和骑马；文士们要讲解和探讨经书。近来我看见很多士大夫，羞于务农经商，又没有工匠的手艺和艺人的能耐，射箭时铠甲上的叶片也射不穿，写字只能写自己的姓名；饱食醉酒，荡荡悠悠，无所事事，以此度日，以此终年。有的人蒙家世先辈的余荫，混得一官半职，便以此自足，忘记继续学习提高。遇有凶吉之类的大事，需要他议论得失时，张口哑然，不知所措，如坐云雾之中；在公私宴饮谈古赋诗时，口像被塞住一样，默然无声，低头闷坐，只会打个呵欠、伸个懒腰而已。有相识者在一旁看到，羞得恨不能代他钻到地缝中。为什么年轻时要吝惜短短几年时间不勤奋学习，而使自己一生却在惭愧和羞辱中度过呢？

55. 贵有真才

【提要】

天下太平时，纨绔子弟们悠闲终日，无所事事，自作风雅；一旦天下变异，改朝换代，他便无法生存。而只要有一技之长的人，无论在什么时代，都可触地而安，自谋生路，“知识就是力量”，培根的这句名言，在这里早已有形象的描述。

【原文】

梁朝全盛之时，贵游子弟①，多无学术②，至于谚云：“上车不落则著作③，体中何如则秘书④。”无不熏衣剃面⑤，傅粉施朱⑥，驾长檐车⑦，跟高齿屐⑧，坐棊子方褥⑨，凭斑丝隐囊⑩，列器玩于左右，从容出入，望若神仙⑪。明经求第⑫，则顾人答策⑬；三九公宴⑭，则假手赋诗⑮。当尔之时⑯，亦快士也⑰。及离乱之后⑱，朝市迁革⑲，铨衡选举⑳，非复曩者之亲㉑，当路秉政㉒，不见昔时之党。求诸身而无所得㉓，施之世而无所用㉔，被褐而丧珠㉕，失皮而露质㉖，兀若枯木㉗，泊若穷流㉘，鹿独戎马之间㉙，转死沟壑之际。当尔之时，诚驽材也㉚，有学艺者㉛，触地而安㉜，自荒乱以来，诸见俘虏㉝，虽百世小人㉞，知读《论语》《孝经》者，尚为人师；虽千载冠冕[35]，不晓书记者，莫不耕田养马。以此观之，安可不自勉耶？若能常保数百卷书，千载终不为小人也。

【注释】

①贵游子弟：王公大臣的子弟们。南北朝时重门阀，贵族子弟多蒙荫授官。《抱朴子》外篇《崇教》中说："贵游子弟，生乎深宫之中，长乎妇人之手，忧惧之劳，未尝经心。或未免于襁褓之中，而加青紫之官，才胜衣冠，而居清显之位。"②学术：学问和才能。③上车不落：叮咛语，让别人上车时小心，不要跌下来。著作：官名。④体中何如：问候语，问别人身体怎样。秘书：官名。六朝时代，秘书郎、著作郎多由贵游子弟担任，他们没有真才实学，所以也只能说此叮咛之类的话，写问候之类的信。⑤熏衣：以香料把衣熏香。剃面：剃尽胡须，使脸上白净光亮。⑥傅粉：抹搽白粉。施朱：涂红颜料。自汉魏至南北朝，男子均有涂脂抹粉的习惯。⑦长檐车：即通幔车。车檐前的帷幔将车全盖住，故名。⑧跟：脚后跟，此引申为穿。高齿屐：一种木制的雨鞋，鞋下有高齿，踏在泥中不脏脚，南北朝时士大夫们晴天也爱穿屐，步法轻盈，十分优雅。⑨綦子：即棋子布，一种有方格图案的绢。綦，同"棋"。方褥：用綦子布做成的方形坐褥。⑩凭：靠。斑丝：杂色丝织成的布。隐囊：坐定时用以凭倚的靠枕。⑪神仙：意谓像神仙一样飘逸悠然。⑫明经：取士科目之一。以明于经（治理）国之道来取士。求第：求取科第。⑬顾：同"雇"。策：考试科目之一，考试时，考官提出有关治国问题，举子要立即回答出解决问题的策略。⑭三九：三公、九卿的缩语，皆指显官。公宴：在公府中设宴。⑮假手：请人代作。⑯当尔之时：在那个时候。⑰快士：佳士，有用之才。⑱离乱：遭遇动乱。⑲朝市：即朝廷。迁革：变换。⑳铨衡选举：量才选官。㉑曩者：昔日。㉒当路秉权：身居要职，掌握大要。㉓求诸身：从他身上找点东西。㉔施之世：把他放在社会中。㉕被：同"披"。褐：粗布或麻布做成的短衣，是贫贱人的服装。丧：失去其华美的东西。古人认为圣人虽身披褐衣，也如有美玉在胸。此讽刺贵公子们没有真才，只靠穿着华美的衣服来装饰自己。㉖失皮：揭开假面具。露质：暴露真相。㉗兀：光秃秃的样子。㉘泊若穷流：形容人神情呆滞，就像水将流尽一样。泊，当作"洦"，浅水。㉙鹿独：方言，颠沛流离之意。㉚驽材：才能低下之人。㉛学艺：学问和技艺。㉜触地而安：随到哪里都能生活得

安稳。㉝诸：指上文所说的贵族子弟和有学艺的人。俘虏：被俘的梁朝人士。㉞小人：地位低贱之人。㉟冠冕：古时自命士以上都有冠冕，后代指官宦之家。

【译文】

在梁朝全盛的时候，王公贵族的子弟，多没有学问和才能，以致当时的谚语说："只会说上车不要跌倒之类话的是著作郎，只能写近来身体如何之类文字的是秘书郎。"这些官都是贵族子弟担任的，他们无不熏香衣服、剃光脸面，搽白粉、涂红脂；驾着帷幔长垂的车子，穿着齿很高的木屐；坐在綦子格花布织成的方形坐褥上，靠在色彩鲜艳的丝绸做成的靠枕上；器皿和玩好排列在身边，出入庭院，悠然从容，远远望去，像神仙一样飘逸逍遥。明经考试时，则请别人来回答策问；三公九卿宴饮时，则让别人代为赋诗。在那个时代这也算是有用之才。等到社会动乱，朝廷改变，量才选官的，已不是昔时的亲友；当权执政的，也不是往日的朋党。从他身上找不到什么真才实学，把他放到社会中去又毫无用处。披上褐衣，也就失去了华贵；失去虎皮，便露出了羊质。头脑空空，就像一根枯木；精神呆滞，有如干涸的溪流。颠沛于戎马之间，转死于沟壑之中。在那时候，才真正是个庸才啊！而有学问和才艺的人，无论走到何处，都能生活下去。自兵荒马乱以来，在被俘的人中，贵族子弟的窘态和有才学之人的自立，处处可见，所以虽然百世为贫贱之人，只要知晓《论语》和《孝经》，就可以成为他人的老师，虽然千年为官宦之家，但不会写信记事，没有不去耕田养马的。由此看来，怎能不勉励自己勤奋学习呢？若能经常保有数百卷书，千百年中都不会成为低贱之人。

56. 读书自立

【提要】

俗话说："积财千万，不如薄技在身。"聪明人不要成堆的黄金，只要那点铁成金的神指，知识就是神指。它能给人创造不尽的财富。

【原文】

夫明六经之指[①]，涉百家之书[②]，纵不能增益德行[③]，敦厉风俗[④]，犹为一艺[⑤]，得以自资[⑥]。父兄不可常依，乡国不可常保，一旦流离[⑦]，无人庇荫[⑧]，当自救诸身耳[⑨]。谚曰："积财千万，不如薄技在身[⑩]。"技之易习而可贵者，无过读书也。世人不问愚智，皆欲识人之多，见事之广，而不肯读书，是犹求饱而懒营馔[⑪]，欲暖而惰裁衣也。夫读书之人，自羲、农已来[⑫]，宇宙之下，凡识几人，凡见几事，生民之成败好恶[⑬]，固不足论，天地所不能藏，鬼神所不能隐也。

【注释】

①明：精通。六经：指《诗》《书》《易》《礼》《春秋》《乐》六部经典。②涉：涉猎，浏览。百家之书：指除儒家之外的各种学术流派的著作。③德行：道德，操行。④敦厉：淳厚严肃。⑤一艺：即一经。⑥自资：自我谋生。⑦流离：漂流离散。⑧庇荫：依赖，保护。⑨自救诸身：靠自己拯救自己。⑩薄技：微小浅薄的技能。⑪营馔：经营饮食。⑫羲：伏羲。农：神农。都是远古时代的神人。⑬生民：人民。

【译文】

通晓六经义理，广涉百家书籍，纵使不能补益人的道德情操，使风俗更加淳朴严正，也可以精通一经，作为自己谋生的资本。人不可能永远依靠父亲和兄长，国家和故园也不可能永远不遭战乱，一旦飘离故乡，无人庇护，就应该靠自己拯救自己。俗话说："积存千万种财物，不如身有一微小的技能。"技能中最容易学习而且使人富贵的，莫过于读书。世上人不论愚笨的还是聪明的，都想多认识些人，多见识些事，但却不肯读书，这就像想吃饱而又懒得做饭菜，想取暖而又不愿裁制衣服。读书之人，自远古伏羲氏、神农氏以来，天地宇宙之下，共认识了多少人，见识了多少事。人生的成功和失败、喜好和厌恶，当然不在话下，就连天地之情、鬼神之理也历然在目，没有能隐藏得住的。

57. 安于贫困

【提要】

生活之路不是平坦的。红颜薄命固泪渍青简，高才潦倒也史不绝书。也许有人饱读经书，才高八斗，却依然一贫如洗，累及妻儿。但毕竟有学问的人像处在矿石状态中的金玉一样，虽然未为世用，但他仍有一份别人难以企及的品质，仍然可以向那些用富贵名位装饰自己的木石投去鄙夷的一笑。他钻研自然之道，探寻人生之理，精神上是多么富有！这不正是用以支撑人生的杠杆吗？所以当你徘徊在十字路口时，请听取下面这番殷切的叮咛吧！

【原文】

有客难主人曰[①]：“吾见强弩长戟[②]，诛罪安民[③]，以取公侯者有矣；文义习吏[④]，匡时富国[⑤]，以取卿相者有矣；学备古今，才兼文武，身无禄位，妻子饥寒者，不可胜数，安足贵学乎？”主人对曰：“夫命之穷达[⑥]，犹金玉木石也[⑦]；修以学艺[⑧]，犹磨莹雕刻也[⑨]。金玉之磨莹，自美其矿璞[⑩]，木石之段块[⑪]，自丑其雕刻；安可言木石之雕刻，乃胜金玉之矿璞哉[⑫]？不得以有学之贫贱，比于无学之富贵也。而且负甲为兵[⑬]，咋笔为吏[⑭]，身死名灭者如牛毛，角立杰出者如芝草[⑮]；握素披黄[⑯]，吟道咏德，苦辛无益者如日蚀[⑰]，逸乐名利者如秋荼[⑱]，岂得同年而语，且又闻之：生而知者上，学而知之者次。所以学者，欲其多知明达耳[⑲]。必有天才，拔群出类，为将则暗孙武、吴起同术[⑳]，执政则悬得管仲、子产之教[㉑]，虽未读书，吾亦谓之学矣。今子即不能然，不师古之踪迹，犹蒙被而卧耳[㉒]。”

【注释】

①难：责问。②强弩：力量很强的弓。③诛罪：诛灭罪人。④文义：办理文书，讲明事义。习吏：熟悉史事。⑤匡时：拯救艰危的时势。⑥穷达：困厄和显达。⑦金玉木石：比喻人的品质不同，价值也不相同。⑧修以学艺：用学问和技艺修炼自己。⑨磨莹：加工金玉，使之明亮光洁。雕刻：加工木石，雕刻图案。⑩矿璞：即矿、璞，未磨制加工的金和玉。⑪段

块：未整理的木条和石块。⑫“安可”二句：说木石虽然经过雕刻也不会比未加工的金玉有价值。⑬负甲：披上铠甲。⑭咋笔：咬嚼毛笔头。⑮角立：像角一样突出特立。芝草：灵芝草。⑯握素：手拿书本。古时书多用绢素写成，故以素代指书。披黄：翻开书卷。黄，黄色的书卷。唐前书多做成卷轴，用黄布包裹，以防虫蠹。⑰日蚀：月亮与地球、太阳同处一条线上，将太阳遮住。古时称天狗食日。比喻很少出现。⑱秋荼：荼草在秋天长得十分繁茂，此处比喻众多。⑲多知：增加自己的知识。明达：通晓事理，聪明善断。⑳孙武：春秋时齐人，著名军事家，著有《孙子兵法》。吴起：战国卫人。后为楚国大将，建树大功。术：策略。㉑悬得：先天得到。管仲：字夷吾，曾任齐国宰相，辅佐齐桓公称霸。子产：郑国大夫，曾任郑国宰相二十年，以贤明著称。㉒蒙被而卧：即什么也看不见，一无所得。

【译文】

有位客人责问主人说：“在我看来，手执强弓长戟，诛灭罪孽，安定民众，以此封王封侯的人有；精通文书、熟悉史事，拯救时代、振兴国家，经此取得卿相之位的人有；学通古今，才兼文武，却身无一官半职，妻子儿女也跟着忍受饥寒，这种人也不可胜数。读书有什么可值得重视呢？”主人回答说：“人生命运的困厄和显达，就像金玉一样，用学问和技艺来修炼人生，就像用磨砺和雕刻的方法去加工金玉和木石一样。经过磨砺后的金玉，自然要比原始的矿金和璞玉美，原始的木条和石块，自然要比雕刻过的木石丑，但怎么可以说雕刻过的木石就胜过原始的矿璞呢？所以不能把贫贱的有学问的人与富贵的没有学问的人相比。而且披上铠甲，从军疆场，口咬笔头，为官公府，人死名销，一生碌碌的人多如牛毛，特立杰出的人却像灵芝一样罕见。持书阅卷，读诵自然之道、人世之德，辛苦而没有收益的人就像日全食一样稀少，安闲愉快却有名有利的像秋天的荼草一样众多，这两类人怎能相提并论呢？而且我又听说，生而知之者最聪明，学而知之者稍次之，人之所以要学习，就是要使自己增加知识，善断事理，更加聪明。如果真有那种出类拔萃的天才，带兵打仗则能暗合孙武、吴起的谋略，执掌政权则会自然得到管仲、子产的教化。虽然没有读书，我也说他已经学够了，现在你们都不是这种天才，不学习古圣人的经验，就像蒙着被子睡觉，会一无所见。”

58. 学贵广博

【提要】

生活和工作是没有止境的，知识也是没有止境的。山外有山，天外有天。读书不能只学皮毛，洋洋自得，应学得深，学得广，使自己更加充实，更加完善。

【原文】

人见邻里亲戚有佳快者①，使子弟慕而学之，不知使学古人，何其蔽也哉②？世人但见跨马被甲，长稍强弓③，便云我能为将；不知明乎天道，辨乎地利，比量逆顺④，鉴达兴亡之妙也⑤。但知承上接下⑥，积财聚谷，便云我能为相；不知敬鬼事神⑦，移风易俗，调节阴阳⑧，荐举贤圣之至也⑨。但知私财不入⑩，公事夙办⑪，便云我能治民；不知诚己刑物⑫，执辔如组⑬，反风灭火⑭，化鸱为凤之术也⑮；但知抱令守律⑯，早刑晚舍⑰，便云我能平狱⑱；不知同辕观罪⑲，分剑追财⑳，假言而奸露㉑，不问而情得之察也㉒。爰及农商工贾，厮役奴隶㉓，钓鱼屠肉，饭牛牧羊㉔，皆有先达㉕，可为师表，博学求之，无不利于事也。

【注释】

①佳快：佳人快士，指品德才能优异超出凡俗的人。②蔽：不明事理，没见识。③稍（shuò）：长矛。④比量：权衡。逆顺：此指是否合乎天道民意。⑤鉴达：明察，通晓。妙：奥秘。⑥承上接下：奉迎上司，接待下民。⑦敬鬼事神：古人认为在人世之外的一种超现实的鬼神，它们与人类生活密切相关，只有祭祀它们，祈求保佑，才能平安富裕。⑧阴阳：古人认为天地万物都是由阴阳化生的，所以善为政者应当懂得阴阳变化之理，因时施政，才能取得成就。⑨荐举贤圣：推举良才贤能。⑩私财不入：不侵吞百姓的私有财产。⑪夙办：及时办理。夙，早。⑫诚己：使自己忠

诚。刑事：即型物，以天地规律为准则。⑬执辔如组：比喻办事得法，轻松自如。又指善治理天下。执辔，拉着马缰。组，丝带。⑭反风灭火：比喻德行高尚，能感动天神。《后汉书·儒林传》载：有位叫刘昆的县令，注重德政，县境内每年都发生火灾，刘昆只要向火叩头，天上便降雨止风。反，同“返”。⑮化鸱为凤：比喻通过德政把恶人改造为善人。鸱，鹞鹰，一种恶鸟。《后汉书·循吏传》载：有一个叫仇览的人，在乡里能以德化民，许多逆子经他劝教，都成为孝子。⑯抱令守律：严守刑法律令。⑰早刑晚舍：早上判决，晚上便赦免。⑱平狱：断案。⑲同辕观罪：此处比喻要在好坏相杂的地方识别真正的罪人。《左转》载：成公十七年，有一个叫郤犨（chōu）的人与一个叫长鱼矫的人因争田发生冲突，郤犨便将长鱼矫反绑起来，并将他与他的父母妻子一起捆在车辕上。⑳分剑追财：此谓善体察民情，判案清明。《风俗通》载：沛郡有一富翁，妻子早亡。他病危中，儿子才几岁，不知事。女儿贪财，要父亲把所有的财产都分给她，只留一把剑给小弟，并说等弟长到十五岁时，便将财产还给他。可后来她却不认账，其弟与她打官司，当时一位叫何武的太守听了他们的讼词后，果断判决，令女子把财产还给弟弟。㉑“假言”句：通过辨别真假，查清真相。奸露，使奸诈之情暴露出来。㉒“不问”句：《晋书·陆云传》载：陆云任浚仪县令时，有一男子被杀。陆云将死者的妻子传进衙门却不审问。十几天后放她出狱，派人暗中跟踪。走出县城不到十里，有一男人等她，并与她说话。县吏将他们抓进衙门，陆云再审问，他们全招供了通奸杀夫的罪行。当时都称陆云神明。㉓厮役：干粗活的奴隶。㉔饭牛：喂牛。㉕先达：前辈。

【译文】

世人见邻里和亲戚中有不同凡俗的能人，便让孩子们仰慕学习他，却不知道让孩子去学习古人，这是多么没有见识啊！有些人只要跨上战马，披上铠甲，手持长矛强弓，便以为自己能成为将军，但却不知道明天道，察地势，权衡正义是非，鉴别历次战争胜败的原因。有些人只要会奉迎长官，接待下民，积存财物，便以为自己能做宰相，却不知道顺应天意，敬事鬼神，注重教化，改变民风，调节阴阳变化，推举贤良等根本性的东西。有些人只要知道不侵吞百姓财产，及时办理公事，便以为自己能治理百姓，但不知道严于律己，遵奉法规，与民同乐，以德化民，以德感神。有些人只要知道死守刑法律令，早晨判刑，晚上就给人赦免，便以为自己能审断案情，但却不知道古人有在众人中识别罪人，通过审度宝剑追回财产，判辨假言揭露真相，不加审问而查出奸情等高妙的本领。由此推及农民、工匠、商人、奴隶、钓者、屠夫甚至养牛的、牧羊的人中，都有杰出的先辈，都可以作为师表，广泛学习，从他们身上吸取人生经验，这样对自己处世行事是很有益处的。

59. 学以致用

【提要】

读书不能没有选择，盲无目的。一个人在学问、工作、性格诸方面难免有不足之处，通过读书学习，可以使人从古人和他人那里得到借鉴，找到人生的楷模。而作者对有的读书人“但能言之，不能行之”的批评，在今天仍然发人深省。

【原文】

夫所以读书学问①，本欲开心明目，利于行耳，未知养亲者②，欲其观古人之先意承颜③，怡声下气④，不惮劬劳⑤，以致甘腝⑥，惕然惭惧⑦，起而行之也；未知师君者，欲其观古人之守职无侵⑧，见危授命⑨，不忘诚谏⑩，以利社稷，恻然自念⑪，思欲效之也；素骄奢者⑫，欲其观古人之恭俭节用，卑以自牧⑬，礼为教本，敬者身基⑭，瞿然自失⑮，敛容抑志也；素鄙吝者⑯，欲其观古人之贵义轻财，少私寡欲，忌盈恶满，赒穷恤匮⑰，赧然悔耻⑱，积而能散也；素暴悍者⑲，欲其观古人小心黜己，齿弊舌存⑳，含垢藏疾㉑，尊贤容众，茶然沮丧㉒，若不胜衣也；素怯懦者，欲其观古人之达生委命㉓，强毅正直，立言必信㉔，求福不回㉕，勃然奋厉，不可恐慑也：历兹以往，百行皆然。纵不能淳㉖，去泰去甚㉗。学之所知，施无不达。世人读书者，但能言之，不能行之，忠孝无闻，仁义不足；加以断一条讼㉘，不必得其理；宰千户县，不必理其民㉙；问其造屋，不必知楣横而棁竖也[30]；问其为田，不必知稷早而黍迟也；吟啸谈谑，讽咏辞赋，事既优闲，材增迂诞[31]，军国经纶，略无施用：故为武人俗吏所共嗤诋[32]，良由是也。

【注释】

①学问：学习和询问。②养亲：赡养父母。③先意：父母没有想到的先已想到，即善于体会父母的心意。承颜：承顺颜色，即观察父母的脸色。《礼记·祭义》：曾子曰："君子之所谓孝者，先意承志，谕父母于道。"古人，即指此。④怡声：语言和悦。下气：态度恭顺。《礼记·内则》："及所（父母住处），下气怡声。问衣燠（yù）寒。"⑤不惮：不怕，不厌烦。劬（qú）劳：辛劳。⑥致：送。甘：甜美的食品。腝（ruǎn）：此指熟烂的食物。⑦惕然：警惕、戒惧貌。⑧守职无侵：忠于职守，不越权侵上。⑨见危授命：在危急关头，不惜献出自己的生命。⑩诚谏：忠诚地劝诫君主。⑪恻然：内心伤痛的样子。⑫素：指生性。骄奢：骄横奢侈。⑬自牧：自我培养。⑭敬者身基：恭敬是立身的根本。⑮瞿然：惊醒的样子。⑯鄙吝：鄙陋吝啬。⑰赒（zhōu）：救济，赈济。匮：贫穷。⑱赧（nǎn）然：羞愧的样子。⑲暴悍：残暴凶悍。⑳齿弊舌存：《说苑·敬慎篇》说：一位叫常拟的人生病了，老子前去探望，常拟张开嘴给老子看，问他的舌头在否，老子说在。他又问牙还在否，老子说全掉了。常拟问为什么，老子说："舌头之所以完好无损，是因为它柔，牙齿之所以全掉了，正由于它刚。"此比喻刚硬易折、柔能全身的道理。㉑含垢藏疾：也作含垢纳污。此比喻容忍他物的宽厚器量。㉒苶（nié）然：疲倦的样子。㉓达生委命：不受世事牵累，听凭命运安排。㉔必信：一定要实现。㉕求福不回：大胆地追求幸福，不要半途而废。㉖淳：淳厚。㉗去泰去甚：去其过分过甚的东西。《老子》："是以圣人去甚、去奢、去泰。"㉘断：审判。一条讼：一件争讼。㉙理其民：治理县中的人民。㉚楣：房屋的横梁。棁（zhuō）：横梁上竖立的短柱子。㉛迂诞：大而无当，不切实际，不合时务。㉜嗤诋（dǐ）：讥笑嘲骂。

【译文】

人之所以要读书求学，就是要使自己心胸明亮，眼界开阔，有利于处世行事。不知道赡养父母的人，应让他看古人是怎么孝敬双亲、察言观色、说话和悦、态度恭敬、不辞辛劳、送饭送水的，然后有所惭愧恐惧，起身去侍奉自己的父母亲；不知道辅佐君主的人，应让他看古人是怎么忠诚职守，不越职侵权，危难时不惜生命，平素不忘记忠诚进言、劝诫君主，以利于国家的，然后痛悔、反省，想着应去仿效古代的先贤；生性骄横奢侈的人，应让他看古人是怎么宽和恭俭、自我克制，以遵礼作为教化的准绳，以谦恭作为立身的根基的，从而使他忽然惊醒，若有所失，收敛其骄横之态，抑制其奢侈之志；向来鄙陋吝啬的人，应让他看看古人是怎样重义气、轻财物、少私心、无贪欲，忌讳、讨厌财多，救济贫穷的，从而使他面色羞红，心中悔耻，既能积攒钱财，又能散财济民；向来残暴凶悍的人，应让他看看古人是怎么小心谨慎、自我贬抑、以柔自全、心胸宽厚、尊敬贤能、容纳众人的，使他神情沮丧，倦怠疲乏，行为柔缓；向来胆怯懦弱的人，应该让他看看古人是怎么性格豁达，听任命运的安排，刚毅正直，选定目标就一定要实现，追求幸福决不回头的，使他意气勃发，热情激昂，不再有什么恐惧和担忧。以此类推，各行各业都是一样。学习古人的美德纵使不能使人淳厚，也能使他改掉一些错误的品行，从学习中得到的东西，运用到实践中总会成功的。世间有些读书人，对所学的东西，只会说，不能做，既听不到他有关忠孝的名声，仁义道德上也存在不足；让他审断一桩案子，不一定能合理判决；让他去做一个小县令，不一定能把人民治理好；问他造房子的事，不一定能知道屋梁是横的，梁上的棁是竖的；问他种田的事，不一定能知道稷熟得早，黍熟得晚；他们只知道吟啸山水，谈笑戏耍，吟诗诵赋，优游闲逸，出语迂阔，大而无当，对统帅军队、治理国家，没有一点可取之处。有些书生被武士和一般小官吏讥笑嘲弄，根本原因也就在于此。

60. 修身利行

【提要】

知识不是个人炫耀的资本。读书应该踏实，切忌浮夸与狂傲。只有敬重他人的人才能赢得别人的尊敬。文中通过古人与今人在为己与为人上的对比，勾画了读书人的两种心态、两种目的，一针见血，入木三分。

【原文】

夫学者所以求益耳①。见人读数十卷书，便自高大，凌忽长者②，轻慢同列；人疾之如仇敌，恶之如鸱枭③。如此以学自损，不如无学也。古之学者为己，以补不足也；今之学者为人，但能说之也④。古之学者为人，行道以利世也⑤；今之学者为己，修身以求进也⑥。夫学者犹种树也，春玩其华⑦，秋登其实⑧；论讲文章，春华也；修身利行，秋实也。

【注释】

①益：充实。②凌忽：无礼，不尊敬。③鸱枭：两种恶鸟名。传说枭食其母。④但能说之：只会在口头上说，但不施于行动之中。⑤行道：行仁义孝悌之道。利世：有利于社会。⑥求进：追求名誉，以图入仕。⑦华：同“花”。⑧登：收。

【译文】

学习是为了使自己增加知识。我看见有人读了数十卷书，就妄自尊大，不尊敬长者，轻蔑怠慢同行们；人们都像恨仇敌一样对待他，像憎恶鸱枭一样讨厌他。像这样读了书却自我贬损，还不如不学。古时的读书人读书为提高自己，是为了弥补自己的不足；现在的读书人读书为向他人炫耀，是哗众取宠，而不切实际。古时的读书人为他人读书，是为了按仁孝之道行事，以便有利于社会；现在的读书人为自己读书，是修缮自身，以求入仕做官。读书学习就像种树一样，春天欣赏花，秋天收其果。讲论文章，是春花，修缮自身，利于处世，是秋实。

61. 学无迟早

【提要】

大器早成，固然可嘉，晚成大器，更是难得。学无止境，学无迟早，多少贤能之士不都是早迷而晚寤的吗？那些因早年误学便自暴自弃的人，读了这段文字，或许会对其中的两个妙喻感兴趣。

【原文】

人生小幼，精神专利①，长成已后，思虑散逸②，固须早教，勿失机也。吾七岁时，诵《灵光殿赋》③，至于今日，十年一理④，犹不遗忘；二十之外，所诵经书，一月废置，便至荒芜矣⑤。然人有坎壈⑥，失于盛年⑦，犹当晚学，不可自弃。孔子云："五十以学《易》，可以无大过矣⑧。"魏武、袁遗⑨，老而弥笃，此皆少学而至老不倦也。曾子七十乃学⑩，名闻天下，荀卿五十⑪，始来游学，犹为硕儒；公孙弘四十余⑫，方读《春秋》，遂以登丞相；朱云亦四十⑬，始学《易》《论语》；皇甫谧二十⑭，始受《孝经》《论语》，终成大儒，此并早迷而晚寤也。世人婚冠未学，便称迟暮，因循面墙⑮，亦为愚耳。幼而学者，犹日出之光，老而学者，如秉烛夜行，犹贤乎瞑目而无见者也⑯。

【注释】

①专利：专一而敏锐。②思虑：思考问题。③《灵光殿赋》：东汉王延寿所作。④一理：此指看一遍。⑤荒芜：指头脑茫然，记不清楚。⑥坎壈(lǎn)：困穷，不得志。⑦失于盛年：荒废了美好时光。⑧此句出于《论语·述而》。⑨魏武：指魏武帝曹操。《魏志·武帝本纪》载：曹操统领军队三十余年，手不离书，白天讲武策，晚上读经传。袁遗：字伯业，袁绍的堂兄，东汉末年人。曹操曾称："长大而能勤学，惟吾与袁伯业耳。"⑩曾子：春秋时人，孔子的弟子。⑪荀卿：名况，战国时期著名儒学家。《史记·孟荀列传》说他年五十，始来游学于齐。⑫公孙弘：汉代儒学家。《汉书·公孙弘传》载：他年四十余，始学《春秋》，汉武帝时拜为博士，官至丞相，封平津侯。⑬朱云：汉代儒学家。《汉书·朱云传》载：朱云年轻时行侠，年四十开始读书，后精通《周易》和《论语》。⑭皇甫谧(mì)：西晋时人。二十岁以前不好学，放荡无度。后变节求学，以著述为业，晚年号玄晏先生。事见《晋书·皇甫谧传》。⑮面墙：谓不学的人如面墙而立，一无所见。《论语·阳货》："人而不为《周南》《召南》，其犹正面墙而立也。"⑯瞑目：闭上眼睛。

【译文】

人在年幼时，精神专一而敏锐，成人之后，思想容易分散。所以就应该从小开始教育，不要失去良机。我七岁时背诵《灵光殿赋》，时至今日，隔十年看一次也不会遗忘；二十岁以后，所背的经书，一个月不看，便茫然无知。但如果因生活所迫，无条件上学，青春年华被荒废，到老也应学习，不要自暴自弃。孔子说："五十岁时学《周易》，可以使人生不犯大错误。"魏武帝曹操和袁遗，越到老年学习越踏实，他们都是自幼学习到老也不松懈的典范。曾子七十岁开始求学，结果名闻天下；荀卿五十外出求学，最终成为大儒学家；公孙弘四十余岁才读《春秋》，凭借精通经学当上了丞相；朱云也是四十岁时开始学《周易》《论语》；皇甫谧二十岁才开始接触《孝经》《论语》。他们最终都成为大儒学家，这些人都是早年迷途而晚年觉悟终成大器的典范。世上有人到及冠结婚之年还未开始读书，便称已经晚了，自暴自弃，如面墙而立，一无所知，终为愚蠢之辈。自幼开始读书的人，就像旭日东升，前程万里，到老而求学之人，像秉烛夜游，虽然效果差了点，但精神可贵，比那些闭着眼睛一无所获的人要强得多。

62. 不咬文嚼字

【提要】

读书最忌咬文嚼字，不合时用。古时有些儒生空守章句，老死在故纸堆里，所谓"博士买驴，书券三张，未有驴字"，简直像做文字游戏，这是不可取的。光阴逝水，应利用一切时间学习对人生有益的东西。

【原文】

学之兴废①，随世轻重。汉时贤俊②，皆以一经弘圣人之道③，上明天时，下该人事④，用此致卿相者多矣。末俗已来不复尔⑤，空守章句⑥，但诵师言，施之世务，殆无一可。故士大夫子弟，皆以博涉为贵⑦，不肯专儒⑧，梁朝皇孙以下，总丱之年⑨，必先入学，观其志尚，出身已后[10]，便从文史，略无卒业者[11]。冠冕为此者[12]，则有何胤[13]、刘瓛[14]，明山宾[15]、周舍[16]、朱异[17]、周弘正[18]、贺琛[19]、贺革[20]、萧子政[21]、刘绦等[22]，兼通文史，不徒讲说也。洛阳亦闻崔浩[23]、张伟[24]、刘芳[25]，邺下又见邢子才[26]；此四儒者，虽好经术，亦以才博擅名。如此诸贤，故为上品，以外率多田野闲人，音辞鄙陋[27]，风操蚩拙[28]，相互专固[29]，无所堪能[30]，问一言辄酬数百[31]，责其指归[32]，或无要会[33]。邺下语云："博士买驴，书券三纸[34]，未有驴字。"使汝以此为师，令人气塞。孔子曰："学也，禄在其中矣[35]。"今勤无益之事[36]，恐非业也。夫圣人之书，所以设教[37]，但明练经文[38]，粗通注义[39]，常使言行有得[40]，亦足为人，何必"仲尼居"，即须两纸疏义[41]，燕寝讲堂[42]，亦复何在？以此得胜，宁有益乎？光阴可惜，譬诸流水。当博览机要[43]，以济功业；必能兼美，吾无间焉[44]。俗间儒士，不涉群书，经纬之外[45]，义疏而已。吾初入邺，与博陵崔文彦交游[46]，尝说《王粲集》中难郑玄《尚书》事[47]。崔转为诸儒道之，始将发口，悬见排蹙[48]，云："文集只有诗赋铭诔[49]，岂当论经书事乎？且先儒之中，未闻有王粲也。"崔笑而退，竟不以粲集示之。魏收之在议曹[50]，与诸博士议宗庙事[51]，引据《汉书》，博士笑曰："未闻《汉书》得证经术[52]。"收便忿怒，都不复言，取《韦玄成传》[53]，掷之而起，博士一夜共披寻之[54]，达明，乃来谢曰[55]："不谓玄成如此之学也。"

【注释】

①学：学问。兴废：兴旺与衰落。②贤俊：贤能杰出之才。③弘：阐扬。④该：切合。⑤末俗：末世风俗，即东汉末年。不复尔：不再这样。⑥空守章句：只拘泥于经书上的文字。章句，分析古书的章节和句读。⑦博涉：广泛涉猎。⑧专儒：专于一经。⑨总丱（guàn）：总角。古时男女未成年时把头发扎为两结，一边一个，像角一样，故名总角。⑩出身：此指做官。⑪卒业：修习完全部经书。⑫冠冕：即冠冕之族，指士族。⑬何胤（yìn）：字子季，梁朝隐士，通佛经，又兼通儒经，注《周易》《毛诗》《礼记》等。⑭刘瓛：字子珪，南朝齐人，沛郡人。博通六经，人称关西

孔子。⑮明山宾：字孝若，梁朝儒生。博通经义，居五经博士之首。注《吉礼仪注》《礼仪》《孝经丧礼服义》等。⑯周舍：字升逸，梁朝儒生。博学多才，精通义理。⑰朱异：字彦和，梁朝官员诗人。精通五经，曾参与军机大事。⑱周弘正：字思行，梁朝儒生。官至国子博士。著《周易讲疏》《论语疏》等，且兼通佛典。⑲贺琛：字国宝。精通《三礼》，官至通事舍人，著《三礼讲疏》《五经滞义》等。⑳贺革：字文明。博通五经，官至儒林祭酒。㉑萧子政：梁朝儒生，官至都官尚书，著《周易义疏》等。㉒刘绦：字言明。精通《三礼》，官至尚书祠部郎。㉓洛阳：西晋以洛阳为都城。崔浩：字伯渊。精通文史，兼通玄象阴阳百家之言，曾通过阴阳之术，协同皇帝处理军国大事。㉔张伟：字仲业，精通儒经。以孝悌之义感化乡民，深受人爱戴。㉕刘芳：字伯文。注《尚书》《春秋公羊》等，官至中书侍郎，太子庶子。㉖邺下：即邺县，故城在今河北临漳县北。北朝后赵、前燕、北齐的都城。邢子才：名邵，字子才，北齐人，精通经义，又善文学，每一文出，京都为之纸贵。㉗音辞：语言文辞。鄙陋：庸俗浅薄。㉘蚩拙：笨拙无知。㉙专固：专断顽固。㉚堪能：真正的能耐。㉛酬：回答。㉜责：求。指归：意旨，意向。㉝要会：要领。㉞券：买卖的证券。㉟“学也”句：功名利禄就在读书之中。意思是说，靠读书来维持生计。㊱勤无益之事：为无益的事而劳累。㊲设教：确立教义。㊳明练：清晰明了。㊴粗通：大致通晓。㊵言行有得：言行符合教义，不违圣人之道。㊶疏义：疏通其义。古时注经有两种形式，解释经文称注，推演注义称疏。六朝时期疏义之风很盛。㊷燕寝：闲居处。讲堂：讲习之处。这句说，注家们对“居”字理解不同，并争执不下。㊸机要：机微精要的东西。㊹无间：此即无可指责。㊺经纬：经书和纬书。纬书，汉朝时人所著，托名孔子，以儒家经义，附会人间的凶吉祸福，多怪诞无稽之谈。㊻博陵：古郡名，今属河北省。㊼王粲：字仲宣，三国魏人，建安七子之一。郑玄：字康成，东汉经学家，注《周易》《尚书》《毛诗》等。难：责怪。据《困学纪闻》载：王粲读郑玄所注《尚书》时，说郑玄的注虽然写得很多，但没有解释其中的疑难点。㊽悬：无。见：被。排蹙：窘迫。㊾诗赋铭诔（lěi）：四种文体，均属韵文。㊿魏收：北齐人，以文章著称。议曹：官署名。51宗庙：天子和诸侯祭祀祖先的地方。52经术：即经学。53韦玄成：字少翁，西汉人，官至丞相。曾上书请求罢诸侯国祭庙，又奏请不再到太上皇、孝惠、孝文、孝景诸灵寝祭祀。54披寻：翻阅。55谢：道歉。

【译文】

研究学问的兴旺和衰落，随着时代的变化而变化。汉朝时的贤能聪颖之辈，都能精通一部经典，弘扬圣人之道，上明天意，下合人事，凭此官至卿相者很多。东汉末年以来，儒学家们却不能这样。他们死啃书本，拘于章句，只会吟诵先师之言，将他们放到现实之中，却毫无用处。所以，士大夫的子弟们，都倾向于广泛涉猎，而不愿专精一经。梁朝自皇孙以下，年幼之时，一定要先让他们入学读书，观察他们的志趣和爱好，做官之后，便改而攻读文学或历史，很少有人能完成其早年所修的学业。士族们这样做的，有何胤、刘瓛、明山宾、周舍、朱异、周弘正、贺琛、贺革、萧子政、刘绦等。他们都兼通文史，不只是能讲论经典。西晋时洛阳有崔浩、张伟、刘芳，北齐邺下有邢邵，这四位儒士，虽然喜好经学，但也以才博著称。上面所列举的这些贤人，自然可以算为杰出人物，除他们之外，大都是些田野闲人，他们语言鄙陋，外形愚笨迂腐，相互之间专断而顽固，却又没有什么真本领。问他一句话，他回答几百句，求其意旨，却不得其要领。邺下民谚说："博士买驴，写了三张证券，不见一个驴字。"让你们以这些人为师，真要把人闷死。孔子说："俸禄就在读书之中。"现在为那些无益的事花费精力，恐怕不是谋生之道。圣人著书是为了教化人，只要能明了经文的内容，大致理解注文的意义，使自己的言行合于道德，不违常理，就可以立身成人了，何必说到"仲尼居"，便写上两页注文，争论是"燕寝"还是"讲堂"，这有什么价值呢？即使争论赢了，对社会人生又有什么帮助呢？光阴如逝水，应该珍惜。读书要在博览之中抓住机微要领的东西，用以帮助自己谋求功名。如果有人既能博通经典，又能有益于世，两全其美，那我就无话可说了。世间有些儒士们，不广涉群书，除经书和纬书之外，只知道义疏之类的注文。我刚到邺下时，与博陵人崔文彦交往甚密，我曾同他谈起《王粲集》中有王粲责怪郑玄注《尚书》不得要领，崔文彦不久同儒生们再说这事，话音未落，他便陷入了重围，那些儒生们说："文集中只有诗、赋、铭、诔，怎么能讲谈经书之事呢？而且在先儒中，没有听说过王粲。"崔笑着退出来，最终也没把《王粲集》给他们看。魏收在议曹时，与诸位博士们商议皇帝祭祀之事，他引用《汉书》作证，博士们讥笑说："没有听说过《汉书》可以证经学。"魏收很气愤，不再与他们搭话，取出《韦玄成传》掷给他们，起身便走，博士们一夜的时间都在翻阅《韦玄成传》，看到了其中有关韦玄成诔祭祀之言。第二天天刚亮，就到魏收处道歉说："想不到韦玄成有如此学问。"

63. 摆脱时风

【提要】

魏晋时兴起的玄学，风靡了南北朝。它虽源于老庄，但却有悖于老庄那种不以物累的思想。而它专务清谈，使时风不振，作者间接地对此表示不满。这段文章给我们提供了认识玄学的感性材料。

【原文】

夫老庄之书①，盖全真养性②，不肯以物累己也。故藏名柱史③，终蹈流沙④；匿迹漆园⑤，卒辞楚相⑥，此任纵之徒耳⑦。何晏⑧、王弼⑨，祖述玄宗⑩，递相夸尚⑪，景附草靡⑫，皆以农黄之化⑬，在乎己身，周孔之业⑭，弃之度外。而平叔以党曹爽见诛⑮，触死权之网也⑯；辅嗣以多笑人被疾⑰，陷好胜之阱也；山巨源以蓄积取讥⑱，背多藏厚亡之文也⑲；夏侯玄以才望被戮⑳，无支离拥肿之鉴也㉑；荀奉倩丧妻㉒，神伤而卒，非鼓缶之情也㉓；王夷甫悼子㉔，悲不自胜，异东门之达也㉕；嵇叔夜排俗取祸㉖，岂和光同尘之流也㉗；郭子玄以倾动专势㉘，宁后身外己之风也㉙；阮嗣宗沈酒荒迷㉚，乖畏途相诫之譬也㉛；谢幼舆赃贿黜削㉜，违弃其余鱼之旨也㉝；彼诸人者，并其领袖㉞，玄宗所归。其余桎梏尘滓之中㉟，颠仆名利之下者，岂可备言乎！直取其清谈雅论㊱，剖玄析微㊲，宾主往复，娱心悦耳，非济世成俗之要也[38]。洎于梁世[39]，兹风复阐[40]，《庄》《老》《周易》，总谓《三玄》，武皇、简文，躬自讲谈[41]。周弘正奉赞大猷[42]，化行都邑，学徒千余，实为盛美。元帝在江、荆间[43]，复所爱习，召置学生[44]，亲为教授，废寝忘食，以夜继朝，至乃倦剧愁愤[45]，辄以讲自释[46]。吾时颇预末筵[47]，亲承音旨，性既顽鲁[48]，亦所不好云。

【注释】

①老：指老子。庄：指庄子。他们都是道家的创始人。②全真：保全自然天性。养性：保存本性。③柱史：老子曾官周朝柱下史，故时称柱史。④流沙：《列仙传》载：老子西游，后与潼关令尹喜同入流沙，而莫知其所终。⑤漆园：庄子曾为漆园吏，故时称漆园。⑥卒辞楚相：《史记》载：楚威王听到庄子的贤名，用重金请他到楚国任宰相，庄子认为做官虽然生活富贵，但却自身难保，便推辞了。⑦任纵：放纵自我，顺应自然。⑧何晏：字平叔，好老庄之学，作《道德论》等。⑨王弼：字辅嗣，好儒道，曾注《周易》及《老子》。⑩玄宗：道家玄理。南北朝时期谈玄之风盛行，老庄是玄学的始祖，玄学代表人物是何晏和王弼。⑪递相：交相，相互。诗尚：相互夸奖和推崇。据《魏志·钟会传》载，王弼二十余岁时，何晏任吏部尚书，何看到王所注《老子》，十分佩服，认为是奇才，连称后生可畏。⑫景附：像影子一样跟在身后。景，同“影”。草靡：像草随风一样，倾倒在身边。形容追随者很多。⑬农黄：指神农和黄帝。化：意即用神农和黄帝的道德之学来改造老庄哲学。⑭周孔之业：以周公、孔子为始祖的儒学。⑮“平叔”句：何晏与魏宗室曹爽结为朋党，权势很大，后被捕下狱，族灭。⑯死权：死于权势。⑰“辅嗣”句：王弼年轻气盛，经常夸耀自己，讥笑他人，当时的士大夫们都很恨他。⑱山巨源：即西晋山涛。史书载山涛生活清贫，并不贪财。作者可能有误。蓄积：积累财物。取讥：招致讥讽。⑲背：违反。多藏厚亡：《老子》：“多藏必厚亡。”即聚财过多而不疏财济民，必定会引起众怒怨，最终损失更大。⑳夏侯玄：字太初，年轻时即才高知名，官至大鸿胪（lú）等职，当时中书令李丰想联合皇后父张缉杀死大将军，让夏侯玄辅政，结果计划破产，夏侯玄也因此被灭三族。㉑支离：即支离疏，《庄子》中的虚构人物。支离疏长得很怪，脸藏在肚脐里，肩高于头顶，两条大腿连在一起。国王征兵、服

劳役轮不上他，发救济粮却分得最多。支离疏身体残疾，但却能终其天年。拥肿：隆起不平直。㉒荀奉倩：即荀粲，三国魏人，娶骠骑将军曹洪女为妻，感情很深。后来妻子病亡，荀粲悲痛欲绝，不到一年他也死了，终年二十九岁。㉓鼓缶：《庄子·至乐篇》说：庄子妻子死后，他盘坐于地，敲打着瓦罐唱歌。人问他为什么，他说人本是自然之气，生是气附，死为气散，无所谓生，也无所谓死，所以死不足哀。缶，瓦罐。㉔王夷甫：即王衍，西晋人。其幼子死后，悲不欲生。㉕东门之达：《列子·力命篇》载：魏国有个姓吴的家住城东门边，其子死后，并不忧伤，人家为什么，他说："我没有孩子时不忧伤，现在孩子死了，又像以前没有孩子一样，所以我还是不悲痛。"达，豁达。㉖嵇叔夜：即嵇康，西晋人。喜好老庄，而为人刚直，不与流俗为伍，后受谗被杀。㉗和光：《老子》："和其光，同其尘。"意即将荣耀和尘埃同样看待，随波逐流，不独立于世。㉘郭子玄：即郭象，西晋人。尚老庄之学，后出仕为太傅主簿，专权跋扈，为时论所不耻。㉙后身外己：《老子》："后其身而身先，外其身而身存。"意即不争权势，反能保全自身。㉚阮嗣宗：即阮籍，西晋人。他不满当政者，纵酒自狂。曾独驾一车，随意奔走，走到无路处，便痛哭而回。㉛乖：违背。畏途相诫：《庄子·达生》："夫畏途者十杀一人，则父子兄弟相戒也。必盛卒徒而后敢出焉，不亦知乎！"畏途，艰难可怕的道路。戒，劝诫。㉜谢幼舆：西晋人。好读《老子》和《周易》。因家童偷公家的粮食而被除名。赃贿：偷窃来的财物。黜削：罢官削职。㉝弃其余鱼：《淮南子·齐谷》："惠子从车百乘，以过孟诸，庄子见之，弃其余鱼。"意思是说庄子看到惠子的奢华，不愿受牵累，把他留给自己的那条鱼也扔了。㉞领袖：此指何晏和王弼。㉟桎梏：脚镣手铐，引申为束缚。尘滓：俗尘滓秽。㊱直：但。清谈雅论：谈玄者不涉时务，一味谈玄理，发高议。㊲剖玄析微：剖析玄理，分辨机微。㊳成俗：即改变风俗，使民风淳厚。㊴洎（jì）：及。㊵兹风：指清谈之风。阐：扩大。㊶躬自：亲自。讲谈：讲解，谈论。㊷周弘正：梁代儒生，通《老子》《周易》，特善玄言。赞：辅佐。大猷：重要规划。据《陈书》本传载，梁时设立士林馆，周弘正为士人讲授，听者倾朝野。又曾为梁主解释《周易》的疑义。㊸江、荆：即江州、荆州。㊹召置：召集，安置。㊺倦剧：疲倦至极。愁愤：忧愁愤怒。㊻以讲自释：通过讲授玄理自我解脱。㊼颇预：每次都参加。末筵：讲堂边。㊽顽鲁：愚昧鲁钝。

【译文】

老、庄之书，都主张顺应自然，保全人的天性，不让外界事物伤害自己。所以，老子埋名，自称柱史，最终踏着流沙西去，不知所终；庄子隐迹，退处漆园，最后回绝了到楚国任宰相的邀请。他们都是放任自然，不受名利束缚的人。西晋何晏、王弼，继续道家玄虚之学，相互夸奖、相互推崇，依附者如影从风随，他们的玄学都是神农和黄帝之学与他们自己的思想融合的产物，周公、孔子所倡导的儒学，也被他们置之度外。但何晏因为与曹爽结党谋反而被杀，落进并死于权势的罗网；王弼凭借自己才高而讥笑别人，被人嫉恨，落入了好胜招嫉的陷阱；山涛因积蓄财物而招致讥讽，违背了老子收藏越多损失得越多的训诫；夏侯玄因为名望高而被杀，没有借鉴支离疏残疾无用而终养天年、树木弯曲无用而免遭砍伐的经验；荀粲丧妻，神情沮丧，郁郁而死，没有庄子丧妻之后击盆而歌的超脱；王衍伤悼亡子，悲痛欲绝，不同于东门吴氏亡子后的豁达；嵇康刚正不阿，排斥时俗，招致祸害，难道与老子混同荣耀与尘滓的思想一样吗？郭象专横跋扈，权倾内外，难道是老子退让求全，淡忘名利的风度吗？阮籍沉酣于酒，迷途荒野，背离了庄子人生多艰应留意的劝诫；谢幼舆收藏家童的赃物而被削职，抛开了庄子怕惹嫌猜、不留别人遗物的宗旨。以上那些人，包括他们的领袖，都归于道家。此外，那些束缚在尘俗秽滓之中，跌倒在名利之下的人，根本无法说清。只取道家的清谈高论，去剖析玄义、辨别机微，宾主唱和，娱心悦耳，不是拯救社会，改善民风的根本。到梁朝时，谈玄之风又兴盛起来，《庄子》《老子》《周易》，合称《三玄》，梁武帝、简文帝都亲自设堂讲玄论道，儒士周弘正也全力辅佐他们，到都市中四处宣讲，学徒上千，确实非常热闹壮观。梁元帝任江州、荆州刺史时，更是喜好谈玄，召集学徒，亲自讲授。废寝忘食，夜以继日，到了极为疲倦和愤怒时，往往以讲道自我解脱。我那时经常站在讲筵边，亲耳聆听了他的讲授，只是生性愚笨，也不怎么喜欢玄学。

64. 学饰言行

【提要】

读书学习能增加人的涵养。有时，由于缺乏知识修养，即使出发点是好的，也会惹出笑话，不信，请看这段故事。

【原文】

齐孝昭帝侍娄太后疾①，容色憔悴，服膳减损②。徐之才为灸两穴③，帝握拳代痛，爪入掌心，血流满手。后既痊愈，帝寻疾崩④，遗诏恨不见山陵之事⑤。其天性至孝如彼，不识禁忌如此⑥，良由无学所为。若见古人之讥欲母早死而悲哭之⑦，则不发此言也。孝为百行之首，犹须学以修饰之，况余事乎！

【注释】

①孝昭帝：北齐第三位皇帝高演，十分孝顺。娄太后：即娄昭君，高演之母。②“容色”二句：据《北齐书·孝昭纪》载：太后生病后，孝昭帝心情哀痛，以致面容消瘦，睡在母亲的病房外，亲自给她送食品和药物。服膳，穿衣和饮食。③徐之才：丹阳人，北齐名医，兼有机辩之才。灸：扎针。④寻：不久。疾崩：染病去世。⑤山陵：皇帝或皇后的坟墓。秦代称天子之坟为山，汉代称陵。这里说孝昭帝在遗诏中遗憾自己不能见到母亲的坟墓。⑥禁忌：禁止和忌讳。⑦“若见”句：《淮南子·说山训》中说：东家母亲死了，她儿子哭得不哀伤。西家儿子见后，回家对自己的母亲说：“您为何不早死呢？您死了我一定伤心地痛哭。”而希望母亲死的人，即使母亲真的死了他也不会伤心悲哭。

【译文】

北齐孝昭帝护理病中的母亲娄太后。脸色憔悴，衣冠不整、饮食减少。医生徐之才为太后在两穴扎针，孝昭帝站在旁边，握紧拳头，分担母亲的痛苦，指甲刺入掌心，血流满手。娄太后病愈后，孝昭帝不久便生病去世。在遗诏中，他为自己未能给母亲送终而遗憾。孝昭帝天性那样的孝敬，但却又如此不知道禁忌，完全是由于没有学识造成的。假如他看见过古人讥笑那些想让母亲早死而去悲哭的人，他就不会说出这种话了。孝敬是百行之首，还须靠学习来修缮它，况且其余的事情呢！

65. 帝子勤学

【提要】

人非生而知之者，任何人都必须通过刻苦学习来求得丰富的知识。贵为王子，也不例外。

【原文】

梁元帝尝为吾曰：“昔在会稽[①]，年始十二，便已好学。时又患疥[②]，手不得拳，膝不得屈。闲斋张葛帏避蝇独坐[③]，银瓯贮山阴甜酒[④]，时复进之，以自宽痛。率意自读史书[⑤]，一日二十卷，既未受师，或不识一字，或不解一语，要自重之[⑥]，不知厌倦。”帝子之尊，童稚之逸[⑦]，尚能如此，况其庶士，冀以自达者哉？

【注释】

①会稽：南朝会稽府治所在山阴，即今浙江绍兴市。②疥：疥疮。③闲斋：一作“闭斋”，指清静的书房。葛帏：用葛布做成的蚊帐。④银瓯(ōu)：银制的酒瓶。⑤率意：随意。⑥要：约束。⑦逸：逸乐，贪玩。⑧自达：靠自己的本领入仕通达。

【译文】

南朝梁元帝曾对我说：“我当年在会稽府时，年纪才十二岁，便已喜欢学习。当时我正好患了疥疮，手不能握拳，膝不能弯曲，便在清静的书斋中搭起葛布帐子，避开苍蝇，独坐其中，用银瓶装上山阴甜酒，时常喝几口，减轻身上的痛苦。自己随意拿起史书，一日读二十卷，没有老师教，有时有一字不认识，或一句话不能理解的情况，但我约束自己，以学习为重，因而也不知厌倦。”尊贵的王子，处在贪玩的童稚时代，尚且能如此，况且那些希望以读书博取功名的庶士呢？

66. 穷人苦学

宝剑锋自磨砺出，梅花香自苦寒来。家境贫穷，并不能难住有志求学的人。从这些苦学者的身上，我们能领悟到什么呢？

【原文】

古人勤学，有握锥投斧①，照雪聚萤②，锄则带经③，牧则编简④，亦为勤笃。梁世彭城刘绮⑤，交州刺史勃之孙⑥，早孤家贫，灯烛难办，常买荻尺寸折之⑦，然明夜读⑧。孝元初出会稽⑨，精选寮寀⑩，绮以才华，为国常侍兼记室，殊蒙礼遇，终于金紫光禄⑪。义阳朱詹⑫，世居江陵，后出扬都⑬，好学，家贫无资，累日不爨⑭，乃时吞纸以实腹⑮。寒无毡被⑯，抱犬而卧。犬亦饥虚，起行盗食，呼之不至，哀声动邻，犹不废业，卒成学士，官至镇南录事参军⑰，为孝元所礼。此乃不可为之事，亦是勤学之一人。东莞臧逢世，年二十余，欲读班固《汉书》，苦假借不久，乃就姊夫刘缓乞丐客刺书翰纸末⑱，手写一本，军府服其志尚，卒以《汉书》闻。

【注释】

①握锥：即战国时苏秦以锥刺股的故事。《战国策》载：苏秦读书时疲乏，想睡觉时便拿锥刺自己的大腿，以痛提神。投斧：即古时文党投斧试学的故事。《庐江七贤传》载：文党没有上学之前，常与人在山上打柴。有一天，他对同伴说："我想到远处去求学。如果我的斧头能挂在高枝上，那我的理想就能实现。"一投，斧头果然挂在树枝上。于是文党便到长安学经术。②照雪：晋孙康家贫，买不起蜡烛，便在雪地里，映着雪光念书。聚萤：东晋车武子家贫，买不起灯油，夏天便捉数十只萤火虫放在口袋中，借萤光照亮读书。③锄则带经：汉代倪宽勤奋学习，锄地时带上经书，休息时便读经诵书。④牧则编简：汉代路温舒曾替父放羊，放牧时，取泽中蒲草裁成书简，连成一卷，在上面写字。简，竹片，古时无纸，写在竹片上，此指竹片大小的蒲草。编，连接在一起。⑤彭城：即今江苏徐州市。⑥交州：古州名，治所在今越南境内。⑦荻：草名，与芦苇同科，杆可燃烧。尺寸折之：一尺一寸地折断。⑧然：同"燃"。⑨"孝元"

句：梁元帝萧绎，初曾任会稽太守。⑩寮（liáo）寀（cǎi）：均指官。⑪金紫光禄：官名，即金紫光禄大夫，没有实权，用来表彰德声高尚的官。⑫义阳：梁地名，今四川巴中县。⑬扬都：古指建业，即今江苏南京市。⑭爨（cuàn）：生火。⑮实腹：填饱肚子。⑯毡被：毡子做成的被褥。⑰镇南：即梁朝镇南将军幕府。梁元帝曾为镇南将军、江州刺史。录事参军：幕府中主抄录之类的官。⑱就：到。乞丐：此作动词，乞求。客刺：客人投递的名片。书翰：书札。

【译文】

古时勤学的人，有的握锥刺股，有的投斧试学，有的映雪读书，有的聚萤照书，有的带着经书耕作，有的放牧时编制书简，这都是勤奋踏实的典范。南朝梁代彭城人刘绮，是原交州刺史刘勃的孙子，早年丧父，家庭贫寒，买不起灯盏和蜡烛，常买些荻草，一尺一寸地折断，燃烧照明，夜晚苦读。梁元帝刚任会稽刺史时，精选官吏，刘绮因为才华出众，召为国常侍兼记室，特别受到礼遇，最后官至金紫光禄大夫。义阳人朱詹，先辈住在江陵，后徙居扬都，好学，家庭贫穷，没有钱粮，连续几日揭不开锅，便不时吞下纸团填肚子。天寒时没有被褥，便抱着狗睡觉来暖身。狗也饿得受不住，起身跑开偷东西吃，朱詹连声呼叫，它也不理睬。声音哀切，惊动了邻里，但他还是不废弃学业，最后终于成为有学之士，梁元帝为镇南将军时，聘他为幕府录事参军，受到梁元帝的礼遇。这是常人不可能做的事，也是勤学的例证之一。东莞人臧逢世，二十多岁时，想读班固《汉书》，但苦于借别人书的期限太短，便到姐夫刘缓家乞讨客人投递的名片和书札的纸末，亲自抄写了一本，军幕中的人都佩服他有志向，他最终也以精通《汉书》而著称。

67. 学成良才

【提要】

衡量一个人价值的标尺，不是地位富贵，而是学问、品格。读书学习，能陶冶人的心灵，培养人的情操，使他由一个平庸之辈成长为贤良之才，创造令人惊羡的奇迹。先天条件较好的人，同样要勤奋学习，树立起自己的人格。

【原文】

齐有宦者内参田豹鸾①，本蛮人也②。年十四五，初为阍寺③，便知好学，怀袖握书④，晓夕讽诵。所居卑末⑤，使彼苦辛，时伺间隙⑥，周章询请⑦。每至文林馆⑧，气喘汗流，问书之外，不暇他语。及覩古人节义之事⑨，未尝不感激沉吟久之⑩。吾甚怜爱，倍加开奖⑪。后被赏遇，赐名敬宣，位至侍中开府⑫。后主之奔青州⑬，遣其西出，参伺动静⑭，为周军所获。问齐主何在，绐云⑮："已去，计当出境⑯。"疑其不信⑰，欧捶服之⑱，每折一支⑲，辞色愈厉⑳，竟断四体而卒。蛮夷童丱㉑，犹能以学成忠㉒，齐之将相，比敬宣之奴不若也。

【注释】

①齐：指北齐。宦者：即阉人。内参：即宦官。②蛮人：古时对少数民族的蔑称。③阍寺：宫中守门人。④怀袖：怀里和衣袖里。⑤所居卑末：所处地位低下。⑥时伺：不时利用。⑦周章：即周游，行走。询请：询问请教。⑧文林馆：北齐设立的文学官署。⑨覩：即"睹"。节义：节操和义行。⑩感激：感慕激动。沉吟：咏叹。⑪开奖：开导奖励。⑫寺中开府：官名，掌管宫中所有的看门人。⑬后主：北齐后主高纬。奔：逃亡。⑭参伺：观察。⑮绐（dài）：欺骗。⑯计：估计。⑰不信：不诚实。⑱欧捶：用棍子捶打。欧，同"殴"。服之：使他屈服。⑲支：同"肢"。⑳辞色：言辞和脸色。厉：严肃，刚强。㉑蛮夷：古时对少数民族的蔑称。童丱：束着发角的小孩。㉒成忠：成就为忠良的人。

【译文】

北齐宦官田豹鸾，本是个少数民族。年仅十四五岁，入宫做守门人，便知道好学。把书放在怀里和衣袖里，早晚吟诵。由于地位卑下，宫中差使十分辛苦，但也时常利用空隙时间，去向人请教。每次到文林馆都气喘吁吁，汗流满面，除了问书之外，根本来不及说别的话。当看到古人的节操和义行之类的事时，未曾不感慕激动，咏叹很久。我很怜爱他，对他也倍加开导勉励。后来他受到皇上的奖赏和礼遇，赐名为敬宣，升官至侍中开府。北齐后主逃亡青州时，派他到西边刺探军情，被周军俘虏。周军问他齐后主在哪儿，他骗周军说：“已经走了，现在大概离开了齐国。”周军怀疑他的话不真实，便捶打他，想让他屈服，但每打断他一肢，他的言辞和表情就更加激昂，最后四肢都被打断，痛苦而死。一个少数民族少年，尚能通过学习成为忠良，北齐那些将相大臣们纷纷投降北周，比起敬宣那样尽忠的奴仆真是远远不如啊！

68. 持之以恒

【提要】

学习贵在坚持，要有一种春蚕到死丝方尽的顽强意志，即使遭战乱，身处逆境，也不能荒废学业。作者就是在北齐灭亡、飘离流荡的处境中这样勉励儿子的。在商品意识渗透到社会的每个角落的今天，这番话自有一番独特的魅力，它不啻是对“弃学徇财”者的当头棒喝。

【原文】

邺平之后①，见徙入关②。思鲁尝谓吾曰③：“朝无禄位，家无积财，当肆筋力④，以申供养⑤。每被课笃⑥，勤劳经史，未知为子⑦，可得安乎？”吾命之曰：“子当以养为心⑧，父当以学为教⑨。使汝弃学徇财⑩，丰吾衣食，食之安得甘？衣之安得暖？若务先王之道⑪，绍家世之业⑫，藜羹缊褐⑬，我自欲之⑭。”

【注释】

①邺平：即北齐被北周吞并。邺，北齐都城。②见徙：被迁徙。入关：进入关中，北周都城在长安。③思鲁：颜之推之子。④肆筋力：竭尽力量。⑤申：表达。⑥课笃：即课督，敦促、强迫。⑦未知为子：未尽到做儿子的责任。⑧以养为心：以赡养父母为本。⑨以学为教：以读书作为教子的手段。⑩徇财：为谋求财物而作牺牲。徇，通“殉”。⑪务：从事。先王：即前代圣贤。⑫绍：继承。⑬藜羹：用藜草做汤。缊（yùn）褐：用乱麻做絮的衣袍。⑭我自欲之：我自己想那样，即心甘情愿。

【译文】

邺都被攻破后，我家被周军迁徙入关。儿子思鲁对我说："您在朝廷没有俸禄，家中又没有积余的钱财，我应该竭尽力量，挣钱来赡养您。而我每次都被敦促苦读经史，未能尽到做儿子的责任，心里怎能安稳呢？"我强令他说："儿子应该以赡养父母为本性，父亲应当以教子读书为本行。如果你为谋求钱财牺牲学习，使我衣食丰裕，我又怎能吃得香、穿得暖和呢？如果你能致力于钻研前代圣王的学说，继承家门世代相传的事业，即使喝藜草汤、穿粗布衣，我也心甘情愿。"

69. 好问多识

【提要】

学习应善动脑筋，勤学好问。不懂的地方，应谦虚请教，不可不懂装懂，强作解人，贻笑大方。下面这几则笑话将会给人带来一些启迪。

【原文】

《书》曰[①]："好问则裕[②]。"《礼》云："独学而无友，则孤陋而寡闻。"盖须切磋相起明也[③]。见有闭门读书，师心自是[④]，稠人广坐[⑤]，谬误差失者多矣。《穀梁传》称公子友与莒挐相搏[⑥]，左右呼曰"孟劳"。"孟劳"者，鲁之宝刀名，亦见《广雅》。近在齐时，有姜仲岳谓："'孟劳'者，公子左右，姓孟名劳，多力之人，为国所宝。"与吾苦诤[⑦]。时清河郡守邢峙[⑧]，当世硕儒[⑨]，助吾证之，赧然而伏[⑩]。又《三辅决录》[⑪]云："灵帝殿柱题曰[⑫]：'堂堂乎张[⑬]，京兆田郎[⑭]。'"盖引《论语》，偶以四言，目京兆人田凤也。有一才士，乃言："时张京兆及田郎二人皆堂堂耳。"闻吾此说，初大惊骇，其后寻愧悔焉。江南有一权贵，读误本《蜀都赋》注[⑮]，解"蹲鸱，芋也"，乃为"羊"字；人馈羊肉，答书云："损惠蹲鸱[⑯]。"举朝惊骇，不解事义[⑰]，久后寻迹，方知如此。元氏之世[⑱]，在洛京时[⑲]，有一才学重臣，新得《史记音》，而颇纰缪[⑳]，误反"颛顼"字，顼当为许录反[21]，错作许缘反[22]，遂谓朝士言："从来谬音'专旭'，当音'专翾'耳。"此人先有高名，翕然信行[23]；期年之后[24]，更有硕儒，苦相究讨[25]，方知误焉。《汉书·王莽赞》云："紫色蝇声[26]，余分闰位[27]。"谓以伪乱真耳。昔吾尝共人谈书，言及王莽形状，有一俊士[28]，自许史学[29]，名价甚高，乃云："王莽非直鸱目虎吻[30]，亦紫色蛙声。"又《礼乐志》云："给太官挏马酒。"李奇注："以马乳为酒也，揰挏乃成[31]。"二字并从手。揰挏，此谓揰捣挺挏之[32]，今为酪酒亦然[33]。向学士以为种桐时，太官酿马酒乃熟。其孤陋遂至于此。

【注释】

①《书》：即《尚书》。②裕：富足。③切磋：相互商讨。④师心自是：以心为师，自以为是。⑤稠人广坐：即大庭广众，言人很多。⑥《穀梁传》句：事见僖公元年。相搏，打斗。⑦诤：同"争"，争论。⑧清河：今属河北省。邢峙：字士峻，北齐儒学家，通三礼和《左氏春秋》。⑨硕儒：大儒学家。⑩赧（nǎn）然：惭愧的样子。伏：指心服。⑪《三辅决录》：汉赵岐著。⑫灵帝：即东汉灵帝刘宏。殿柱：宫殿的柱子。题：品题。⑬堂堂：形容仪表庄严大方。田郎：指田凤。《初学记》卷十一引《三辅决录注》说，田凤任尚书郎，容貌仪表端庄大方，入朝奏事，汉灵帝目送他离宫，在殿柱上题写道："堂堂乎张，京兆田郎。"⑮误本：有错的版本。《蜀都赋》：西晋左思《三都赋》之一。⑯损惠：谓损其所有以见惠。对人馈赠的敬辞。⑰事义：典故和意思。⑱元氏：北魏开国皇帝姓拓跋。孝文帝迁都洛阳后，下诏改拓跋姓为元。⑲洛京：即洛阳。⑳颇：多。纰缪：错误。缪，通"谬"。㉑反：即反切，古代注音法，以两个字切合，取前一字的声母，后一字的韵母和声母，合拼成一个读音。㉒许缘反：即取许的声母，缘的韵母声调合拼为项。㉓翕然：聚合的样子。信行：相信和使用。㉔期年：一周年。㉕究讨：研究考证。㉖紫色：此指不正之色。蝇声：指淫靡的乐声。蝇，同"哇"。㉗余分：即非分。闰位：不正之位。㉘俊士：聪明之士。㉙自许史学：自我称精于历史。㉚非直：不仅。鸱目虎吻：《汉书·王莽传》："莽所谓鸱目虎吻，豺狼之声者矣。"鸱目，目光凶猛。虎吻，嘴像虎一样。㉛揰：冲击。挏：拌动。㉜捣：捶打。挺：摇动。㉝酪酒：用牛羊马乳等制成的酒。

【译文】

《尚书》中说："好问则能丰富知识。"《礼记》中说："孤独学习而不交朋友，那么就会孤陋寡闻。"学习应相互切磋，相互启发。我也见过不少闭门读书时自以为是，在大庭广众之下却出错露丑的。《穀梁传》载：公子友与莒挐打斗，左右的人都喊："孟劳。""孟劳"是鲁国宝刀的名字，也见于《广雅》书中。前不久在北齐时，有一个叫姜仲岳的说："'孟劳'是公子友的随从，姓孟名劳。力大无比，是国家的宝物。"与我苦争不下。这时，清河郡守邢峙这位当代大儒学家帮助我考证，那人才面色羞红，点头称是。又《三辅决录》中说："汉灵帝在殿柱上品题道：'堂堂乎张，京兆田郎。'"此句引自《论语》"堂堂乎张也"，取其四字，称赞京兆人田凤。有一才士却说："当时张京兆和田郎二人都相貌堂堂。"听到我的解释后，开始非常吃惊，不久又惭愧而后悔。江南有一权贵，读左思的《蜀都赋》，这是个有错误的注本，把"蹲鸱，芋也"的"芋"字误作"羊"字；有人给他送来羊肉，他在回信中说："承蒙您惠赠我蹲鸱。"满朝人都吃惊，不知这个典故的意思。很久以后寻其出处，才知道原来如此。北魏时代，在洛阳有位富有才学的大官，新近得二部《史记音》，但书中有很多错处，如把"颛顼"的音就注错了。顼应当为许录反，音旭，却注为许缘反，还对朝廷的官员们说："以前都错念为'专旭'，应当念'专翾（xuān）'。"此人名望很高，满朝人全都相信，并照他那样念。一年以后，有位大学者，刻苦钻研考证，才知道注错了。《汉书·王莽赞》说："紫色蝇声，余分闰位。"意思是以假乱真。以前我曾与人谈论史书，说到王莽的长相时，有一位"聪明之士"，自吹精于史学，名望很高，他却说："王莽不仅长着鸱眼虎嘴，而且还面色发紫，声如蛙鸣。"又《礼乐志》说："给太官挏马酒。"李奇注释说："这是用马奶酿的酒，揰挏而成。""揰挏"二字从"手"，此指冲捣、摇拌，与现在做酪的工艺一样。而以前却有学士以为种桐树时，太官酿的马奶酒才熟。他们孤陋浅薄到如此地步！

70. 踏实求学

【提要】

读书贵在踏实。精益求精，不可一知半解，附庸风雅。要是连“年富春秋”之类的词都弄不清楚，望文生义，误以为年岁已高，这总归可笑吧。

【原文】

谈说制文①，援引古昔②，必须眼学③，勿信耳受④。江南闾里间⑤，士大夫或不学问，羞为鄙朴⑥，道听途说，强事饰辞⑦：呼征质为周、郑⑧，谓霍乱为博陆⑨，上荆州必称陕西⑩，下扬都言去海郡⑪，言食则餬口⑫，道钱则孔方⑬，问移则楚丘⑭，论婚则宴尔⑮，及王则无不仲宣⑯，语刘则无不公干⑰。凡有一二百件，递相祖述⑱，寻问莫知原由，施安时复失所⑲。庄生有乘时鹊起之说⑳，故谢朓诗曰㉑：“鹊起登吴台㉒。”吾有一亲表，作《七夕》诗云：“今夜吴台鹊，亦共往填河㉓。”《罗浮山记》云㉔：“望平地树如荠㉕。”故戴诗云㉖：“长安树如荠。”又邺下有一人《咏树》诗云：“遥望长安荠。”又尝见谓矜诞为夸毗㉗，呼高年为富有春秋㉘，皆耳学之过也。

【注释】

①制文：写文章。②古昔：即典故。③眼学：亲眼去读。④耳受：耳朵听到的。⑤闾里：乡里，泛指民间。⑥鄙朴：鄙陋朴野之人。⑦强：勉强。事：进行。⑧“呼征质”句：《左传·隐公二年》：“周、郑交质。”古时男子没有聘财，便把自己身体抵押在女家，称为赘婿。征质，即招婿入门。“交质”与“征质”二者联系得很勉强，所以作者不以为然，下几个例子均如此。⑨“霍乱”句：《汉书·霍光传》载，霍光封博陆侯。霍乱本一种病，因与霍光同有一“霍”字，所以便以“博陆”代指霍乱病，十分可笑。⑩“上荆州”句：《南齐书·州郡志》：“江左（江南）大镇，莫过荆（荆州）、扬（扬州）。周世二伯总督诸侯，周公主陕东，召公主陕西，故称荆州为陕西也。”⑪扬都：即扬州。⑫餬口：寄食，谋生。⑬孔方：晋鲁褒《钱神论》：“亲爱如兄，字曰孔方。”⑭移：迁徙。楚丘：春秋时卫国地名，即今河南滑县东。⑮宴尔：快乐的样子。⑯仲宣：三国魏王粲字。⑰公干：

三国魏刘桢字。⑱祖述：师法，陈说。⑲施安：施行，运用。失所：运用不当。⑳“庄生”句：《太平御览》卷九百二十一引《庄子》：“鹊上高城之垝（坏墙），而巢于高榆之颠。城坏巢折，陵风而起。故君子之居世也，得时则蚁行，失时则鹊起也。”乘时鹊起即谓此。㉑谢朓：字玄晖，东晋著名诗人。㉒此句见《和伏武昌登孙权故城诗》：“鹊起登吴山，风翔陵楚甸。”吴山，别本作吴台。㉓吴台鹊：本自谢朓诗，但意思不同。属望文生义。填河：填银河。据说牛郎织女七夕晚相会在鹊桥上时，鹊的羽毛全都脱去，填在银河中搭桥。㉔《罗浮山记》：古书名。㉕荠：荠菜。㉖戴：戴暠，南北朝时诗人。此句见《度关山》诗：“今上关山望，长安树如荠。”㉗矜诞：自负自傲。夸毗：卑屈。㉘高年：高寿，年龄大。

【译文】

说话或写文章，援引典故时，必须要用亲眼看到的，不要相信耳朵听到的。江南民间，有些士大夫不学不问，但为了羞做鄙陋朴野之人，便用道听途说的东西，来勉强修饰自己的言辞：称入赘为周、郑，说霍乱病为博陆，上荆州一定要说去陕西，下扬都一定要说到海郡，把吃饭叫餬口，把钱叫孔方，问别人搬家则用楚丘，谈婚娶则用宴尔，说到姓王的无不用仲宣，谈到姓刘的无不用公干。这类套语共有一二百种，辗转流传，相互师承，问其缘由则一无所知，运用时又常出差错。庄子有乘时鹊起之说，所以谢朓诗说：“鹊起登吴台。”我有一位表亲，作《七夕》诗便说：“今夜吴台鹊，亦共往填河。”《罗浮山记》说：“望平地树如荠。”所以戴暠诗说：“长安树如荠。”邺下有人作《咏树》诗则说：“遥望长安荠。”我又曾见到人把“矜诞”说成“夸毗”，称高寿之人为“富有春秋”，这都是凭耳朵道听途说所犯的错误。

71. 练基本功

【提要】

文字是知识的载体，要掌握知识，就必须要练好使用文字这一基本功。识字、释字、书写，这是读书的必要环节，应该在这一方面多下功夫。

【原文】

夫文字者，坟籍根本①。世之学徒，多不晓字：读五经者②，是徐邈而非许慎③，习赋诵者，信褚诠而忽吕忱④；明《史记》者⑤，专徐、邹而废篆籀⑥；学《汉书》者，悦应、苏而略《苍》《雅》⑦。不知书音是其枝叶，小学乃其宗系⑧。至见服虔、张揖音义则贵之⑨，得《通俗》《广雅》而不屑⑩。一手之中，向背如此⑪，况异代各人乎⑫？

【注释】

①坟籍：泛指古书。②五经：指《诗》《书》《礼》《易》《春秋》。③徐邈：东晋儒学家，《晋书·儒林传》称他“撰正五经音训，学者宗之”。许慎：东汉文字学家，著《说文解字》及《五经异义》。④褚诠：刘宋时人，著《百赋音》十卷。吕忱：晋代文字学家，著《字林》七卷。⑤明：此为研究。⑥徐：指刘宋时徐野民，著《史记音义》。邹：指邹诞生。篆籀：均指篆书。籀，流行于春秋战国期间秦国的一种字体。篆，又分大篆和小篆。大篆即篆文。小篆由大篆改造省简而成，汉代后流行的都是小篆。⑦应：指东汉应劭，著《汉书集解音义》。苏：指三国魏苏林。《苍》：即《三苍》，包括《苍颉篇》《训纂篇》《滂喜篇》，均属字书。《雅》：即《广雅》，三国魏张揖撰，亦属字书。⑧小学：古指文字学。宗系：根基。⑨服虔：东汉人，著《春秋左氏传解谊》。其《通俗文》是字书。⑩不屑：轻视。⑪“一手”二句：说同一个人著音义之书和字书，就像手背和手心，重音义而轻文字，就像在手背和手心之间有所偏爱。向，正面。背，反面。⑫异代各人：此指不同时代的著字书的人。

【译文】

文字，是书籍的根本。现在的学子们，多不知道文字的价值：读《五经》的人，肯定徐邈而否定许慎；学习赋诵的人，相信褚诠而轻视吕忱；研究《史记》的人，专用徐野民和邹诞生之人的音义，而废弃篆籀文；学《汉书》的人，喜欢应劭、苏林，而蔑视《三苍》和《广雅》。他们不知音书是书的枝叶，文字才是书的根基。有些人甚至把服虔、张揖所著的音义之类的书当作宝物，而遇到他们所著的《通俗文》《广雅》却不屑一顾。这些书同出一人，而人们对它们的喜好却是如此不同。更何况对那些不在同一时代的人所作的字书呢?

（傅绍良）

唐

诫吴王恪书

李世民

唐太宗（599—649）即李世民。唐代皇帝。公元626—649年在位。在位期间，推行均田制、租庸调法和府兵制度，并加强对官吏的考核。又修《氏族志》，发展科举制度，任贤纳谏。当时社会经济有所恢复，被誉为“贞观之治”。

【提要】

这是唐太宗对儿子吴王恪（kè）的一番教诲，教导儿子要做道德修养方面的楷模，以正义来裁断事物，以礼教来统治民心。在外尽大臣对君主的忠诚，在家尽儿子对父亲的孝心。坚守领地，天天向上。表露出一个封建君主既对儿女严格要求，又对儿子关怀备至的深情。

【原文】

吾以君临兆庶，表正万邦。汝地居茂亲，寄惟藩屏[1]。勉思桥梓之道[2]，善侔闲平之德[3]，以义制事，以礼制心。三风十愆[4]，不可不慎。如此，则克固磐石，永保维城[5]。外为君臣之忠，内有父子之孝。宜自励志，以勖日[6]新，汝方违膝下，凄恋何已，欲遗汝珍玩，恐益骄奢。故诫此一言，以为庭训。

【注释】

①寄：托付，委托。②桥梓：亦作“乔梓”。据《尚书》记载，伯禽和康

叔去见周公，去了三次都遭到鞭笞。他们很害怕，就向商叔请教。商叔说，南山的南面有一种树叫作乔，你们去看看。伯禽与康叔去看，只见乔高高地挺立在那里。商叔说，乔就是父道。又说南山的北面有一种树叫梓，你们也去看看。他们看到梓俯身向下。商叔说，梓就是子道。于是他俩明白了道理，第二天去见周公，进门时趋下身子小跑，入堂就拜跪。周公便抚慰了他们。通过这件事说明父权不可侵犯，像乔一样。儿子应卑躬屈从，像梓一样。后来人们便称父子为“乔梓”。③侔（móu）：通“牟”，谋取，求。闲平：指道德，法度。④三风十愆（qiān）：指各种恶习。三风指巫风、淫风、乱风。其中巫风二：舞、歌；淫风四：货、色、游、畋；乱风四：侮圣言、逆忠直、远耆德、比顽童，合为十愆。商朝初年伊尹辅政时告诫汤的孙子太甲，要他戒掉这些恶习，以维护商王朝的统治。见《尚书·伊训》。⑤维城：连城以卫国。⑥勖（xù）：勉励。

【译文】

我以君主的地位统治着天下百姓，给全国各地树立表率。你身为皇帝的嫡亲，我所委托你的是捍卫领地的大任。努力思考君臣父子的道理，好好谋求道德修养的规范。以正义来裁断事物，以礼教来统治民心。各种坏毛病，要小心地加以避免。如果这样，那就能像坚固的磐石，永远捍卫着国家。在外面能尽大臣对君主的忠诚，在家里能尽儿子对父亲的孝道。你应当激励意志，努力天天向上。你就要离开我了，悲伤依恋之情怎能消除，我本想送你一珍玩，又恐怕你会更加骄傲奢侈，因此给你留下一席诫言，作为父亲的训诲。

（周晓薇）

帝范·纳谏篇

李世民

【提要】

李世民教育儿子李治：自古以来，贤明的君主都很重视纳谏，给臣下进谏的机会，不管进谏者是谁。不管分辩能力、文章如何，只要其言论有益即可，这样才使“忠者沥其心，智者尽其策”，而昏君则不然，不准别人开口，想法掩饰自己的过错，最后导致“身亡国灭”。

【原文】

夫王者高居深视，方聪阻明，恐有过而不闻，惧有阙而莫补。所以设鞀树木[1]，思献替之谋；倾耳虚心，伫忠正之说。言之而是，虽在仆隶刍荛[2]，犹不可弃；言之而非，虽在王侯卿相，未必可容。其谈可观，不责其辨；其理可用，不责其文。至若折槛坏疏，标之以作戒：引裾却坐，显之以自非。故忠者沥其心，智者尽其策。臣无隔情于上，君能遍照于下。昏主则不然。说者拒之以威，劝者穷之以罪。大臣惜禄而莫谏，小臣畏诛而不言。恣暴虐之心，极荒淫之志，其为壅塞，无由自知，以为德超三皇，才过五帝。至于身亡国灭，岂不悲矣！此拒谏之恶也。

【注释】

①鞀（táo）：鼗鼓。②刍荛：割草打柴的人。

【译文】

帝王高居深宫，耳目闭塞，恐怕有过失而听不到，担心有缺点而没法补救，所以设置鼗鼓树木，以求臣子献策，自己则虚心倾听，接受正确的意见。所说的话对，即使仆人奴隶、割草打柴之人，也不可嫌弃；所说的话不对，即使王侯卿相，未必采纳。他的议论可以观察，就不要责求他的分辨能力如何；他的道理可用，就不要求他的文字写得好。至于朱云为进谏而折断殿槛，汉成帝特意保留原槛，以表彰朱云直谏。师经进谏投瑟撞坏了窗子，魏文侯留着坏窗户以供鉴戒。辛毗谏魏文帝曹丕，不惜扯着他的前襟，袁盎谏汉文帝，不让慎夫人与皇后同坐，这是为了使人主能看到自己的过错。所以忠臣可以尽其忠心，智者可以尽献其策。臣子对皇上无隐瞒之情，君主的光辉可以普照下民。昏君却不这样，对劝说他的人用威武来拒绝，并追究他们的罪责。大臣为了保全俸禄而不进谏，小臣怕杀头而不敢言。君主恣肆其暴虐之心，极尽其荒淫之志，而他又受蒙蔽，无法知道自己的罪过，还以为自己德才超过三皇五帝，结果以至于身死国灭，怎能不可悲！这正是拒绝进谏的恶果。

（高益荣）

帝范·崇俭篇

李世民

【提要】

崇尚节俭，力戒奢侈，以之治国则国治，以之齐家则家齐。唐太宗后期曾大兴土木，修建宫殿，加以连年对外用兵，使百姓劳苦，国库开始虚耗，他晚年看到了这一点，故特别提出崇尚俭约，作为帝范的重要内容，还在《后序》中提出“无以吾为前鉴”。“是知祸福无门，惟人所召。欲悔非于既往，唯慎祸于将来”，都是他的经验之谈。

【原文】

夫圣代之君，存乎节俭。富贵广大，守之以约；睿智聪明，守之以愚。不以身尊而骄人，不以德厚而矜物。茅茨不剪，采椽不斫，舟车不饰，衣服无文，土阶不崇，大羹不和；非憎荣而恶味，乃处薄而行俭。故风淳俗朴，比屋可封，此节俭之德也。

斯二者荣辱之端，奢俭由人，安危在己。五关近闭，则令德远盈；千欲内攻，则凶源外发。是以丹桂抱蠹，终摧耀日之芳；朱火含烟，遂郁凌云之焰。故知骄出于志，不节则志倾；欲生于身，不遏则身丧。故桀纣肆情而祸结，尧舜约己而福延，可不务乎？

【译文】

政治清明的朝代，君主必然保持节俭的美德。富有四海，贵为天子，安于俭约而不奢侈；智慧聪明，安于愚拙而不自恃。不以地位高贵而骄人，不以恩德广厚而居功。茅草盖的屋顶不加修剪，柞栎做的椽子而不加雕饰。舟车不加装饰，衣服没有花纹。土筑的台阶不高，肉汁不加调料。他们并不是讨厌荣华，不喜欢美味，而是要倡导淡泊节俭，所以社会安定、民俗淳朴，这是节俭的德行。

戒盈和崇俭，是荣与辱的开端。奢俭由人自己决定，安危则并及自身。耳目口鼻身的情欲收敛，则美德充盈；千种嗜欲内攻，则外有凶事。丹桂内的蛀虫虽小，终损荣芳；朱火内的烟尘虽微，必阻光焰。由此可知骄奢由人的意志决定，不节制必使志气消沉；情欲生于自身，不遏制就会丧身。所以桀纣放纵自己，终酿成大祸；尧舜约束自己，而福泽绵延，能不努力崇尚节俭吗？

（高益荣）

帝范·后序

李世民

【提要】

唐太宗在诫皇属时说，他即位十三年，“外绝游观之乐，内却声色之娱”。晚年作《帝范》告诫高宗李治，并说自己“吾在位已来，所缺多矣”，然后历数自己的过失，要儿子不要学他的样儿。欧阳修、宋祁等撰的《新唐书》，称赞太宗“其除隋之乱，比迹汤、武；致治之美，庶几成、康。自古功德兼隆，由汉以来未之有也”。

【原文】

古人有言：非知之难，唯行不易；行之可勉，唯终实难。是以暴乱之君，非独明于恶路，圣哲之主，岂独见于善途。良由大道远而难遵，邪径近而易践。小人皆俯从其易，不能力行其难，故祸败及之。君子劳处其难，不能逸居其易，故福庆流之。是知祸福无门，惟人所召。欲悔非于既往，唯慎祸于将来。择哲王以师，与无以吾为前鉴。夫取法于上，仅得为中；取法于中，故其为下；自非上德，不可效焉。吾在位已来，所缺多矣。奇丽服玩，锦绣珠玉，不绝于前，此非防欲也。雕楹刻桷，高台深池，每兴其役，此非俭志也。犬马鹰鹘，无远必致，此非节心也。数其行幸，以亟人劳，此非屈己也。斯数事者，吾之深过也。勿以兹为是而后法焉。但我济育苍生，其益多矣；平定区宇，其功大矣。益多损少，民不以为怨；功大过微，德之未亏。然犹尽美之踪，于焉多愧；尽善之道，顾此怀惭。况乎无纤毫之功，直缘基而履庆，若崇善之广德，则业泰而身安。若肆情以纵非，则业倾而身丧。且成迟败速者，国之基也；失易得难者，天之位也，可不惜哉！可不慎哉！

【译文】

古人说：不是认识事物难，只是实行不容易。事情可勉力去做，坚持到底很难。所以暴虐的君主，不是只知道干坏事的人；圣明的君主，也不是独自看到行善的途径。而是因为正道遥远难以遵循，邪路近而易走。小人只顾走易走的路，不愿努力去走艰难而高尚的路，所以祸败随之而来。君子则不畏艰辛走难路，不图安逸走近路，福庆也随之而来。可见祸福之来没个定数，纯由各人自取。要想改正过去的错误，只有对未来可能犯的过错加以预防。要以圣哲的先王为师，而不要以我为榜样。以道德上等的人为仿效对象，仅能为中等人，以中等人为榜样，就会沦为下流。所以如果不是德行非常高尚的人，不可效法。我在位以来，缺点很多。新奇华丽的衣服宝玩，锦绣珍珠宝玉，不间断地送到我的面前，这就不是防止自己欲望扩大。大兴土木，在梁柱和屋椽上雕刻彩绘，建造高台深池，这就不是立志节俭。良犬骏马鹰鹘之类，不管路多远必定取来，这就不是心存节俭。几次出外游幸，使百姓非常穷苦，这就不是屈己从人。这几件事，都是我的大过错，不要以为都是正确的而去效法。但我救世济民，平定区宇，益多功大。益多而损失小，百姓不怨；功大而过失轻，未亏德行。然而究竟未能做到尽美尽善，不能不感到惭愧。何况你没有纤毫的功绩，只因父祖创建的基业而登上帝王之位，如果能学好并提高自己的道德修养，基业和自己就可保全，如果放纵情欲而为非，就会基业倾毁而身丧。国家基业创立难而败亡快，皇帝的宝位丧失容易而得到难，怎能不爱惜和谨慎啊！

（高益荣）

诫　子

陈元敬

陈元敬（生卒年不详），梓州射洪（今属四川）人。唐代文学家陈子昂的父亲。他十二岁时乡贡明经擢第，拜文林郎。终身不做官，为西南大豪。

【提要】

陈元敬目力所注，上下千年，用大量的历史事实，总结出君臣相合、时有时无的规律，描绘了风云际会时出现的灿烂图景，并预言君臣相合的时代又将到来，热情洋溢地勉励儿子要有崇高的使命感，不要失去这数百年才有一次的好机会。而要得到明君的重用，砥砺自己的品性，培养自己的才华就是很重要的先决条件了。陈子昂后来走上匡时济世、忧国忧民的道路，正得益于父亲的正确引导。

【原文】

吾幽观大运，贤圣生有萌芽，时发乃茂，不可以智力图也。气同，万里而合；不同，造膝而悖①。古之合者，百无一焉。呜呼，昔尧与舜合，舜与禹合，天下得之四百余年。汤与伊尹合②，天下归之五百年。文王与太公合③，天下顺之四百年。幽厉板荡④，天纪乱也⑤，贤圣不相逢。老聃仲尼⑥，沦溺混世，不能自昌。故有国者享年不永，弥四百余年，战国如糜，至于赤龙⑦。赤龙之兴四百余，天纪复乱，夷胡奔突⑧，贤圣沦亡。至于今四百年矣，天意其将周复乎？于戏⑨，吾老矣，汝其志之。

【注释】

①悖：违背。②汤：商族部落领袖，同伊尹执政，后一举灭夏，建立商朝。伊尹：商初大臣，帮助汤攻灭夏桀。③文王：即周文王，商末周族部落领袖。太公：即姜子牙，名尚。周文王拜为丞相，后又助周武王起兵伐纣，完成兴周大业。④幽：即周幽王。西周国王，公元前781—前771年在位。任

用虢石父执政，剥削严重，再加地震与旱灾，使人民流离失所。因宠爱褒姒，废掉申后和太子宜臼。申侯联合曾、犬戎等攻周，他被杀于骊山下，西周灭亡。厉：即周厉王。西周国王。任用荣夷公执政，实行“专利”政策，又命令卫巫监视“国人”，杀死议论他的人，引起反抗。公元前842年“国人”发难，他逃奔到彘（今山西霍县），十四年后死于彘。板荡：指政局混乱，社会动荡不宁。⑤天纪：指国家统治。纪：道，纲。⑥老聃：即老子。仲尼：即孔子。⑦赤龙：即祖龙，指秦始皇。⑧夷胡：泛指四方的少数民族，这里代指五胡十六国时期。突：急冲，冲撞。⑨于戏：语气词。

【译文】

我深刻地观察了世运，圣君贤臣的出现是先有萌芽，在适当的时候便成长壮大起来，是不可以用智慧强求的。只要气数相同，即使远隔万里也会相合，气数不同，即使一步的距离也相违背。古代相合的人，一百个里面也没有一个。啊！早先尧与舜相合，舜与禹相合，得天下四百多年。汤与伊尹相合，天下被统治了五百年。周文王与姜太公相合，天下亦归顺了四百年。周幽王、周厉王统治时期，社会动荡不安。国家统治十分混乱，贤臣圣君不能相遇。老子和孔子，都淹没在乱世中，不能使他们的思想突显出来。因此当权者在位不能长久，总共存在了四百多年，战国混乱、破碎，直到秦始皇出现。过了四百多年，国家又遭离乱，边疆夷胡侵入中原，明君贤臣不再出现。到今天又是四百年了，按照天意莫非将要周而复始了吗？唉！我老了，你要把这些记在心里。

（王其祎）

母　训

卢氏

卢氏是崔玄暐的母亲。崔玄暐曾任武后朝天官侍郎，文昌左丞，几次迁官后做到宰相。玄暐遵奉母亲教诫，以清廉谨慎为人称颂。

【提要】

唐高宗龙朔年间，崔玄暐将赴任库部员外郎，临行前，母亲教育玄暐一定要为官清廉，不要贪占国家及百姓的钱物。即使生活贫穷困乏，也不能损公肥私。

【原文】

吾见姨兄屯田郎中辛玄驭云[①]："儿子从宦者，有人来云贫乏不能存，此是好消息。若闻赀货充足，衣马轻肥，此恶消息。"吾常重此言，以为确论。比见亲表中仕宦者[②]，多将钱物上其父母，父母但知喜悦，竟不问此物从何而来。必是禄俸余资，诚亦善事。如其非理所得，此与盗贼何别？纵无大咎，独不内愧于心？孟母不受鱼鲊之馈，盖为此也。汝今坐食禄俸，荣幸已多，若其不能忠清，何以戴天履地？孔子云："虽日杀三牲之养，犹为不孝。"又曰："父母唯其疾之忧。"特宜修身洁己，勿累吾此意也。

【注释】

①屯田郎中：官名。是唐代中央六部中工部下属屯田司的长官。②亲表：指内外亲属。

【译文】

我曾听姨兄屯田郎中辛玄驭说："儿子中去做官的，有回来说他很贫困，不能生存下去，这是好消息。如果听说他财物充实富足，乘肥马，穿轻裘，这是坏消息。"我平常很重视这一番话，以为这是很正确的看法。常常见到亲戚中做官的人，大多都将钱财物品交给他的父母，做父母的只知道高兴，竟然不问这些钱财物品是从哪里来的。真的是俸禄的节余，这当然也是好事。如果这是非法得来的，又与强盗窃贼有什么区别？纵然没有什么大的过错，难道真的不问心有愧？孟母不接受一块鱼鲊那样小的赠送，就是因为这个道理。你今天在朝廷坐吃俸禄，已经很荣幸，如果为官不能忠诚清廉，还有什么脸面活在人世间？孔子说："即使每天都杀猪宰羊来供养父母，也还是不孝顺的。"孔子又说："父母只为儿女的疾病而担忧。"因此，特别要注重努力提高自己的品德修养，保持自身的廉洁，切不要辜负了我的这番期望。

（王其）

诫子结

元延祖

元延祖（约681—约756），河南洛阳人。唐代诗人元结之父，三岁而孤，年四十而不仕，亲友强劝为春陵丞，旋即弃官，以耕作为乐。

【提要】

元延祖处于太平盛世时，弃官躬耕，不求官禄；而当安禄山反叛，国家有难时，毅然勉励儿子为国效力。元结后来成为关心民瘼、忧怀国事的现实主义大诗人，其父之功不可抹杀。

【原文】

尔曹逢世多故[1]，不得自安山林，勉树名节，无近羞辱[2]。

【注释】

①尔：你。②近：动词，接近。

【译文】

你们现在生活在国家多难之秋，不要自己安隐山林，要努力去为国效力，树立名节，不要到被羞辱者的行列中。

（储兆文）

送外甥郑灌从军

李白

李白（701—762），字太白，四川江油人。唐代诗人，被称为“诗仙”。少有诗才，天宝初供奉翰林，仅一年多即离开长安，安史之乱中，曾加入永王幕，受累流放夜郎，途中遇赦，晚年漂泊困苦，卒于当涂。他的诗雄奇壮浪，想象丰富，绚烂瑰丽，对后世影响极大。有《李太白集》。

【提要】

这是李白天宝初在长安时作的一首勉励外甥从军杀敌的送行诗。对外甥参军的义举给予热情洋溢的褒扬，并激励他勇猛杀敌，为国立功。

【原文】

六博争雄好彩来①，金盘一掷万人开。

丈夫赌命报天子②，当斩胡头衣锦回。

【注释】

①六博：指博戏。古人博戏，共用十二枚棋子，六黑六白，两人博，各掷六颗，故称六博。好彩：赌博赢得的钱物。②赌命：以生命作赌注。承上联赌博而言。

（储兆文）

又示宗武

杜甫

杜甫（712—770），字子美，原籍湖北襄阳，生于巩县（今属河南）。唐代诗人，诗歌反映社会现实和民间疾苦，被称为“诗史”。举进士不第，漫游各地，寓长安十年。安史之乱后谒肃宗，任左拾遗，因疏救房琯贬华州司功参军，不久辞官入蜀，依严武，荐为检校工部员外郎，晚年离蜀入湘，病死湘江舟中。有《杜工部集》。

【提要】

这是杜甫在儿子宗武十五岁那年的正月初一写的一首训子诗。诗诫宗武要学吟诗赋，莫做纨绔，要熟读经书并发为文章，要及早立志，努力成才。

【原文】

觅句新知律，摊书解满床。
试吟青玉案[①]，莫羡紫罗囊。[②]
假日从时饮，明年共我长。[③]
应须饱经术，已似爱文章。
十五男儿志，三千子弟行。[④]
曾参与游夏[⑤]，达者得升堂。

【注释】

①青玉案：此处指古诗。原指贵重的食盘。张衡《四愁诗》有："美人赠我锦绣段，何以报之青玉案。"②紫罗囊：此处指赌戏。原指紫罗香袋。《晋书》载：谢玄少好佩紫罗香囊，叔父安患之而不欲伤其意，因戏赌取之。③此联分别用《楚辞》"聊假日以蝓乐兮"和《孔雀东南飞》"今日被驱遣，小姑如我长"句意。④此联暗用孔子十五岁志学与三千弟子意。⑤游夏：即言子游、卜子夏，皆孔子学生。

【译文】

你最近已经知晓按律写诗了，已懂得摊开书本坐在桌前看书了；你应该吟诵像张衡《四愁诗》那样的古诗，而不要艳羡像谢玄那样玩香囊一类的游戏。

只有休假的日子你才能偶尔饮一次酒，你已逐渐长大，明年就与我一般高了。

你还应该饱学经术，你似乎已经酷爱读写文章了。

十五岁正是男儿立志的时候，在孔子三千学生中，只有像曾参、子夏、子游这样的人才能登堂入室，算是孔子的得意门生。

（储兆文）

诫诸子

穆宁

穆宁（生卒年不详），怀州河内（今河南沁阳）人。唐代官员。

性刚正。安禄山反时，誓死抵抗。后以秘书监致仕卒。宁尝撰家令训诸子，先是韩休家训子侄至严，贞元间言家法者皆称韩穆二门。

【提要】

穆宁的家令今已不传，但从下面这吉光片羽中还可略见一斑。为子须孝，这似乎是一个陈旧的教条。然而治家之理，可推广到入仕。在家对父母孝，于国则对君忠。今天我们不仍需要这忠贞报国的节操吗？

【原文】

吾闻君子之事亲，养志为大①，吾志直道而已。苟枉而道，三牲五鼎非吾养也②。

【注释】

①养志：承顺父母的心意，与“养口体”相对而言。《孟子・离娄》：“此所谓养口体者，若曾子则可谓养志也。”②三牲：羊、牛、猪。五鼎：古祭礼，大夫用五鼎盛祭品。后以五鼎来形容贵族官僚生活的奢侈。

【译文】

我听说君子服侍父母，承顺他们的心意是最关键的，我的愿望就是要你们奉行正直之道。如果不能奉行正直之道，即使供给父母再丰厚的食品，也不能令我满意。

（储兆文）

符读书城南

韩愈

韩愈（768—824），字退之，河南河阳（今河南孟县）人。唐宋八大家之首。早孤贫，由兄嫂抚养。贞元进士，任国子博士、刑部侍郎等职。因谏迎佛骨贬潮州，后官至吏部侍郎，谥号文。反对藩镇割据，尊儒排佛，倡导古文运动，其诗力求新奇而流于险怪。有《昌黎先生集》。

【提要】

这是韩愈劝说儿子的一篇诗诫。韩愈把知书识礼推到极其重要的位置上，他认为人与人之间的区别主要取决于腹中是否有学问，不读书的与读书成名的有天壤之别。因而韩愈告诫其子珍惜光阴，读书以识礼。

【原文】

木之就规矩，在梓匠轮舆[①]。
人之能为人，由腹有诗书。
诗书勤乃有，不勤腹空虚。
欲知学之力，贤愚同一初。
由其不能学，所入遂异闾[②]。
两家各生子，提孩巧相如[③]。
少长聚嬉戏，不殊同队鱼。
年至十二三，头角稍相疏[④]。
二十渐乖张[⑤]，清沟映污渠。
三十骨骼成，乃一龙一猪。
飞黄腾踏去[⑥]，不能顾蟾蜍。
一为马前卒，鞭背生虫蛆。
一为公与相，潭潭府中居[⑦]。
问之何因尔，学与不学欤。
金璧虽重宝，费用难贮储。
学问藏之身，身在即有余。
君子与小人，不系父母且[⑧]。
不见公与相，起身自犁锄。
不见三公后，寒饥出无驴。
文章岂不贵，经训乃菑畬[⑨]。
潢潦无根源[⑩]，朝满夕已除。
人不通今古，马牛而襟裾[⑪]。
行身陷不义，况望多名誉。

时秋积雨霁，新凉入郊墟。
灯火稍可亲，简编可卷舒⑫。
岂不旦夕念，为你惜居诸⑬。
恩义有相夺⑭，作诗劝踌躇。

【注释】

①梓匠：木工。轮舆：指轮人与舆人。轮人制车轮，舆人制车厢。②异闾：不同的地位。闾，本指住处、乡里，古代以二十五家为一闾。③提孩：即孩提，尚在襁褓中，刚知发笑，可提抱的幼儿。④头角：头顶左右之凸出处，喻青少年的气概才华。疏：差别。⑤乖张：分离，差别。⑥腾踏：即腾达。⑦潭潭：宽深，广大。⑧且（jū）：助词。⑨菑（zī）畬（yú）：耕了一年的地曰菑，二年的曰畬。此处指辛勤读书写作。⑩潢潦：积水。⑪马牛而襟裾：像穿着衣服的牛马一样。襟、裾，名词用作动词。⑫简编：指书籍。⑬居诸：指时光、岁月。《诗经·邶风·柏舟》：“日居月诸，胡迭而微。”居、诸皆为语气助词。⑭恩义有相夺：我对你尽的恩义有所不够。夺，失误，遗漏。

【译文】

木材通过规矩将变成什么样子，取决于木工手艺的高低。
一个人最终将成为什么样的人，取决于他究竟有多少学问。
学问是由勤奋得来的啊，不勤奋就会腹中空虚无所有。
想知道学问的威力吗？人的贤或愚在一开始是没有区别的。
由于他不勤学，因而就会处于不同的环境和地位。
两户人家各生一子，在襁褓中的时候完全相似。
稍大一些的时候，在一起游玩就像一队游鱼一样没有区别。
当年龄长到十二三岁时，崭露头角就稍有不同。
二十岁时逐渐差别大了，就像清沟与污渠一样对照明显。
三十岁时风格气度定型时，他们的差别就像一个是龙一个是猪。
好的飞黄腾达而走，不可能再去关心那个像癞蛤蟆一样的同伴。
这样，一个成了马前的走卒，脊背被鞭打以致生蛆。
一个成了王公宰相，雍容大度地坐在官府之中。

问起他们为何有这样大的不同呢？是学习与不学习的缘故啊！

黄金白璧虽是贵重的宝货，但它们很快就会被消费掉而难以贮存起来。

学问学到了，只要你人还活着，就能享用不尽。

君子与小人的区别，不是因为父母带给他们什么不同啊。

难道没见过王公宰相，出身自犁锄的贫微人家？

难道没看到达官显贵的后人，又冷又饿出门时连驴子也没得骑？

文章哪能说不贵重呢？经书古训你要好好去苦读啊！

积水池如果没有源源不断的水流，那么早晨满了晚上就会干涸。

人如果不通晓古今之事理，就像穿了衣服的牛马一样。

如果这样去行事，自身将陷入不仁不义的境地，哪里还会奢望有多而好的名誉呢？

现在秋天淫雨刚过，郊外天气渐渐变凉爽了。

你要渐渐学会在夜晚的灯光下，将诗书摊开加紧读。

哪能不朝朝暮暮地挂念你啊，希望你要珍惜大好光阴。

我对你的爱护抚育多有失误不周到，作这首诗来勉励你同时也颇有些不安。

（储兆文）

诲侄等书

元稹

元稹（779—831），字微之，河南洛阳人。唐代诗人。早年家贫，举明经科，曾任监察御史。因得罪宦官及守旧官僚，遭到贬斥。后官至同中书门下平章事。与白居易友善，常相唱和，世称“元白”。长诗《连昌宫词》较著名。传奇《莺莺传》其中的故事为后来《西厢记》所取材。有《元氏长庆集》。

【提要】

教育子女的方法有言传身教两种，这里主要“谈”的是身教。内容有三：（一）祖上遗子孙清贫，是为了砥砺后代自己去创业；（二）兄长任劳任怨，勤俭持家，且友爱兄弟；（三）自己少时勤学，入仕后忠于职守，不避祸远难以苟全。通篇渗溢着孝悌爱亲、当仁不让的伦理精神。

【原文】

告仑等：吾谪窜方始，见汝未期。粗以所怀，贻诲于汝。汝等心志未立，冠岁行登[①]。古人讥十九童心，能不自惧。吾不能远谕他人，汝独不见吾兄之奉家法乎？吾家世俭贫，先人遗训，常恐置产怠子孙，故家无樵苏之地[②]，尔所详也。吾窃见吾兄自二十年来，以下士之禄，持窘绝之家，其间半是乞丐羁游[③]，以相给足。然而吾生三十二年矣，知衣食之所自。始东都为御史时[④]，吾常自思，尚不省受吾兄正色之训[⑤]，而况于鞭笞诘责乎[⑥]？呜呼，吾所以幸而为兄者，则汝等又幸而为父矣。有父如此，尚不足为汝师乎？吾尚有血诚[⑦]，将告于汝。吾幼乏岐嶷[⑧]，十岁知方[⑨]，严毅之训不闻[⑩]，师友之资尽废。忆得初读书时，感慈旨一言之叹，遂志于学。是时尚在凤翔[⑪]，每借书于齐仓曹家[⑫]。徒步执卷，就陆姊夫师授，栖栖勤勤[⑬]，其始也若此。至年十五，得明经及第[⑭]。因捧先人旧书于西窗下钻仰沉吟[⑮]，仅于不窥圆井矣[⑯]。如是者十年，然后粗沾一命[⑰]，粗成一名。及今思之，上不能及乌鸟之报复[⑱]，下未能减亲戚之饥寒。抱衅终身[⑲]，偷活今日。故李密云[⑳]：“生愿为人兄，得奉养之日长。”吾每念此言，无不雨涕。汝等又见吾自为御史来，效职无避祸之心，临事有致命之志[㉑]，尚知之乎？吾此意虽吾兄弟未忍及此。盖以往岁忝职谏官[㉒]，不忍小见，妄干朝听，谪弃河南。泣血西归[㉓]，生死无告。不幸余命不殒，重戴冠缨[㉔]。常誓效死君前，扬名后代，殁有以谢先人于地下耳[㉕]。呜呼，及其时而不思，既思之而不及，尚何言哉？今汝等父母天地，兄弟成行，不于此时佩服《诗》《书》[㉖]，以求荣达，其为人耶？其曰人耶？千万努力，无弃斯须。稹付仑、郑等。

【注释】

①冠岁：古礼男子年二十而加冠。冠岁即二十岁。②樵苏之地：代指自己的庄园地产。樵苏，打柴割草，以充燃料。③羁：作客在外。④东都：指洛阳。御史：官名，指元稹所任的监察御史。⑤省（xǐng）：明白。正色：严肃，严厉。⑥诘责：诘问责备。⑦血诚：出自内心深处的诚意。⑧岐嶷（yí）：形容幼年聪慧。⑨知方：懂得道理和礼法。⑩严毅之训：父亲严厉的训诲。严，旧指父亲。毅，刚毅，果断。这里作严厉讲。⑪凤翔：府名。唐至德二年（757）升凤翔郡为府。辖境相当今陕西宝鸡、岐山、凤翔、麟游、扶风、眉县、周至等地。⑫仓曹：即仓曹司仓参军事。官名。掌管租调、仓库、市肆等。⑬栖栖勤勤：忙碌勤奋。栖栖，忙碌不安的样子。⑭明经及第：考中了明经科。明经，唐代科举制度中科目之一。与进士科并列，主要考经义。⑮钻：钻研。仰：仰望。沉吟：沉思吟诵。⑯仅：将近，几乎。不窥圆井：不像井底之蛙那样，只看到井口那么大一点天。喻学业已有所进步。窥，看。⑰沾：蒙受。⑱报复：报答。⑲衅：遗憾。⑳李密（224—287）：字令伯，一名虔，西晋犍为武阳（今四川彭山东）人。少仕蜀为郎。蜀汉亡后，晋武帝征他为太子洗马。李密性情笃孝，为世所称。㉑致命：犹捐躯。㉒忝（tiǎn）：辱，有愧于。谏官：指元稹做监察御史，向皇帝进谏。㉓泣血：哀伤之极。㉔冠缨：帽子。缨，官帽上的缨子。代指做官。㉕殁（mò）：死亡。㉖佩服：犹言铭佩，感念不忘的意思。这里可作认真研习讲。

【译文】

告诉仑等侄儿们：我的贬谪流离生活刚刚开始，不知什么时候才可以见到你们。这里，我把一些粗略的想法，留给你们作为训诲。你们胸中的大志还没树立，而加冠的年龄就要到了。古人讥讽说十九岁仍怀着童心，能不感到恐惧吗？我不能远举别人的例子来告诫你们，而你们真的看不到我的兄长是怎样奉行家法的吗？我的家世穷困贫乏，祖先留下训诲，时常只怕多置产业会使子孙懒惰，因此家里没有自己的庄园田产，这你们是知道的。我看见我兄长二十余年来，以下等官职的俸禄，维持极端贫困的家庭。这期间又多半是为了求食而出游在外，以此来辅助供养的需求。然而我已活了三十二年了，才知道衣食从哪里来。当初在东都任监察御史时，我常常自己沉思，尚且不明白而受过我哥哥严厉的训斥，更何况还有过鞭打诘责呢。呜呼，所以我有幸得到这样的兄长，你们则有幸得到这样的父亲。有这样的父亲，难道不足以作为你们的师表吗？我以出自内心的诚意，还要告诉你们一些事情。我幼年并不聪慧，十岁才懂得道理和礼法。听不到父亲严厉的训诲，也没有一点儿老师朋友的资助。记得开始读书时，因为母亲的一句勉励的话，于是立志学习。当时正在凤翔郡，常常从齐仓曹家里借书。拿着书卷步行，到陆姐夫那里学习，忙碌勤奋，刚开始的情形就是这样的。到了十五岁那年，考中了明经科。因而得以捧着前人的旧书在西窗下钻研沉吟，学业逐渐长进，差不多不再像坎井之蛙那样只看到井口那一点儿天了。就这样过了十年，然后好歹蒙恩得到了一个职位，也多少有了点名气。如今想起来，对上不能像乌鸦反哺那样报答父母的深厚恩情，对下又不能减轻亲戚的饥饿寒冷。终身怀着这样的遗憾，偷生活到今日。因此李密说："活在世上愿意做兄长，因为这样侍奉父母的日子可以多一些。"我每次想起这句话，没有不泪落如雨的。你们又见我自从做监察御史以来，效忠职守没有避祸之心，遇到事情有捐躯的志气，你们知道这些吗？我的这种意向就是我的弟兄也不忍心让我这样做。大概是因为去年有辱谏官的职务，忍不住提出自己的一点儿看法，妄加指责朝廷，结果遭贬谪而回到河南。痛心西归，生死没有依靠。不幸我这条命不该死，又重新戴上了官帽。我常发誓要在君主面前效命至死，要为后代扬立好名声，这样就是死了也可以向地下的祖先谢罪了。唉，在那个时候却没有去想，等想到了却又来不及了，还说什么呢？现在你们父母双全，兄弟成行，不在这时认真研习《诗经》《书经》，以求得荣华显达，还怎能做人呢？还怎能配称作人呢？千万要努力，片刻也不要放松了对自己的要求。元稹写给仑、郑等侄儿。

（王其祎）

冬至日寄兄子阿宜

杜牧

杜牧（803—852），字牧之，京兆万年（今陕西西安）人。唐代诗人。太和进士，复举贤良方正，曾为江西观察使、宣歙观察使，后至中书舍人。以济世之才自负，曾注曹操所定《孙子兵法》十三篇，诗以七绝最为俊爽奇伟，文奇警纵横。有《樊川文集》。

【提要】

这是杜牧写给侄子阿宜的一封诗信，鼓励他继承杜家传统，刻苦读书，成就大器，为祖先争光。全诗朴实无华，字里行间流露出杜牧深挚的慈爱和殷切的希望。

【原文】

小侄名阿宜，未得三尺长。头圆筋骨紧，两脸明且光。
去年学官人，竹马绕四廊①。指挥群儿辈，意气何坚刚。
今年始读书，下口三五行。随兄旦夕去，敛手整衣裳。
去岁冬至日，拜我立我旁。祝尔愿尔贵，仍且寿命长。
今年我江外，今日生一阳②。忆尔不可见，祝尔倾一觞。
阳德比君子，初生甚微茫。排阴出九地，万物随开张。
一似小儿学，日就复月将。勤勤不自已，二十能文章。
仕宦至公相，致君作尧汤。我家公相家③，剑佩尝丁当。
旧第开朱门，长安城中央。第中无一物，万卷书满堂。
家集二百编④，上下驰皇王。多是抚州写⑤，今来五纪强⑥。
尚可与尔读，助尔为贤良。经书剖根本，史书阅兴亡。
愿尔一祝后，读书日日忙。一日读十纸，一月读一箱。
吾兄苦好古，学问不可量。昼居府中治，夜归书满床。
后贵有金玉，必不为尔藏。崔昭生崔芸，李兼生窟郎⑦。
堆钱一百屋，破散何披猖⑧。今虽未即死，饿冻几欲僵。

参军与县尉，尘土惊劻勷[9]。一语不中治，笞箠身满疮[10]。
官罢得丝发[11]，好买百树桑。税钱未输足[12]，得米不敢尝。
愿尔闻我语，欢喜入心肠。大明帝宫阙[13]，杜曲我池塘[14]。
我苦自潦倒，看汝争翱翔。总语诸小道，此诗不可忘。

【注释】

①竹马：儿童以竹为马，骑着它游戏。②生一阳：冬至后白天渐长，古代认为是阳气初动，故云。③我家公相家：杜牧是杜佑之孙，杜佑（735—812），历任岭南、淮南等节度使，检校司徒同平章事等职，封岐国公。著《通典》二百卷，是我国记述历代典章制度的通史。④家集：指《通典》二百卷，记载了上起传说中的唐虞，下迄唐肃宗、代宗时的典章制度。⑤抚州：州名，治所在今江西抚州市西。杜佑曾任抚州刺史。⑥五纪：六十年，古代以十二年为一纪。⑦“崔昭”二句：事不详，疑为杜牧认识的两家子孙不肖事。⑧披猖：狼狈、失意。⑨劻（kuāng）勷（ráng）：急迫不安的样子。⑩笞（chī）箠（chuí）：杖打之刑。⑪丝发：指像头发丝那样细微，这里指微小的报酬。⑫输：缴纳（赋税）。⑬大明：即大明宫。故址在今西安长安区东。⑭杜曲：杜牧家族聚居处，在今西安长安区东少陵原东南。西有韦曲，为韦氏聚居处。两姓世为高官，时有“城南韦杜，去天尺五”之说。

（储兆文）

柳氏家训

柳玭

柳玭（生卒年不详），唐末人。以明经科补秘书正字，又历任左补阙、刑部员外郎、御史中丞。文德元年（888），以吏部侍郎拜御史大夫，后贬泸州刺史。祖公绰，父仲郢，皆以理家严谨闻名，有“言家法者，世称柳氏”之誉。

【提要】

这是唐代家训中对后世的影响颇大的一篇，作者首先告诫子孙不要倚仗门第高而骄傲自大，不求上进；其次复述了他自幼年起所受到的那些训诫；接着痛心地叙述了他所目睹的子孙不肖的状况；然后又指出了败家的五大过失；最后还归纳了“中人以下”和“上智”两种人对待人生的态度，告诫子孙要明于取舍。文章情辞诚挚恳切，又妙语连珠，殊多格言警句，其中败家五过尤令人心惊神悚，它是对普遍的人性痼疾的诊断，是对潜伏于每一个人心理底层的阴暗意识的曝光，具有极强的概括性和典型意义。犯此五过，小者丧身辱家，大者损民亡国；除此五过，则整个民族素质终将大为提高。

【原文】

夫门第高者[①]，可畏不可恃。可畏者，立身行己，一事有坠先训[②]，则罪大于他人。虽生可以苟取名位，死何以见祖先于地下。不可恃者，门高则自骄，族盛则人之所嫉。实艺懿行，人未必信；纤瑕微累，十手争指矣。所以承世胄者[③]，修己不得不恳，为学不得不坚。夫人生世，以己无能而望他人用，以己无善而望他人爱。无状则曰[④]：“我不遇时，时不急贤。”亦系农夫卤莽种之，而怨天泽之不润[⑤]，是欲弗馁，其可得乎？予幼闻先训，讲论家法。立身以孝悌为基[⑥]，以恭默为本，以畏怯为务[⑦]，以勤俭为法，以交结为末事，以弃义为凶人，肥家以忍顺，保友以简敬[⑧]。百行备，疑身之未周；三缄密[⑨]，虑言之或失。广记如不及，求名如傥来[⑩]。去吝与骄，庶几减过。莅官则洁己省事，而后可以言守法，守法而后言养人。直不近祸，廉不沽名。廪禄虽微[⑪]，不可易黎甿之膏血[⑫]；榎楚虽用[⑬]，不可恣褊狭之胸襟。忧与福不偕，洁与富不并，比见家门子孙[⑭]，其先正直当官，耿介特立，不畏强御。及其衰也，唯好犯上，更无他能。如其先逊顺处己，和柔保身，以远悔尤。及其衰也，但有暗劣，莫知所宗[⑮]。此际几微，非贤不达。夫坏名菑己[⑯]，辱先丧家，其失尤大者五，宜深志之。其一，自求安逸，靡甘淡泊。苟利于己，不恤人言[⑰]。其二，不知儒术，不悦古道。懵前经而不耻[⑱]，论当世而解颐[⑲]。身既寡知，恶人有学。其三，胜己者厌之，佞己者悦之[⑳]。唯乐戏谭，莫思古道。闻人之善嫉之，闻人之恶扬之。浸渍颇僻，销刓德义㉑，簪裾徒在㉒，厮养何殊。其四，崇好慢游，耽嗜曲蘖㉓。以衔杯为高致，以勤事为俗流。习之易荒，觉已难悔。其五，急于名宦，昵近权要。一资半级，虽或得之，众怒群猜，鲜有存者。兹五不韪㉔。甚于痤疽㉕。痤疽则砭石可疗㉖，五失则巫医莫及。前贤炯诫㉗，方册具存。近代覆车㉘，闻见相接！夫中人以下，修辞力学者，则躁进患失㉙，思展其用；审命知退者，则业荒文芜，一不足采。唯上智则研其虑，博其闻，坚其习，精其业。用之则行，舍之则藏。苟异于斯，岂为君子。

【注释】

①门第：封建时代地主阶级内部家族的等级。显贵之家称为“高门”，卑庶之家称为“寒门”。唐代以后改以当代官爵高下为区分门第的标准。②坠：失去，背离。③世胄（zhòu）：贵族后裔。④无状：无善状，无成绩。⑤天泽：即天时，指节气，气候，阴阳寒暑的变化。⑥孝悌（tì）：尽心地侍奉父母为孝，尽心地侍奉兄长为悌。⑦畏：敬服。怯：胆小，此谓谨慎。⑧简：检点。⑨三缄：比喻说话谨慎。⑩傥来：偶然而来，不意而得。⑪廪禄：官府发给的粮米俸禄。⑫黎甿（méng）：民众。⑬榎（jiǎ）楚：古代木制的刑具，用于笞打。⑭家门：家族。⑮宗：效法。⑯菑：同“灾”。⑰恤：忧虑。⑱懵：无知的样子。⑲解颐：指大笑，欢笑。颐，面颊。⑳佞：用花言巧语谄媚人。㉑刓（wán）：磨损。㉒簪（zān）：古人用来插定发髻或连冠于发的一种长针。裾（jū）：衣服的前襟。㉓耽嗜：过分的贪溺。曲蘖：酒母。㉔韪（wěi）：是，对。㉕痤疽（cuójū）：即痈疽。㉖砭石：古代医疗工具名，经磨制而成的尖石或石片。㉗炯戒：彰明昭著的警诫。㉘覆车：比喻失败的教训。㉙躁进：轻率求进。

【译文】

那些出身于高门第的人，只可以畏惧而不可以依靠。可畏惧的是，自身的一举一动，如有一件做得背离了祖先的遗训，就会比别人罪过更大。虽然活着可以暂时取得名誉地位，但是死后有什么脸面去见地下的祖先呢？不可依靠的是，门第高便会骄傲自满，家族盛便会招人嫉妒。即使有真实的才能、美好的德行，人们也未必会相信；有一点儿细小的毛病和一点细小的亏欠，众多的手都会争着在背后指责。所以继承家业的贵族后裔，提高自身的修养不得不恳切，读书治学不得不有坚定的毅力。人生一世，自己没有能力而指望别人任用，自己不善良而希望别人爱戴，没有成绩便说：“我没有遇到好的时机，这个时代不急迫需求贤人。”也就像农夫草率地耕种田地，却埋怨天时的不滋润。虽然想不饿肚子，又哪能行呢？我从小就听说了祖先的遗训，讲论家族的法规，做人以孝悌为基石，以谦恭少语为根本，以谨慎的细心为必须，以勤劳节俭为法则；将交游结党看作末事，将背信弃义视为凶残。用容忍与和顺来使家庭富裕，用检点和尊敬来保持友情。百行备，还要想想是否有不周到的地方；三缄口，还要考虑说话是否有失言的时候。广记博闻，又好像差得很远，还达不到；求取名声，又似乎不期而至，偶然而得。抛弃悭吝与骄纵，也许可以减轻过错。任官则要洁身自好减损繁务，这样才可以谈得上是遵守法纪；遵守法纪之后才谈得上使人民休养生息。正直而不招致灾祸，廉洁而不沽名钓誉。官府发给的俸禄虽然很少，而不可以夺取民脂民膏，刑具虽用，但不可放纵狭隘的心胸。忧患和福运不能同时到来，廉洁与富贵不同时存在。我频频见到家族中的一些子孙，他们的先辈当官很正派，特别地耿直和卓异，不畏惧强暴。到了子孙辈就衰退了，只喜好犯上作乱，别无其他本事。如他们的先辈为人处事谦逊恭顺，和睦温柔，明哲保身，不犯过失。到了子孙辈衰退了，也只有昏庸糊涂的毛病，根本不知道应该学习仿效些什么。这里面的奥秘非常细微，如果不是贤人就不能通晓。损害名声祸害自己，辱没祖先，败坏家族，这里重大的过失有五点，你们应当好好地记着。其一，只求自身的安乐舒适，不甘心恬淡寡欲。如对自己有利，不考虑别人的指责。其二，不懂得儒家的学术思想，不欣赏古人的道德义理，对经书茫然无知却没有羞耻之心。谈论时政十分幼稚使人大笑不已。本身懂得的很少，又嫉妒别人学识的高深。其三，厌恶胜过自己的人，喜欢花言巧语讨好自己的人。只喜欢嘲弄调笑，不知道思索古人的道义。听说了别人的好事便心生嫉妒，听说了别人的坏事便大肆传扬。沉浸熏染于邪门歪道，磨损丧失了道德仁义。白白地穿着华贵的衣冠，却与地位低微的人没什么两样。其四，崇尚懒散漫游，过分贪杯嗜酒。以举杯饮酒为清高风雅，以勤恳做事为俗流。习以为常容易荒废了事业，等发觉已经后悔不及。其五，急于做官，巴结权贵。一官半职，即使有的得到了，民众愤怒，大家猜忌，很少有能够保持下去的。这五种大错，比得了痤疽更厉害。痤疽用砭石可以医好。而这五种过失巫术医师也没有办法。前代贤人的明诫，典籍上都记载着。近代失败的教训，听见和看到的一个接一个！中等以下的人才，那些修饰文辞努力学习的，他们轻率求进忧虑禄位的得失，总想施展个人的才用；那些考虑了自己的命运而往后退的，荒芜了文章学业，一概都不值得效法。唯有智慧高尚的人，才思考谋划，广博听闻，坚定学业，精诚事业，用他的时候便大济天下，不用他的时候便超然高隐。如果做不到这样，又怎能成为君子！

（王其祎）

宋

告诸子及弟侄[1]

范仲淹

范仲淹（989—1052），字希文，苏州吴县（今江苏苏州）人。北宋思想家、政治家、军事家、文学家。进士出身。仁宗时，参知政事。他为人正直有气节。力主加强对西夏的防御，巩固边防。在政治上他主张改革。工诗词散文，著有《范文正公集》。

【提要】

范仲淹告诫子、弟、侄要温习文字，清心洁行，“慎于高议”，不可乱交友；要勤学奉公，不可让人写荐拔信，要注意身体健康，为国效力，办事要公正，与同事和睦多礼，有事商量，做官不求私利。

【原文】

吾贫时，与汝母养吾亲，汝母躬执爨而吾亲甘旨[2]，未尝充也。今得厚禄，欲以养亲，亲不在矣。汝母已早世，吾所最恨者，忍令若曹享富贵之乐也。

吴中宗族甚众[3]，于吾固有亲疏，然以吾祖宗视之，则均是子孙，固无亲疏也，敬祖宗之意无亲疏，则饥寒者吾安得不恤也。自祖宗来积德百余年，而始发于吾，得至大官，若享富贵而不恤宗族，异日何以见祖宗于地下，今何颜以入家庙乎？

京师交游，慎于高议，不同当言责之地。且温习文字，清心洁行，以自树立平生之称。当见大节，不必窃论曲直，取小名招大悔矣。

京师少往还，凡见利处，便须思患。老夫屡经风波，惟能忍穷，固得免祸。

大参到任，必受知也。惟勤学奉公，勿忧前路。慎勿作书求人荐拔，但自充实为妙。

将就大对，诚吾道之风采，宜谦下兢畏，以副士望。

青春何苦多病，岂不以摄生为意耶[4]？门才起立，宗族未受赐，有文学称，亦未为国家用，岂年循常人之情，轻其身汩其志哉！

贤弟请宽心将息，虽清贫，但身安为重。家间苦淡，士之常也，省去冗口可矣。请多著工夫看道书，见寿而康者，问其所以，则有所得矣。

汝守官处小心不得欺事，与同官和睦多礼，有事只与同官议，莫与公人商量，莫纵乡亲来部下兴贩，自家且一向清心做官，莫营私利。汝看老叔自来如何，还曾营私否？自家好，家门各人好事，以光祖宗。

【注释】

①本文录自《诫子通录》。②爨（cuàn）：烧火煮饭。③吴中宗族：范仲淹的同族子弟。④摄生：保养身体。

【译文】

我贫穷时，和你们的母亲奉养我老母，你们的母亲亲自烧火煮饭而我母亲食可甘味，可生活从未富裕。现在我得到丰厚的俸禄，想用以供养亲人，可亲人不在了。你们的母亲也早去世，怎忍心看着你们享受富贵之乐。

吴中本族子弟很多，同我本来就有亲疏之分，然而以同祖宗之后而看待，又都是子孙，所以又无亲疏之别。如果祖宗的意思不分亲疏，那么有受饥寒的人我怎能不体恤呢？从祖宗以来积德百余年，从我开始，得当大官，如果我独享富贵而不周济宗族，他日有何面目见祖宗于地下。今天又有何面目进入家庙呢？

在京师交游，要慎于高议，且须温习文字，清心洁行，树立自己的平日形象，应当看大节，不必私论曲直，取小名而招致大的后悔。

在京师少和人往来，凡是见利之处，要想到后患。我屡经风波，唯独能忍穷，所以得以免祸。

大参到任，一定会受知，只需勤学奉公，不要担忧前途，不要写信求人荐拔，只要自己充实就好。

将就大好，确可显我道的风采，应谦虚谨慎，以副士望。

年轻为何多病，难道不以保养身体为己意吗？门风刚树起，宗族还未受赐，有文学之才著称，也未为国家所用，怎么能循着常人之情，轻视你们的身体而使自己的抱负不能实现！

贤弟请宽心将息，家虽清贫，但身体安然为重。家居生活苦淡，这是士之常情，省去冗长之言即可。请多向书和健康长寿之人请教，就会有收获。

你们做官要小心，不可办欺骗之事，要与同事和睦多礼，有事只与同事商量，莫要同众人商量，不要纵使乡亲来部下兴贩取利，咱们家一向做清心之官，不营取私利。你们看我做得如何，还曾营取过私利吗？自己家好，家门各自都做好事，以此来光祖耀宗。

（高益荣）

家　诫

欧阳修

欧阳修（1007—1072），字永叔，号醉翁，又号六一居士，庐陵（今属江西吉安）人。北宋政治家、文学家。天圣进士，曾官枢密副使、参知政事，谥文忠。是北宋文坛盟主，唐宋散文八大家之一，诗风流畅自然，其词婉媚艳丽。曾与宋祁合修《新唐书》，并自撰《新五代史》。有《欧阳文忠公集》。

【提要】

这里选录欧阳修的训诫之文，为教诲其子要苦学以成人。

【原文】

玉不琢不成器，人不学不知道。然玉之为物有不变之常，虽不琢以为器，而犹不害为玉也；人之性因物则迁，不学则舍君子而为小人，可不念哉？

【译文】

玉不雕琢不能成为器用，人不学习不会通晓道理。玉作为一种物质，有它不变的常性，虽然不把它雕琢成器用，它也不失为玉；人的习性是会随着外物的变化而改变的，不学习就成不了君子，反而会成为小人。难道这不值得认真思考吗？

（储兆文）

赠外孙

王安石

王安石（1021—1086），字介甫，号半山，抚州临川（今属江西）人。北宋著名政治家、文学家、思想家。主张政治改革，推行新法，由于保守派反对，新政很快失败。后退居江宁（今江苏南京），封荆国公，卒谥文。其诗多揭露时弊，反映现实矛盾，同情民众疾苦；散文雄健峭拔。为唐宋散文八大家之一，有《王临川集》。

【提要】

王安石在诗中阐明了自己的教育方针：自幼任其自由发展，稍后便督促他用功读书，成为学富五车的人。这是符合儿童的心理和发展规律的。

【原文】

南山新长凤凰雏，眉目分明画不如。年小从他爱梨栗[①]，长成须读五车书。

【注释】

①爱梨栗：陶渊明《责子》："通子垂九龄，但觅梨与栗。"

（储兆文）

训子孙文

司马光

司马光（1019—1086），字君实，陕州夏县（今属山西）人。北宋政治家、文学家。宝元进士，仁宗末任天章阁待制兼侍讲知谏院。神宗时，极力反对王安石变法。熙宁三年出知永兴军（今陕西西安），次年退居洛阳著述。哲宗即位诏入朝，废新法，为相八个月病死。追封温国公。主编《资治通鉴》，有《司马文正公集》《稽古录》等。

【提要】

"历览前贤国与家，成由勤俭破由奢。"（李商隐《咏史》）俭成奢败是一条历史规律，但人们往往只有到破败已成事实的时候才开始惊醒。司马光这篇著名的"崇俭文"却写在家世兴隆的时候，它从多种角度阐释"崇俭"的积极意义，以及奢侈的严重危害。全文引经据典，洋洋洒洒，篇幅较长，这里摘录了其中的精华部分，叙说两个方面内容：一是无论君子小人，俭养德，侈招恶；二是批判那些为子孙聚敛财物而薄施礼义的父母，指出为子孙聚财是一种愚行。

【原文】

为人父祖者，莫不思利其后世，然果能利之者鲜矣。何以言之？今之为后世谋者，不过广营生计以遗之，田畴连阡陌，邸肆跨坊曲，粟麦盈囷仓，金帛充箧笥，慊慊然求之犹未足[①]，施施然自以为子子孙孙累世用之莫能尽也[②]。然不知以义方训其子，以礼法齐其家，自于十数年中，勤身苦体以聚之，而子孙以岁时之间，奢靡游荡以散之，反笑其祖考之愚；不知自娱，又怨其吝啬无恩于我而厉之也。

夫生生之资，固人所不能无，然勿求多余，多余希不为累矣[③]。使其子孙果贤耶，岂疏粝布褐不能自营，死于道路乎？其不贤也，虽积金满堂室，又奚益哉？故多藏以遗子孙者，吾见其愚之甚。然则圣贤不预子孙之匮乏耶？何为其然也，昔者圣贤遗子孙以廉以俭。

【注释】

①慊慊：心不满足貌。②施施（yíyí）：喜悦自得貌。③希：同“稀”。

【译文】

做长辈的没有不想为后代谋福利的。但是真正能给后代带来福利的实在太少，为什么这样说呢？今天为后代谋福利的人，只不过广泛地经营生计来留给后代，他们已经有田地阡陌相连了，有住宅商店横跨街坊，有满仓的粟麦，有满筐的金银布匹，心里还是感到不满足，不肯停止营求，喜悦自得地认为这些财物子子孙孙累世都用不完了，但他们不知道用仁义方正的品行来教诲子女，用礼仪法则来治理家庭。这样自己通过十几年勤劳辛苦聚积得来的财富，子孙却会在一年的时间内奢侈淫靡、游乐放荡而把它们用光，还反过来嘲笑祖先的愚蠢，说他们不知道自己娱乐。又怨恨祖先原先过于吝啬，对他们不恩宠，过于严厉。

人所赖以生存的生活资料固然不可缺少，但不要追求过多，过多就会受牵累。假如他的子孙真的贤能，难道粗粮粗布都不能自己经营而饥寒死于道路吗？假如他的子孙不贤能，即使积累了满屋黄金，又有什么好处呢？所以储藏过多财物而留给子孙的人，我觉得他太愚蠢了。那么，难道圣人就不管子孙的贫困了吗？我要说，过去那些圣贤留给子孙的是廉洁、俭朴的优良品德。

（储兆文）

与侄书

司马光

【提要】

元丰八年（1085），67 岁的司马光从洛阳到达京城汴梁（今河南开封市），三天后被除任门下侍郎。当时朝廷大权都被变法派把持，而司马光是守旧派，又年老多病。所以自己觉得“如一黄叶在烈风中”，随时有坠落之危险。在此情境下，他仍写信教育侄儿们要谦恭退让，奉公守法，不要搅扰官府，侵凌小民，使乡人讨厌。

【原文】

近蒙圣恩除门下侍郎①，举朝嫉者何可胜数，而独以愚直之性处于其间，如一黄叶在烈风中，几何不危坠也？是以受命以来，有惧而无喜。汝辈当识此意，倍须谦恭退让，不得恃我声势②，作不公不法，搅扰官司，侵凌小民，使为乡人此厌苦，则我之祸，皆起于汝辈，亦不如人也。

【注释】

①除：拜官授职。②恃：凭借，依仗。

【译文】

近来蒙受皇上恩典，授我为门下侍郎，满朝嫉妒的人，怎能数尽，而我生性愚直，独处在这样的环境中间，就如一片黄叶在烈风中，能保持多久不会坠落？所以自接受任命以来，只有恐惧，而无欢喜。你们要理解我的心境，一定要加倍地谦恭退让，不能依仗我的声势，做不公不法之事，干扰官府，欺压百姓，使乡人讨厌痛恨你们，那我的祸患将由你们而起。你们也就连一个普通人都不如了。

（高益荣）

训俭示康

司马光

【提要】

本文是司马光教育儿子勤俭节约的家训。作者通过历史上大量以节俭朴素为美德的事例及因生活奢侈豪华而最终导致家业败落的例子，教育儿子不但要自身俭朴，还应教育子孙，发扬俭朴的家风。

【原文】

吾本寒家，世以清白相承。吾性不喜华靡。自为乳儿，长者加以金银华美之服[①]，辄羞赤及弃去之。二十忝科名，闻喜宴独不戴花，同年曰："君赐不可违也。"乃簪一花。平生衣取蔽寒，食取充腹，亦不服垢敝以矫俗干名，但顺吾性而已。众人皆以奢靡为荣，吾心独以俭素为美。人皆嗤吾固陋，吾不认为病。应之曰："孔子称：'与不逊也，宁固。'又曰：'以约失者鲜矣。'又曰：'士志于道，而耻恶衣恶食者，未足与议也。'"古人以俭为美德，今人乃以俭相诟病。嘻，异哉！

近岁风俗尤侈靡，走卒类士服，农夫蹑丝履。吾记天圣中先公为群牧判官[②]，客至未尝不置酒，或三行五行多不过七行，酒沽于市。果止于梨、栗、枣、柿之类，肴止于脯、醢、菜羹，器用瓷漆。当时士大夫家皆然，人不相非也。会数而礼勤，物薄而情厚。近日士大夫家，酒非内法，果肴非远方珍异，食非多品，器皿非满案，不敢会宾友，常数日营聚，然后敢发书。苟或不然，人争非之，以为鄙吝，故不随俗靡者盖鲜也。嗟乎！风俗颓弊如是，居位者虽不能禁，忍助之乎！

又闻昔李文靖公为相[3]，治居于封丘门内[4]，厅事前从容旋马。或言其太隘，公笑曰："居第当传子孙，此为宰相厅事诚隘，为太祝、奉礼厅事已宽矣。"参政鲁公为谏官[5]，真宗遣使急召之，得于酒家。既入，问其所来，以实对。上曰："卿为清望官，奈何饭于酒肆?"对曰："臣家贫，客至无器皿肴果，故就酒家觞之。"上以其无隐，益重之。张文节为相[6]，自奉养如为河阳掌书记时，所亲或规之曰："公今受俸不少，而自奉若此，公虽自信清约，外人颇有公孙布被之讥[7]，公宜少从众。"公叹曰："吾今日之俸，虽举家锦衣玉食，何患不能。顾人之常情，由俭入奢易，由奢入俭难。吾今日俸，岂能常有，身岂能常存，一旦异于今日，家人习奢已久，不能顿俭，必致所失。岂若吾居位、去位、身在、身亡，常如一日乎?"呜呼！大贤之深谋远虑，岂庸人所及哉。

御孙曰[8]："俭，德之共也；侈，恶之大也。"共，同也。言有德者，皆由俭来也。夫俭则寡欲，君子寡欲则不役于物，可以直道而行；小人寡欲则能谨身节用，远罪丰家。故曰：俭，德之共也。侈则多欲，君子多欲则贪慕富贵，枉道速祸；小人多欲则多求妄用，丧身败家。是以居官必贿，居乡必盗。故曰：侈，恶之大也。昔正考父饘粥以糊口[9]，孟僖子知其后必有达人；季文子相三君[10]，妾不衣帛，马不食粟，君子以为忠；管仲镂簋朱纮[11]，山楶藻棁[12]，孔子鄙其小器；公叔文子享卫灵公[13]，史鳝知其祸及[14]；戌果以富有得罪出亡；何曾日食万钱[15]，至孙以骄溢倾家；石崇以奢靡夸人[16]，卒以此死东市；近世寇莱公豪侈冠一时[17]，然以功业大，人莫之非，子孙习其家风，今多穷困。其余以俭立名，嘁侈自败者多矣，不可遍数，聊举数人以训汝。汝非徒身当服行，当以训汝子孙，使知前辈风俗云。

【注释】

①这一句中的"加"字，《司马文正公传家集》中作"如"，《温国文正司马公论文集》作"加"，今以后者为准。②先公：即司马光的父亲司马池。在宋仁宗天圣中期，枢密使曹利用上奏要他为群牧判官。③李文靖公：李

沆（hàng），字太初，北宋真宗时的宰相，文靖是他的谥号。④封丘门：宋都东京开封外城北四门之一。⑤参政鲁公：鲁宗道，字贯之，北宋真宗时谏官，仁宗时拜右谏议大夫、参知政事，以刚正著称，谥肃简。⑥张文节：张知白，字用晦，北宋仁宗时任宰相，文节是他的谥号。⑦公孙：公孙弘，汉武帝的丞相，当时有个与公孙弘很要好的主爵都尉汲黯曾经批评他："位在三公，俸禄甚多，然为布被，此诈也。"说他的俭朴是假的，是为了欺骗人。⑧御孙：春秋时期鲁国的大夫。⑨正考父：孔子的祖先。饘（zhān）鬻：粥类。⑩季文子相三君：季文子是春秋鲁大夫，曾事鲁宣公、鲁成公、鲁襄公三君。⑪簋（guǐ）：古代青铜或陶制食器，盛行于商周时期。纮（hóng）：古时冠冕上的纽带。由下巴挽上而系在古人用来插住挽起的头发或帽子的笄（jī）的两端。⑫楶（jié）：柱头的斗拱。藻：古代帝王冕上系玉的五彩丝绳。棁（zhuō）：梁上的短柱。⑬公叔文子：公叔发，春秋时卫国大夫，为人谦逊沉静，时称他不言不笑不取。享：用酒食款待人。卫灵公：春秋时期卫国诸侯，在位四十二年，谥灵。⑭史鳝：字子鱼，故亦称史鱼。春秋时期卫国大夫。卫灵公之臣，以直谏闻名。⑮何曾：字颖考，早年当过三国魏明帝的给事黄门侍郎，参与司马昭废魏明帝之谋，晋武帝司马炎时任丞相、侍中，拜太尉、大傅，食邑一千八百户。⑯石崇：字季伦，晋开国功臣石苞之子。晋惠帝时拜太仆、征虏将军、卫尉。⑰寇莱公：寇准，字平仲，宋太宗时参政知事，真宗时当过宰相、兵部尚书、吏部尚书等大官，死后赠封莱国公，谥号为忠愍。

【译文】

我本来出生在清寒的家庭，清白的家风世代相传。我的性格是不喜欢豪华奢侈的。小时候，大人给我穿装饰有金银的华美服装，我就觉得羞愧而不愿意穿。二十岁那年我考中了进士，在皇帝恩赐的琼林宴上，独有我不愿意戴花。同科考中的人说："这是皇上的御赐，是不可以违背的。"我才勉强戴了一枝。平日，我穿的只要能够御寒，饮食只要够吃就行了。当然，也不穿破旧肮脏的衣服，以显得与众不同，沽名钓誉。只是顺应我的性格罢了。

现在，许多人都以奢侈浪费为荣，我心中却独独认为节俭朴素才算美。许多人都笑我寒碜，我却不认为这是我的缺点。我回答他们说："孔子讲过：'与其骄奢不逊，宁愿寒碜。'又说：'一个人因为俭朴节约而有过失的事是很少的。'还说：'读书人有志于追求真理，却又以穿旧衣吃粗粮为耻辱者，是不值得和他谈学问的。'"古人以俭朴为美德，现在的人都相互以俭朴为耻辱和弊病。嘻！这真是怪事啊！

近年来，社会上的风俗习惯更加奢侈了，差役走卒们穿着和读书人一样的服装，耕植农夫也穿起丝类纺织的鞋子。我记得仁宗天圣中期先父当群牧判官的时候，家中来了客不是不备酒菜，但劝酒只三次五次，最多不过七次就算了，酒是从街上买来的，下酒的果品不过梨、栗、枣、柿之类，菜不过是干肉、肉酱、菜羹，盛酒菜的食具也只是瓷器漆器。当时士大夫家都是这样做的，并没有人认为这样做不好。当时，亲友间经常相会，礼仪很勤，花费不多，情意却深厚。可是，现在的士大夫家，如果没有按皇宫中的办法酿造的酒，没有从远方采购来的珍异果菜，没有多种多样的食品，没有满桌的华贵餐具，是不敢招待宾客的。常常要经过许多日子的筹办，聚集了所需的珍贵物品，才敢发请帖。所以，能够不跟着这种风气跑而坚持走正道的人，实在很少。啊！风俗败坏到这种程度。我们当官的虽然禁不了它，难道可以忍心去助长它吗？

我又听说过去文靖公李沆当宰相，把家宅造在封丘门内，厅堂前面只有够马儿转个身那么大的地方。如要有人讲这个地方太狭窄了，李公就笑着说："住宅当然要传给子孙后代，这个地方作为宰相办事的厅堂确实是狭窄的，但是作为掌管祭祀祈祷的太祝和掌管礼仪的官员议事厅所，已经很宽了。"参知政事鲁宗道公当谏官时，有一次宋真宗派人来紧急召他进宫，使者在酒店里找到他。到了宫内，真宗问他从何处来。鲁公就把从酒店来的实情告诉皇上。皇上问："爱卿是清廉而有名望的官吏，怎么竟在酒店中饮酒呢？"鲁公回答说："臣家中贫寒，客人来了没有器皿装菜肴果品，所以方到酒店中饮酒招待。"真宗因为鲁公不隐瞒事实真相，就更加重用他。文节公张知白当了宰相后，他的生活水平仍然保持在河阳当书记时那样。

亲戚朋友中有人劝他说："阁下如今所受朝廷俸禄不少了，然而自己给自己定的生活标准却这样低，你自信这样做是清廉俭约，可是外面却有人笑你是'公孙布被'，阁下应该顺从众人的做法才是啊!"文公叹道："我今天的俸禄收入，就是全家锦衣玉食，何尝不能做到！然而想想人之常情总是由俭入奢容易，由奢入俭困难。我今天这样多的收入，怎么可能经常保持，我这个人怎么可能永远生存于世。如果有那么一天，地位和收入不如今天了，而家中老少却早已过惯了奢侈的生活，就不可能立即做到勤俭度日，必然会出事。因此，还不是无论我在位不在位，活着或者死了，总是坚持同一生活标准更好吗?"啊！你看，这些贤人是多么深谋远虑呀。他们的见识哪里是庸人们能够与之相比的。

御孙说："俭，德之共也；侈，恶之大也。"共，就是相通，是讲有优良的道德品质的人，是以俭朴、恭俭做基础的。因人俭，一个人就不会有过多的欲求。君子很少个人欲望，就不会被物质所奴役，就可以沿着正直的道路行事；小人很少欲望，就能谨慎小心，节约开支，避免犯罪，富裕家室，所以说，俭和德是相通的。一个人生活奢侈，必然会有许多过分的个人欲望。君子有过多的个人欲望，就会贪图富贵，走上邪路，招来灾祸。小人有过多的个人欲望，就会贪得无厌，妄吃滥用，以致丧身败家。这样的人当了官必受贿赂，为平民必偷盗。所以说，侈是最大的恶。以前，春秋时的正考父以饘粥糊口，鲁国大夫孟僖子说他的后代中必定会有贤达的人；鲁国大夫季文子曾为三个国君的相，然而妻妾没有一件绢帛料子的高贵衣服，家中的马儿不以粮食为饲料，所以国君认为他是廉忠的人；管仲当齐桓公的相，自恃功高，使用雕刻过的食器，冠冕上系红色的纽带，山门柱头有斗拱，梁上的短柱上也系上五彩丝绳，孔子很鄙视他，说他是小器。卫国大夫公孙文子用酒招待灵公，大夫史鳍认为公叔文子将要灾祸临头了。戌果这个人也是以豪富得罪君主而亡命的；晋朝太尉何曾每天饮食要花一万钱，到了子孙手里就因骄奢过度而倾家毁业。晋朝的太仆石崇经常以奢侈豪华在人前夸耀，最后因此被杀于东市。近代莱国公寇准豪华奢侈为一时冠，只是因为他功业很大，人们不敢指责他，他的子孙继承了这种家风，到今天多数都变穷困了。其余以俭朴立业闻名，以奢侈而遭败落的事例多得很，不可能一一列举，少少地举出几人，用以对你训诫。你不但自身应当履行俭朴，而且还应当教训你的子孙，使他们懂得我家先辈俭朴的家风。

（夏雨）

诫子弟言

范纯仁

范纯仁（1027—1101），字尧夫，范仲淹次子，苏州吴县（今属江苏）人。北宋大臣。皇祐进士，父死后始出仕，官至侍御史、知谏院，出知河中府，哲宗时累官尚书仆射、中书侍郎。因忤章惇而贬永州。徽宗时，诏为观文殿大学士，因目疾乞归，谥忠宣。

【提要】

这则诫言简要论述责人与责己、恕人与恕己的关系。

【原文】

人虽至愚，责人则明；虽有聪明，恕己则昏。尔但常以责人之心责己，恕己之心恕人，不患不到圣贤地位也。

（储兆文）

与子由弟二则

苏轼

苏轼（1037—1101），字子瞻，一字和仲，自号东坡居士，眉山（今属四川）人。北宋文学家、画家、书法家。文明白畅达，为唐宋散文八大家之一；诗清新豪健，独具风格；词豪放旷达，开一代词风；擅画竹与枯木怪石，宋四大家之一；楷书熔铸诸家，亦有创新。诗文有《东坡七集》等。

【提要】

这是苏轼给弟弟的两则书信。第一则在褒扬中有警策，提醒子由做人如作诗，应大节突出，小疵也不要掉以轻心。第二则苏轼将自己长期形成的那套与物无竞、随缘自足、无所往而不乐的旷达为怀、宠辱不惊的人生哲学传授给弟弟，其中含有无可奈何的酸楚，实是同病相怜、慰人慰己之语。

【原文】

吾弟大节过人，而小事亦不经意，正如作诗，高处可追配古人，而失处或受嗤于拙目①。薄俗正好检点人②，小疵，不可不留意也。

吾兄弟俱老矣，当以时自娱，此外万端皆不足介怀。所谓自娱者，亦非世俗之乐，但胸中廓然无一物，即天壤之内，山川草木虫鱼之类，皆吾作乐事也。

【注释】

①受嗤于拙目：被没有鉴赏眼光的人嘲笑。②好（hào）：喜欢。检点人：对别人吹毛求疵。

（储兆文）

家　诫

黄庭坚

黄庭坚（1045—1105），字鲁直，号山谷道人、涪翁，分宁（今江西修水）人。北宋文学家、书法家。出苏轼门下，世称“苏黄”。开创了江西诗派。诗风奇折险拗，又能词。书法纵横奇倔，以侧险取势。是宋四大家之一。有《山谷集》及墨迹多种。

【提要】

这是一篇很有特色的家诫，采用对话体，以具体事例说明家族兴衰的根源在于家庭内部的人际关系。

【原文】

庭坚自总角读书及有知识迄今①，四十年时态，历览谛见润屋封君巨姓②，豪右衣冠世族③，金珠满堂，不数年间，复过之，特见废田不耕，空囷不给④，又数年，复见之，有缧绁于公庭者⑤，有荷担而倦于行路者。问之曰："君家曩时蕃衍盛大⑥，何贫贱如是之速耶?"有应于予曰："嗟乎！吾高祖起自忧勤，噍类数口⑦，叔兄慈惠，弟侄恭顺。为人子者告其母曰：'无以为争，无以小事为仇。'使我兄叔之和也。为人夫者告其妻曰：'无以猜忌为心，无以有无为怀。'使我弟侄之和也。于是共卮而食⑧，共堂而燕⑨，共库而泉⑩，共廪而粟。寒而衣，其布同也；出而游，其车同也。下奉以义，上谦以仁，众母如一母，众儿如一儿，无尔我之辨，无多寡之嫌，无私贪之欲，无横费之财。仓箱共目而敛之，金帛共力而收之。故官私皆治，富贵两崇。逮其子孙蕃息，妯娌众多⑪，内言多忌，人我意殊，礼义消衰，诗书罕闻，人面狼心，星分瓜剖，处私室则包羞自食，遇识者则强曰同宗，父无争子而陷于不义，夫无贤妇而陷于不仁，所志者小而失者大，至于危坐孤立，遗害不相维持，此所以速于苦也。"庭坚闻而泣曰："家之不齐⑫，遂至如是之甚，可志此以为吾族之鉴。"

【注释】

①总角：古代男女未成年前束发为两结，形状如角，故称总角。②润屋：使居室华丽生辉，引申为家室富有。③豪右：豪富大家。衣冠：指官绅。④囷：圆形的谷仓。⑤缧绁：绑犯人的绳索，引申为牢狱。⑥曩时：从前。蕃衍：即繁衍。⑦噍（jiào）类：活人。⑧卮（zhī）：盛酒的器皿。⑨燕：通"宴"。⑩泉：古代钱币的名称。⑪妯娌：兄弟的妻的合称。⑫齐：整治。

【译文】

我从小时候读书至现在有知识以来，已经四十年了，这期间耳闻目睹那些富门豪族、高官厚禄之家，金玉满屋，不几年再经过这里，只见田地抛荒无人耕种，空虚的仓库没法供应粮食。再过几年又看到，有的人进入牢房，有的人肩挑着担子，疲惫地行走在路上，我问他们道："你们家从前繁衍盛大，为什么变得贫贱了，而且是这么的快呢？"有的回答我说："哎呀！我家高祖发家于忧劳勤勉，当时才几个人，叔父长兄慈爱善良，弟弟侄儿恭敬顺从，做儿子的对他的母亲说：'不要为着小事去争执，不要因小事而结为仇敌。'这样使得叔辈兄长们和睦相处。做丈夫的对他的妻子说：'不要有猜忌的心胸，不要把有无放在心上。'这样使得弟弟侄儿能和睦相处。这样在家共在一锅里吃饭，共在一屋里宴乐，钱财放在同一仓库，粮食放在同一个仓廪。天寒穿的衣服是同样的布料，外出坐的车没有两样，下辈以礼义恪守孝道，长辈以谦和施予仁爱，大家虽然各有其母，但就像一母所生，大家虽有许多子女，但待之如一人的子女，不分你我，不嫌多少，没有私欲，没有浪费的钱财。仓库衣箱大家都一起监督而收藏，金钱大家共同劳动而储积在一起。所以公私皆治，富贵两增。等到我们家子孙繁衍，妯娌众多时，家里说话忌讳越来越多，分起你我，礼义也消失了，也听不到读书声了，各个人面兽心，大家庭四分五裂，各自躲在家里开小灶，见到有知识的就硬说是本家同宗，父亲因没有规劝自己的儿子而陷入无法讲究义的困境，丈夫没有贤惠的媳妇而陷于不仁的境地。各个都胸无大志，而且失误贻害越来越多，以至于各自孤立，灾难到来时不能相互支持扶救，这就是我们快速地变成目前这种困苦境地的原因。"我听了这些话，流泪说道："因为没有整治好家政，所以最终落到这种可怕的地步！可以记下他们的教训来作为我们家族的借鉴。"

（储兆文）

与长子受之

朱熹

朱熹（1130—1200）字元晦，一字仲晦，号晦庵，又称紫阳先生，世称朱文公，徽州婺源（今江西婺源）人，后居福建。南宋著名哲学家、教育家、文学家。其《四书章句集注》被明清两代定为教科书。文学著作《诗集传》《楚辞集注》评论作家作品优劣，一些具体的文学见解，多有可取之处。诗文语言简洁明畅。有《朱子大全》。

【提要】

这里选取了作者对长子在择友、从善两方面的诫文。择友要择益友，而舍损友。益损之分可从对方言行举止观察出大概，再加以对话问答，便可分清。从善不问少长，唯善是取。这两点的确是处理人际关系，加强自身修养的重要方面。

【原文】

交游之间，尤当审择，虽是同学，亦不可无亲疏之辨，此皆当请于先生，听其所教。大凡敦厚忠信，能言吾过者，益友也；其谄谀轻薄、傲慢亵狎、导人为恶者，损友也。推此求之，亦自可见得五七分①，更问以审之，百无所失矣。

见人嘉言善行，则敬慕而纪录之，见人好文字胜己者，则借来熟看或传录之而咨问之②，思与之齐而后已。

【注释】

①五七分：即十分之五或之七。②传录：即转录。

（储兆文）

放翁家训

陆游

陆游（1125—1210），字务观，号放翁，越州山阴（今浙江绍兴）人。南宋诗人、词人。生于北宋灭亡之际，自小深受家庭中的爱国主义思想熏陶，曾亲临大散关前线，后官至宝章阁待制。一生主张收复中原，但始终被压制。今存诗九千多首，风格雄浑豪放；亦工词。有《剑南诗稿》《渭南文集》《南唐书》《老学庵笔记》等。

【提要】

这是从《放翁家训》中精选的两则诫文，主要谈论乘时为学、勿慕无厌两个问题。

【原文】

人生才固有限，然世人多不能克尽其实，至老必抱遗恨。吾虽不才，然亦一人也，人未四十未可著书，过四十又精力日衰，忽便衰老，子孙以吾为戒可也。世之贪夫，溪壑无厌，固不足责。至若常人之情，见他人服玩①，不能不动，亦是一病。大抵人情慕其所无，厌其所有，但念此物若我有之，竟亦何用？使人歆艳②，于我何补？如是思之，贪求自息。若夫天性淡然，或学问已到者，固无待此也。

【注释】

①服玩：服用与玩赏的器物。②歆艳：犹歆羡，羡慕。

（储兆文）

教子语

家颐

家颐（生卒年不详），字养正。眉山（今属四川）人。宋朝人。著有《子家子》。

【提要】

这几则教子语，不单是对自己儿子的具体教诲，而且是对天下父母应如何教子的一般规律的探讨。他把教子抬到了人生最重要的位置，而且提出了普遍遵循的原则，如“不可溺于小慈”“教子有五”等，还就不同家庭子女应有不同教法，表明己见。如“富家”“贫家”的教子应有不同侧重点，等等。

【原文】

人生至乐无如读书，至要无如教子。

父子之间不可溺于小慈，自小律之以威，绳之以礼，则长无不肖之悔。

教子有五：导其性，广其志，养其才，鼓其气，攻其病，废一不可。

养子如养芝兰，既积学以培植之，又积善以滋润之。

人家子惟可使觌德①，不可使觌利。

富者之教子，须是重道，贫者之教子须是守节。

子弟之贤不肖系诸人，其贫富贵贱系之天，世人不忧其在人者，而忧其在天者，岂非误耶？

士之所行，不溷流俗②，一以抗节于时，一以诒训于后。

士人家切勤教子弟，勿令诗书味短。

孟子以惰其四支为一不孝③，为人子孙，游惰而不知学④，安得不愧。

【注释】

①觌（dí）：见也。②溷（hùn）：通“圂”，猪圈，引申为受污染。③

“孟子”句：《孟子·离娄下》：“世俗所谓不孝者五。惰（懒惰）其四支（肢），不顾父母之养。一不孝也。”④游惰：懒散无所事事。

（储兆文）

袁氏世范

袁采

袁采（生卒年不详），字君载，信安（今浙江衢州）人。南宋士大夫。登进士第三，以廉明刚直见称，官至监登闻检院，曾任乐清县令，修县志十卷，《袁氏世范》三卷也作于乐清。《袁氏世范》本名《训俗》，分《睦亲》《处己》《治家》三卷，每卷又有若干条，皆冠以标题，阐明处世之道、睦亲治家之理，精确详尽，明白切要。《四库全书提要》将此书誉为“《颜氏家训》之亚”。

父母不可妄憎爱

【提要】

此篇针对父母容易溺爱幼子，使子女慢慢滋长坏的习惯，等到恶习形成，子女长大，父母又容易吹毛求疵，薄其所爱的现象。劝告天下父母不要妄自爱憎，应该从早严格要求，不要溺爱幼子；子女长大，虽有过失，也要以爱心来感化，不要过于苛责。

【原文】

人之有子，多于婴孺之时[①]，爱忘其丑，恣其所求[②]，恣其所为。无故叫号，不知禁止，而以罪保母[③]；陵轹同辈[④]，不知诫约，而以咎他人。或言其不然，则曰：“小未可责。”日渐月渍[⑤]，养成其恶，此父母曲爱之过也。及其年齿渐长，爱心渐疏，微有疵失，遂成憎怒，摭其小疵[⑥]，以为大恶。如遇亲故，妆饰巧辞，历历陈数，断然以大不孝之名加之，而其子实无他罪，此父母妄憎之过也。爱憎之私，多先于母氏，其父若不知此理，则徇其母氏之说，牢不可解，为父者须详察此：子幼必待以严，子壮无薄其爱。

【注释】

①婴孺：婴幼儿。②恣：放纵，任凭。③保母：即保姆。④陵铄（lì）：欺压。⑤渍（zì）：浸，染。⑥摭（zhí）：拾取。

【译文】

人们爱子女，多在子女幼小的时候。因为爱他们而忘却了他们的缺点，任凭他们要求什么，凭任他们胡作非为。子女无缘无故大声喧哗，不知道去禁止，却去怪罪保姆；子女欺压同辈伙伴，不去训诫制止他，却要责备他人。如有人说不应该这样对待他们，他便说："孩子小不能责备他。"日积月累，慢慢养成恶习，这完全是父母不正确的溺爱的过错。等到孩子年龄渐大，父母便减少对孩子的爱心，子女稍微有过失，便憎恨发怒，揪住他们的小毛病，认为是大的过错。如果遇到亲友，便添油加醋，编织言辞，陈说数落，武断地把大不孝的名声强加给子女，其实他的子女并无罪过，而是父母错误憎恨的过错。溺爱妄憎，多数先来自母亲，如果做父亲的不知道这个道理，就会按照子女母亲的说法去对待子女，这是万万使不得的。做父亲的必须详细地察觉到这一点：子女幼小的时候，一定要严格要求他们；子女长大了的时候，不要缺乏对他们的慈爱。

人之智识有高下

【提要】

人与人交流的深度和广度，主要基于彼此素质、修养、知识面等智识方面的相近程度，只有智识相当的人们之间，才有彻底深层的交流、平等的对话。如果两人智识水平相去甚远，则往往难得有互相补充、互相提高的效果，因而选择谈话的对象时，应该注意这些，防止不问谈话对象而对牛谈琴。

【原文】

人之智识，固有高下，又有高下殊绝者。高之见下，如登高望远，无不尽见；下之视高，如在墙外，欲窥墙里。若高下相去差近[1]，犹可与语；若相去远甚，不如勿告，徒费舌颊尔[2]。譬如弈棋，若高低止较三五著，尚可对弈，国手与未识筹局之人对弈[3]，果如何哉？

【注释】

①差近：差别不大。②舌颊：犹口舌。颊，面庞。③未识筹局：不知比赛的基本规则。

【译文】

人的智慧见识，本来就有高下之分，而且还有相差较大的。智识高的人看智识低的，就像登高望远，没有看不到的；智识低的看智识高的人，就像在墙外想看见墙里的东西一样。如果两人高下相差不大，还可以与他对话，如果相差太远，不如不对话，即使说话，也是徒费口舌。就像下棋一样，若双方高低只差三五着，还可以对弈，若一流国手与不知下棋规则的人对弈，那么结果会怎样呢？

才行高人自服

【提要】

人们对某个人佩服、服从，并不在于这个人的容貌如何，也不在于浮华矫饰的言辞，而在于高尚的品行、高深广博的才学，人们注重的是内在心灵的美和真才实学，即“桃李不言，下自成蹊”。

【原文】

行高人自重，不必其貌之高；才高人自服，不必其言之高。

【译文】

品德高尚，人们自然而然地尊重你，不一定非要容貌美好；才学高深，人们自然叹服，不一定非要言辞的华美。

人行有长短

【提要】

“金无足赤，人无完人”，每个人都有长处，也难免有短处，与人相处应怎样对待别人的长处与短处呢？作者指出了应取的态度。

【原文】

人之性行，虽有所短，必有所长。与人交游，若常见其短而不见其长，则时日不可同处；若常念其长而不顾其短，虽终身与之交游可也。

【译文】

人的品行，虽有短处，一定也会有长处。与他人交往，如果经常只看到别人的短处，而看不到别的长处，那么一时一刻也不能相处；如果经常想着别人的长处而不对别人的短处耿耿于怀，即使终生与他交往也是可以做到的。

子弟不可废学

【提要】

读书以求仕，并非必然。一些家长看到子弟没有入仕希望时，便让子弟辍学，以营取眼前利益，致使孩子饱食终日，缺乏修养，乃至为非作歹。求仕不是读书的唯一目的。读书可以丰富人的精神生活，作为人应该有高层次的精神追求。

【原文】

大抵富贵之家，教子弟读书，固欲其取科第，及深究圣贤言行之精微①。然命有穷达，性有昏明，不可责其必到，尤不可因其不到而使之废学。盖子弟知书，自有所谓无用之用者存焉。史传载故事，文集妙词章，与夫阴阳卜筮，方技小说②，亦有可喜之谈，篇卷浩博，非岁月可竟，子弟朝夕于其间，自有资益，不暇他务。又必有朋旧业儒者，相与往来谈论，何至绝食经终日，无所用心，而与小人为非也。

【注释】

①精微：精细隐微。②方技：指医、卜、星、相之术。

【译文】

大多数富贵人家让子弟读书，本是想让他们获取科名，以及深入地探究圣贤言行的精细隐微之处。但是人的命运有困顿有显达，天性有愚昧有聪明，不可能苛求他们一定能考中，尤其不能因为他考不上而让他辍学。因为子弟读书其中存着一种无用之用的妙处。史传里记载着故事，文集里有精妙的词语文章，就是那些阴阳卜卦、星相小说之类作品，也有可喜的谈论。古今书籍浩繁广博，不是几天或几年可以看完的，只要教子弟早晚学习，自然有所帮助和裨益，这就没有时间再去干那些有害的事了。另外，读书之后，一定会有亲朋好友、同学老师互相交往而谈论学问，这样哪至于饱食终日，无所事事，而去和小人一道为非作歹呢？

言语贵简当

【提要】

中国有句谚语说："祸从口出，病从口入。"所以一个人的话语应该特别慎重。简洁恰当的语言可以使你立于不败之地，反之会招悔惹怨。

【原文】

言语简寡，在我可以少悔，在人可以少怨。

【译文】

话语简洁得当，在我自己可以减少因话说得不对而带来的后悔，对于别人可以减少因话说得不对而带来的怨恨。

礼不可因人分轻重

【提要】

媚上欺下、尊富欺贫在等级社会里是一种较为普通的现象，但这是一种短见的小人作风，君子达人会这样思考：别人的富贵不是我的荣耀，别人的贫贱不是我的耻辱。我何必去为他们分高下，用势利的眼光看待他们呢？能做到这一点绝非易事。

【原文】

世有无知之人，不能一概礼待乡曲，而因人富贵贫贱，设为高下等级，见有资财有官职者，则礼恭而心敬，资财愈多官职愈高，则恭敬又加焉。至视贫者贱者，则礼傲而心慢，曾不少顾恤。殊不知彼之富贵，非我之荣，彼之贫贱，非我之辱，何用高下分别如此。长厚有识君子，必不然也。

【译文】

世上有一些无知的人，不能以同样的态度礼待乡邻，却将人按富贵贫贱来分高下等级。看到有资产有官职的人，就礼貌恭顺而心里崇敬，资产越多官位越高，就会更加崇敬。至于看到贫贱的人，便礼节傲慢心里鄙夷，不曾稍微有点怜惜之心。他们哪里知道，那些人的富贵不是我的荣耀，另一些人的贫贱不是我的耻辱，我何必去给他们分个高下呢？长厚的人、有见识的君子们，一定不会这样做。

（储兆文）

辨志录

吕祖谦

吕祖谦（1137—1181），字伯恭，婺州（今浙江金华）人。南宋哲学家、文学家。官至直秘阁著作郎、国史院编修。与朱熹、张栻齐名，并称东南三贤。其学以关、洛为宗。首倡经世致用，开浙东学派先声。著作有《书说》《少仪外传》《吕氏家塾读诗记》《东莱集》等。

【提要】

节录的三段，主要讲为人处世之道。这些看似日常生活中的小事，却足以反映一个人的道德修养。

【原文】

发人私书、拆人信物，深为不德，甚者遂至结为仇怨。余得人所附[①]书物，虽至亲卑幼者，未尝辄留，必为附至。及人托于某处问讯干求[②]，若事非顺理，而己之力不及者，则可至诚面却之；若已诺之矣，则必达所欲言，至于听与不听，则在其人。凡与宾客对坐，及往人家，见人得亲戚书，切不可往观及注目偷视。若屈膝并坐，目力可及，敛身而退，候其收书，方复进以续前话。若其人置书几上，亦不可取观，须俟其人云：“足下可观。”方可一看。若书中说事无大小，以至戏谑之语，皆不可于他处复说。

凡借人书册器用，苟得已者，则不须借，若不获已，则须爱护过于己物。看用才毕，即便归还，切不可以借为名，意在没纳，及不加爱惜，至有损坏。大率豪气者于己物多不顾惜，借人物，岂可亦如此。此非用豪气之所，乃无德之一端也。

凡与人同坐，夏则己择凉处，冬季己择暖处，及与人共食，多取先取，皆无德之一端也。

【注释】

①附：捎。②干求：求取。

【译文】

打开别人的私信，拆看别人的信物，是很不道德的，严重时就会结成仇怨。我为别人捎书物，纵然是至亲晚辈的，也从不拖延，一定给他捎到。至于别人托我从某处打问消息有所求，如果事情不合乎道理，而自己的力量也达不到，则可诚恳地当面拒绝；如果自己已经答应了，则必须传达别人的话，至于对方听不听，则在于他了。凡是与宾客对坐，以及去人家中，见别人得到亲戚的书信，一定不要看，也不能注目偷看。如果是屈膝并排坐，视力可达到，则敛身而退后，等候他收拾过书信，才能坐回原处以续说前话。如果那人放书信在桌上，也不可取来观看，必须等他说：“你可以看的。”才可以看看。如果信中所谈论的没礼貌，甚至有开玩笑的话，都不能在别处再说出去。

凡是借用别人的书籍器物，如果可以不借，则不必去借；若借来了，则必须比自己的东西更加爱护。阅读、使用刚刚结束，即便归还，一定不能以借用为名，意在自己占有，以及不加以爱惜，甚至破坏。大抵有豪杰气概的人对于自己的东西多不顾惜，借别人的东西难道也能这样吗？这里不是用豪杰之气的场所，而是没有德行的一种表现。

凡是与别人坐在一起，夏天则自己选择凉爽处，冬天则自己选择暖和处，以及与别人一起吃饭，多取先取，都是没有德行的一种表现。

（孙明君）

元

训子诗

许衡

许衡（1209—1281），字仲平，号鲁斋，河内（今河南沁阳）人。宋元之际学者。与姚枢、窦默等讲程朱理学。元世祖时，任京兆提学，于关中大兴学校，官至集贤大学士兼国子祭酒。著有《鲁斋遗书》。

【提要】

作者对自已能乱后存身，颇多感慨，表现了他的忧国忧民之心。因此，他教育儿子“愿汝苦辛过乃亲”，胸怀救国济民大志，不要贪图功名富贵。

【原文】

干戈恣烂漫①，无人救时屯②。中原竟失鹿③，沧海变飞尘④。我自揣何能，能存乱后身。遗芳籍远祖，阴理出先人。俯仰意油然⑤，此乐难拟伦⑥。家无儋石储⑦，心有天地春。况对汝二子，岂复知吾贫。

大儿愿如古人淳，小儿愿如古人真。平生乃亲多苦辛⑧，愿汝苦辛过乃亲。身居畎亩思致君⑨，身在朝廷思济民。但期磊落忠信存，莫图苟且功名新。

【注释】

①干戈：喻战争。恣：肆意。烂漫：纷起。②屯：艰。③鹿：以野鹿喻天下。④“沧海”句：以沧桑之变喻巨大的变故。⑤油然：形容思想感情自

然而然地产生。⑥拟伦：伦比，比拟。⑦石：十斗为一石，两石为一担。形容米粟为数不多。⑧乃亲：你的父亲。⑨畎（quǎn）亩：田间。致君：辅助君主，使之贤明。杜甫诗："致君尧舜上，再使风俗淳。"

（范嘉晨）

许鲁斋语录

许衡

【提要】

所选三则语录，分别从三个方面讲了如何做人的道理。指出人应该善于借鉴别人的长处和优点；与朋友相处虚心而不自满；遇事不要占便宜。

【原文】

称人之善，宜就迹上言；议人之失，宜就心上言。盖人之初心，本自无恶，特以利欲驱之，故失正理。其始甚微，其终至于不可救。仁人虽恶其去道之远，然亦未尝不悯其昏暗无知，误至此极也。故议之。必以始失之地，言之使其人闻也，足以自新而无怨。而吾之言，亦自为长厚切要之言。善迹既著，即从而美之，不必更求隐微，主为一定之论。在人，闻则乐于自勉；在我，则为有实益而又无他日之弊也。

凡在朋侪中[1]，切戒自满，惟虚故能受，满则无所容，人不我告，则止于此耳，不能日益也。故一人之见，不足以兼十人。我能取之十人，是兼十人之能矣。取之不已，至于百人千人，则在我者，可量也哉。

前人谓得便宜事，莫得再做，得便宜处，不得再去。休说莫得再，只先一次，已是错了。汝既多取了他人的，便是欠下他的，随后却要还他。世间人都有合得的分限，你如何多得他便宜？万无此理。又人道，得便宜，是落便宜，实是所得便宜无几，而于天理人心，欠缺不可胜道。天理也，不容汝；人心也，放你不过。外面事不停当，反而求之，此心歉然[②]，于义理所欠多矣。稍能自思自反者，此理不难见也。其反报甚速，大可畏也。可为爱便宜者之戒。

【注释】

①侪：同辈。②歉然：对自己的过失感到不安的样子。

（范嘉晨）

郑氏规范

郑太和

郑太和（生卒年不详），浦江（今属浙江）人。元朝人。其家自远祖郑绮以来，自宋至明，近三百年来，十世同居，有孝义之风，《宋史》《元史》俱载《孝义传》中，世称义门郑氏。

【提要】

《郑氏规范》共有168则。自冠婚丧祭至衣服饮食，治家的各个方面无所不包，妇孺亦能通晓，明初著名文学家宋濂在给该书写的序言中说："于厚人伦美教化之道诚有益哉。"这里选其一，谈家长应重身教，公允无私，还要把握好"明"与"不明"的尺度：既不可对家事了解得很清楚，又不可不对家事有了解。有时须装糊涂，宽容为怀；有时又要明察秋毫，防微杜渐。

【原文】

为家长者，当以至诚待下，一言不可妄发，一行不可妄为，庶合古人以身教之意。临事之际，毋察察而明[①]，毋昧昧而昏[②]，更须以量容人，常视一家如一身可也。

【注释】

①毋察察而明：意即不要把任何事情都弄得清清楚楚，有时需要糊涂。察察，分析明辨之意。②昧昧：愚昧，昏乱。

（薛放）

明

家人箴

方孝孺

方孝孺（1357—1402），字希直，又字希古，人称正学先生，宁海（今属浙江）人。明朝大臣、学者。宋濂弟子。惠帝时任侍讲学士，燕王（即成祖）兵入京师（今江苏南京）后，他因不肯为成祖起草登基诏书，被杀，凡灭十族（九族及方的学生），死者达870余人。被史书称为忠节之士。有《逊志斋集》。

【提要】

方孝孺是历史上有名的正直忠贞之士，虽然今天看来似乎有点愚忠，但他的品德修养在某些方面是值得我们学习的。比如他认为：做人要绝私，要讲大公之道；修身要自省，有过要常改；要深谋远虑，居安思危；治家不能只重财利，要更重品德礼义；饮食起居要节俭，衣服不美不足羞，品德欠缺却可耻。尤其是他的《杂铭》以身边之物比兴修身之道，循循善诱，深极妙极，颇得教育之道。

【原文】

自省

言恒患不能信，行恒患不能善，学恒患不能正，虑恒患不能远，改过恒患不能勇，临事恒患不能辨。

绝私

厚己薄人，因为自私；厚人薄己，亦非其宜。大公之道，物我同视。循道而行，安有彼此？

虑远

无先己私而后天下之虑，无重外物而忘天爵之贵[①]……无苟一时之安而招终身之累。难操而易纵者，情也；难完而易毁者，名也；贫贱而不可无者，节也贞也；富贵而不可有者，意气之盈也。

择术

古之为家者，汲汲于礼义[②]，礼义可求而得，守之无不利也。今之为家者，汲汲于财利，财利求未必得，而有之不足恃也。舍可得而不求，求其不足恃者而以不得为忧，咄！嗟乎若人！

幼仪杂箴

言

发乎口为臧为否[③]，加乎人为喜为嗔，用乎世为成为败，传乎节为贤为愚。呜呼！其发也，可不慎乎？

取

非吾义，锱铢勿视[④]；义之得，千驷无愧。物有多寡，义无不存。

杂铭

衣

服不美，人不汝尤；德不美，乃汝之羞。

衾

己之温，思人之寒；己之安，思人之艰。

床　屏

蔽汝身，毋蔽汝心。

席

宴安溺人，甚于洪波；溺身可济，心溺奈何？

门

非礼之事勿行，非义之货勿入。

礼义所出，是为清门；悖傲所出，是为祸门；货财所出，是为幸门；仁贤所出，是为德门。

牖⑤

蔽则暗，启则明，克去欲兮，天德乃弘。

大其牖，天光入；公其心，万善出。

食器

毋以一食而忘天下，毋以苟安而忽永图。

适己而忘人者，人之所弃；克己而利人者，众之所戴。

卮⑥

人不嗜水而唯酒之嗜，酒之味美而水无味。呜呼！淡泊者无毒，而好美者可畏，人焉可以不识！

【注释】

①天爵：天然的爵。《孟子·告子》：“仁义忠信，乐善不倦，此天爵也。公卿大夫，此人爵也。”②汲汲：努力追求。③为臧为否：指对人评头论足。臧，善，好。否，坏。④锱铢：古代很小的重量单位，此指很少的财物。⑤牖：窗户。⑥卮：古代酒器。

（马茂军）

示　冕

于谦

于谦（1398—1457），字廷益，号节庵，浙江钱塘（今杭州市）人。明代清官、英雄、诗人。少年时就“慨然有天下己任之志”。他二十三岁中进士，后任江西巡按及巡抚，河南、山西都御史等职，经常视察各地民情，做了不少有利于国计民生的好事。谥忠肃。有《于忠肃集》。

【提要】

于谦对儿子从小就要求很严格，经常不断地督促儿子学习。就是在外出时间，还时常写信寄诗敦促在家的儿子刻苦读书。这首勉学诗就是于谦在奉命巡视边疆时，写给在杭州家中十三岁的儿子于冕，勉励他努力上进的。于冕字景瞻，曾任兵部员外郎、应天府尹等职。

【原文】

阿冕今年已十三，耳边垂发绿鬖鬖①。
好亲灯火研经史②，勤向庭闱奉旨甘③。
衔命年年巡塞北④，思亲夜夜梦江南。
题诗寄汝非无意⑤，莫负青春取自惭⑥。

【注释】

①绿：形容头发的色泽黑得发绿。鬖鬖（sānsān）：头发下垂的样子。②好亲：好好地亲近。灯火：灯光。经史：这里泛指各种书籍。经，指儒家的经典著作。如“四书”“五经”。史，指历史著作，如《春秋》《左传》《史记》等。③庭闱：旧指父母住的地方，这里指代父母。奉：进献。旨甘：即甘旨，美味的食品。这里指向父母奉献美味的食品。④衔命：奉命。巡：巡防。塞北：指长城以北。这里指北部边疆。⑤“题诗”句：我写这首诗寄给你，并不是没有用意的。题诗，写诗。汝，指阿冕。⑥“莫

负”句：不要辜负了大好的青春时光，将来自找惭愧。

（范嘉晨）

示京子（一）

薛瑄

薛瑄（1389—1464），字德温，号敬轩，河津（今属山西）人。明代学者、文学家。永乐进士，宣德中授御史，得罪中官王振下狱，几至被杀。景帝嗣位，任大理寺丞。英宗复辟为礼部右侍郎兼翰林院大学士。卒谥文清。学宗程朱，河东学派的创始人。诗文平正自然，有《薛文清公全集》。

【提要】

这首诗告诫儿子要乘青春年少好好学习，只有学好本领，才能成为有用之材。同时教育儿子要尊老爱幼，不要耽于戏玩，荒废学业。

【原文】

京子今年十七时，青春正好力书诗。
儿童气象都无异，问学熏陶始见奇。
道大必先行孝悌①，业荒须切戒游嬉②。
老来善恶由今日，汝父之言汝细思。

【注释】

①孝：尊敬长辈。悌：顺从兄长。②游嬉：游戏玩耍，不务正业。韩愈：“业精于勤荒于嬉。”

（马茂军）

寄从子希哲

朱瞻基

明宣宗朱瞻基（1398—1435）在位时能任贤纳谏，政治较为清明，与民休养生息，发展生产，注意节俭。史有“明有仁宣，犹周有成康，汉有文景”之论。他是一个较开明的皇帝。

【提要】

这是一封皇帝教导儿子的家书。书中要儿子做三件事：行好事、做好人、交好友。

【原文】

屡得汝平安书，甚慰。自汝之去，吾朝夕思汝，又朝夕忧汝。思，非为别离，惟欲汝做个好人；忧，亦非为汝劳苦，惟恐汝做些不好事。汝今在泾野门下，须服行其言，观法其行，乃真为弟子，否则虽见好人，不行好事，反不如凡夫也。待文王而兴，已非豪杰之士；文王所不能兴汝道，他比得凡夫否？益者三友，损者三友。学，四方人才所聚，若所交俱英才，及忠厚有德者，其益不可胜言。若只泛交，与说闲话，为无益之事，其损亦不可胜言。谨、默二字，可铭诸心。

（马茂军）

示师言（一）

马中锡

马中锡（？—约1512），字天禄，号东田，故城（今属河北）人。明代官员，学者。成化进士，官至右都御史。曾统兵镇压刘六、刘七起义。以诸将怯弱，改为诱降手段，图谋瓦解起义军。所计不成，论罪下狱死。能诗文，有《东田集》。著名小说《中山狼传》一说即其所作。

【提要】

本文针砭时弊，指出当时社会上的纨绔子弟豪奢放纵，不守法纪，结果自己犯法，还贻祸家人。作者谆谆告诫儿子要保持节行，注意修养。

【原文】

近时公卿之子，鲜有不败家辱亲者，盖由安于豢养，不知稼穑之艰难[①]；习于骄恣，不遵礼义之轨度故尔。至登科第，作美官，亦有愈肆放纵，卒至丧其名检，陨其家声，遗笑于世，反不如白身人、贫家子犹有一节一行可观也。此时法禁严峻，入京应试时，须谨慎韬晦，不令人知为某人之子，甚善。凡衣服之华丽，饮食之丰腴，交游之轻佻，言语之夸诞，皆足以贾祸招尤[②]。要当深警而痛绝之，以纾吾忧[③]，不为吾累可也。听之戒之！毋怠毋忽！

【注释】

①稼穑：指农务。稼，播种。穑，收获。②贾祸招尤：意为招来灾难。贾，商人，此指招来。尤，恶。③纾：解除。

（马茂军）

王氏家训

王汝梅

王汝梅（生卒年不详），字济之，华阳（今四川成都市）人。明朝官员、学者。由行人擢礼科给事中，以言事切直忤旨。会世宗从张璁提议，去孔子王号，改称先师，汝梅力争，出为浙江参政卒。

【提要】

这部家训内容很丰富，涉及面很广，在读书治学上，他认为不仅要为功名，更要加强身心品德上的修养；凡事不可贪，然贪书者必成。在做人上，他很有心胸，要以天下为一家，以中国为一人，何等气魄！又说做人当以诚字立根，度量要宏，生活要俭，丈夫处世应发愤自强，不可嫉贤妒能。

【原文】

家庭之间，孝友为重，父兄蔼然，子弟肃然[①]。遇事任理不认气。

治生非治家之谓也[②]。今人多以能治生为善治家，其见谬也。夫治生者，尚积财，只在勤俭上用功夫；治家者，贵平情，要在公私上著心思，是治家即齐家也，非正不可。

今人读书只从功名上起见，塾师如此教，诸生如此学，上不就身心事为上指示[③]，一不就身心事为上体贴，所以读书与做人竟成两道，虽读万卷书，不能受书之益。

一个干净心地，只一欲字污秽了，一个清白世家，只一利字搅乱了。

万事须以一诚字立根脚，即事不败。未有不诚而能成事者。

虚伪诡诈，机谋行径，我非不能，实不为也。非惟天不可欺，即人亦难瞒。

丈夫处世，发奋自强，何事不可为，何地不可到，乃忌人才能，忌人学问，忌人富贵？

骄奢淫惰四字是富贵家子弟雷同病。

男子识见要远，度量要宏。

视天下如一家，中国如一人，此是何等气象！

贪之一字，凡事皆忌，若读书则惟恐不贪多务得。贪书未有不学成者。

【注释】

①肃然：恭敬的样子。②治生：理财，掌握家庭财产事务。③身心：身体与精神。

（马茂军）

庞氏家训

庞尚鹏

庞尚鹏（1524—1580），字少南，南海（今属广东）人。明朝官员。嘉靖进士。曾任右佥都御史，福建巡抚等职。为政颇得民心，浙江、福建、广东人皆感德之，立祠祭祀。有《百可亭摘稿》。

【提要】

这是庞氏为使其子孙，勿“为先人羞”，生活有所“绳束”而作的家训，文字朴直。共分务本业、遵礼度、严约束、崇厚德、端好尚、训蒙歌等十部分。确如前人所言，“是书亦老生常谈，然读之辄令人肃然起敬”。这里录了三则。一、治学的目的是为了使自己的气质有所变化；二、谨言慎语的具体内容；三、平时应谦退但当坚持原则时就要决不妥协。

【原文】

学贵变化气质，岂为猎章句于利禄哉①。如轻浮则矫之以严重，褊急则矫之以宽宏②，暴戾则矫之以和厚，迂迟则矫之以敏迅。随其性之所褊，而约之使归于正，乃见学问之功大。以古人为鉴，莫先于读书。

病从口入，祸从口出。凡饮食不知节，言语不知谨，皆自贼其身③，夫谁咎④？

处身固以谦退为贵，若事当勇往而畏缩深藏，则丈夫而妇人矣⑤。古人言若不出口，身若不胜衣⑥，及义所当为，虽孟贲不能夺⑦，此以义为尚者也。

【注释】

①猎章句于利禄：猎奇章句，求取名利。②褊（biǎn）：狭隘。③贼：伤害。④夫谁咎：又去怪谁呢？夫，发语词，无实义。⑤丈夫而妇人：身为男子汉大丈夫却变得像妇女一样懦弱怕事。⑥不胜衣：承受不住衣服。

⑦孟贲（bēn）：古代勇士，可生拔牛角。夺：指改变他的意志，决心。

（薛放）

示正宪

王守仁

王守仁（1472—1528），字伯安，余姚（今属浙江）人。明朝哲学家、教育家。世称阳明先生。早年反对宦官刘瑾，后镇压农民起义封新建伯，官至南京兵部尚书。创“心学”对抗程朱理学，提出“致良知”“知行合一”的学说，著作由门人辑成《王文成公全书》，其中哲学上最重要的是《传习录》和《大学问》。

【提要】

这首小诗主要谈立志问题，认为对青年人来说，一切皆枝叶小事，唯有立志乃做人根本。

【原文】

汝自冬春来，颇解学文义。
吾心岂不喜，顾此枝叶事①。
如树不植根，暂荣终必悴②。
植根可如何？愿汝且立志。

【注释】

①顾：只是。②悴：干枯。

（马茂军）

衡山寄示可贵儿

周怡

周怡（1505—1569），字顺之，仙源（今安徽黄山）人。明朝官员。嘉靖进士。任吏科给事中，立朝仅一年，就抨击了不少当时有权势的大臣。由于奏书援救尚书许赞，两次坐牢。隆庆初擢太常少卿。陈新政五事，抨击宦官当政，得罪了皇帝，被贬为青州、莱州、登州兵备佥事。

【提要】

这封书信主要讨论人之富贵是天命还是人为的问题。周怡认为命在人不在天，只要努力好学，注意自己的品德修养，就可以人悦神佑，享受和平之福，不然天必败之。

【原文】

人家盛衰，只看后来人如何。后来人贤不肖未必是天生定，亦在人学不学尔。学则检束身心，存养德性，处事接人自循道理，不肯忽略，一起心动念，便恐不合于天，便恐不合于人，便恐得罪于鬼神。守过于厚，不肯流于薄，如此等人，心地光明，行事平易，处富贵可长保富禄，处贫贱可免耻辱，即此便是盛也。若不学之人，但知利己，不顾损人，人我相忒分明，即父子兄弟夫妇间也隔藩篱[①]，分尔我，广大心胸，自割狭小，更何地方容人？更何地方受福？如此等人，处富贵多敛怨[②]，处贫贱不免苦恼，即此便是衰也。人皆谓盛衰天数，如此看盛衰却是人自取也，故曰祸福无不自己求诸。古之智者有言曰："知微君子[③]，必不肯蹈祸患之域。"将见益之盛，不待天损而自损之；荣之极，不待天厚而自辱之。何谓自损？检察己过，自责自克，不敢二过[④]，不敢文过[⑤]，不敢惮改是也[⑥]。何谓自辱？割己之爱与人共之，舍己之所欲与众同之，食甘自菲[⑦]，衣甘自恶，处甘自下是也。能自损则日益，能自辱则日荣，盛衰岂不由人自取哉！吾尝自思前人勤俭辛苦，淡薄积福于我后人受报。若我后人享尽福、受尽报，则我之后人无所受我报矣，可惧！可省！一身吃着有限，吃些粗的，着些粗的，将就用些，却何不可？若分些与人，且不论人感德，只此心亦何等快乐，又何可刻薄取人以自饶也。自心凡事不恼怒，享和平之福，自然人悦神佑，百禄来同。我平日少此一着，自亦觉得无福，但一念心好鬼神悯之，汝不可不以为戒。

【注释】

①隔藩篱：有间隔，相互提防。②敛怨：制造事端，引起别人怨恨。③微：指事物的萌芽。④二过：重犯错误。⑤文过：掩饰错误。⑥惮改：害怕改正错误。⑦菲：古时指萝卜一类的比较粗陋的蔬菜。

（马茂军）

给子应尾、应箕书

杨继盛

杨继盛（1516—1555），字仲芳，号椒山，保定（今河北保定）人。明朝官员。嘉靖进士。任兵部员外郎，以抨击大将军仇鸾误国被贬官。不久再被起用，任兵部武选司员外郎。又抨击权相严嵩入狱受酷刑，被杀。临刑作绝命诗云："浩气还太虚，丹心照万古。生平未报恩，留诗忠魂补。"有《杨忠愍集》。

【提要】

这是节选自杨继盛的临终遗嘱。其中主要教导儿子怎样做人。要立志做个君子，心里想的是要灭私欲、存公道；若是做官，必须正直忠厚，赤心随分报国，不可因父亲为忠受祸而改心易行。对人要谦下诚实，不要贪占便宜。

【原文】

人须要立志。初时立志为君子，后来多有变为小人的；若初时不先立下一个定志，则中无定向，便无所不为，便为天下之小人，众人皆贱恶你。你发愤立志要做个君子，则不拘做官不做官，人人都敬重你。故我要你第一先立起志气来。

心为人一身之主，如树之根，如果之蒂，最不可先坏了心。心里若是存天理，存公道，则行出来，便都是好事，便是君子这边的人。心里若存的是人欲，是私意，虽欲行好事，也是有始无终，虽欲外面做好人，也被人看破你。如根衰则树枯，蒂坏则果落。故我要你休把心坏了。心以思为职，或独坐时，或夜深时，念头一起，则自思曰：“这是好念？是恶念？”若是好念，便扩充起来，必见之行[①]；若是恶念，便禁止勿思。方行一事，则思之：以为“此事合天理，不合天理”？若是不合天理，便止而勿行；若是合天理，便行。不可为分毫违天害理之事，则上天必保护你，鬼神必加佑你，否则天地鬼神必不容你。

你读书若中举进士，思我之苦，不做官也是。若是做官，必须正直忠厚，赤心随分报国。固不可效我之狂愚，亦不可因我为忠受祸，遂改心易行，懈了为善之志，惹人父贤子不肖之笑。

读书见一件好事，则便思量：我将来必定要行；见一件不好的事，则便思量：我将来必定要戒。见一个好人则思量：我将来必要与他一般；见一个不好的人则思量：我将来切休学他，则心地自然光明正大，行事自然不会苟且，便为天下第一等好人矣。

与人相处之道，第一要谦下诚实。同事则勿避劳苦，同饮食则勿贪甘美，同行走则勿择好路，同睡寝则勿占床席。宁让人，勿使人让我；宁容人，勿使人容我；宁吃人亏，勿使人吃我之亏；宁受人之气，勿使人受我之气。人有恩于我，则终身不忘；人有仇于我，则即时丢过。见人之善，则对人称扬不已；闻人之过，则绝口不对人言。有人向你说某人感你之恩，则云“他有恩于我，我无恩于他”，则感恩者闻之，其感益深。有人向你说某人恼你谤你，则云“彼与我平日最相好，岂有谤我恼我之理”，则恼我者闻之，其怨即解。人之胜似你，则敬重之，不可有傲忌之心；人之不如你，则谦待之，不可有轻贱之意。又与人相交，久而益密，则行之邦家可无怨矣。

【注释】

①见之行：在行为上体现出来。

（薛放）

训家人

史桂芳

史桂芳（生卒年不详），字景实，号惺堂，鄱阳（今江西波阳）人。明朝官员。嘉靖进士。性耿介，宗奉陈献章之学。初任歙县知县，比较廉直爱民。督师赵文华檄取万金犒师，他不应。历知延平、汝宁二府。后迁两浙转运使。著有《惺堂文集》。

【提要】

“劳则善心生”“逸则妄念生”，这种说法比陶侃的运砖锻炼身体的见解还要高一层。作者抓住了这一点教育儿孙，可谓得其要领。

【原文】

陶侃运甓①，自谓习劳，盖有难以直语人者。劳则善心生，养德养身咸在焉。逸则妄念生，丧德丧身咸在焉。吾命言儿稽孙，不外一劳字，言劳耕稼，稽劳书史，汝父子其图也。

【注释】

①陶侃运甓（pì）：晋陶侃为广州刺史时，每天白天搬一百块砖到室外，晚上又搬到室内。人家问他这样做的原因，他答道，他正致力于恢复中原国土，生活过于优裕安闲，恐怕不能够成就这番事业，所以每天借搬砖来锻炼，以适应劳苦生活。甓，砖。

（马茂军）

为善说示诸儿

吕坤

吕坤（1536—1618），字叔简，一字心吾或新吾。宁陵（今属河南）人。明代官员、学者。万历进士，任山西巡抚，留意风教，举措公明，升刑部侍郎。坤少时资质鲁钝，读书不能成诵，十五岁读性理书，欣然有会，遂孜孜讲学，以明道为己任，有《呻吟语》《去伪斋文集》。吕坤在启蒙教育方面贡献尤大，所作《续小儿语》《醒世词》《闺范》《好人歌》等在旧时有极其广泛的影响。

【提要】

这篇文章的主题是“善”，善人多遭不幸，但千古的仁人志士仍把向善作为自己的人生目标，因为善是美，是真，是君子的品格。那么怎样为善呢？作者认为要分清善恶，以人为鉴，与人为善，严以律己，宽以待人。

【原文】

善者皆凶，而君子不敢避善以趋吉；善者皆祸，而君子不敢忘善以徼福①。

吾为所当为，如饥之食，渴之饮；吾不为所不为，如饥不食堇②，渴不饮鸩耳③。

君子较其厚薄，观人审己，和平奖劝以远辱耻。是故有薄责于人为是，而攻之恶为非者，引类是（善）也。

【注释】

①徼（yāo）福：求福。徼，通“邀”。②堇：多年生草本植物，有毒。③鸩：鸟名。羽毛有毒，以之蘸酒，饮者即死。渴不饮鸩是说再渴也不喝含有鸩毒的饮料。

（马茂军）

闺　范

吕坤

【提要】

《闺范》先列嘉言，次载善行，后附图画，终以赞言。清人将其中精彩部分录为一卷，去掉图画刊行，内容不及原书十分之三四。这部书将古代贤德女子的事迹按类分编，有尊敬丈夫、夫唱妇随而使丈夫功成名就的冀缺妻和桓少君，有严厉教子勤奋学习以成名的孟母，有教子为官清廉的卢氏，有以大义劝谏夫君的乐羊子妻，有抚养爱护小姑甚于己女的欧阳氏。每条事迹之后都有吕坤的赞语。

夫妇之道

【原文】

《易》之《家人》曰："夫夫妇妇，而家道正。"夫义妇顺，家之福也。故择夫妇之贤者以示训焉。

晋冀缺耨[①]，其妻馌[②]，夫妇相敬如宾。晋大夫臼季过而见之[③]，载以归，言诸文公曰[④]："敬，德之聚也。能敬必有德，德以治民，君请用之。"文公以为下军大夫[⑤]。

【注释】

①冀缺：春秋时晋国人。以其父封于冀，故称冀缺。晋文公时重封冀地。晋成公时为执政。卒谥成子。耨（nòu）：除草。②馌（yè）：给耕作者送食。③大夫：官名。臼（jiù）季：即胥臣，春秋时晋国大夫，以封地在臼，称臼季。④文公：晋文公（前697—前628），春秋时晋君，名重耳，献公之子。献公信宠姬杀太子申生，重耳惧祸逃亡，在外十九年，后返国为君，为文公。他任贤臣辅政，尊周王室，称霸诸侯。在位凡九年。⑤下军：春秋时晋国军队分称中军、上军、下军。

【译文】

《周易》的《家人》篇说："夫像夫，妇像妇，家道就可以端正。"夫唱妇随，是家庭的福分。所以选择夫妇中相处极好的例子做示范训导女子。

晋国人冀缺在田中除草，他的妻子到田里送饭，夫妇之间互相尊重如同对待宾客。晋国大夫臼季从旁经过看见，用车将他们载到京城。臼季对晋文公说："敬重，是德行聚集的缘故。能敬重别人必定有德行，德行好可以治理民众，请君主任用冀缺。"晋文公就封他做了下军大夫。

【原文】

汉鲍宣妻桓氏①，字少君。宣尝就少君父学，父奇其清苦，以少君妻之，资装甚盛。宣不悦，曰："少君生富骄，习美饰，而吾实贫贱，不敢当。"妻曰："大人以先生修德守约②，故使妾待执巾栉③。既承奉君子，唯命是从。"宣笑曰："能如是，是吾志也。"妻乃悉归侍御服饰，更著短衣裳，与宣共挽鹿车归乡里。拜姑礼毕，提瓮出汲，修行妇道，乡邦称之。

【注释】

①鲍宣：西汉高城（今河北盐山东南）人，字子都。好学明经。历豫州牧、谏大夫、司隶。王莽专权，以其不附，逮之入狱，自杀死。②大人：对长辈的尊称。这里系少君称其父。③巾栉（zhì）：巾用以拭手，栉用以梳发。巾栉指洗沐用具。古代以侍候丈夫起居饮食为妻妾的本分，所以用作为人妻的谦辞。

【译文】

西汉鲍宣的妻子桓氏，字少君。鲍宣曾拜少君的父亲为师，少君父很欣赏他出身贫苦，品行却很高洁，便把少君嫁给他，陪嫁的财物十分丰富。鲍宣不高兴，他说："少君生来富贵娇气，习惯穿戴精美的衣饰，然而我的确贫困，不敢娶少君为妻。"少君说："我父亲因为先生德行高洁遵守信义，所以使我成为你的妻子。既然已嫁你为妻，当然只听从你的吩咐。"鲍宣笑着说："你能这样做，真是我的理想中的妻子啊。"少君于是把所有的嫁妆都归还侍御，换上平民穿的短衣，和鲍宣一同赶着鹿车回到乡里。拜见婆婆之后，她就提着瓮出去接水，按媳妇之道行事，乡里百姓都称赞她。

妇人之道

【原文】

妇人者伏于人也。温柔卑顺，乃事人之性情；纯一坚贞，则持身之节操。至于四德，尤其所当知。妇德尚静正，妇言尚简婉，妇功尚周慎，妇容尚闲雅。四德备，虽才拙性愚，家贫貌陋，不能累其贤；四德亡，虽奇能异慧，贵女芳姿，不能掩其恶。今采古人之贤者。

乐羊子妻，不知何氏女。羊子尝行路①，得遗金一饼，与其妻。妻曰："妾闻'志士不饮盗泉之水②，廉者不受嗟来之食③'，况拾金以污其行乎？"羊子大惭，乃捐金于野。

尝远寻师学，一年来归。妻跪问故，羊子曰："久行怀思，无他意也。"妻乃引刀就机而言曰："此织生于蚕茧，成于机杼④。一丝之累，以及于寸，累寸不已，遂成丈匹。今若断斯织也⑤，则捐成功，废时日。夫子积学⑥，当日有成，若中道而归，何异断斯织乎？"羊子感其言，还就学，七年不反⑦。妻躬勤养姑，又远馈羊子⑧，俾之卒业⑨。

尝有盗入其家，欲犯之，不得。乃劫其姑⑩。妻闻，操刀而出。盗曰："速从我！不从我，杀汝姑。"仰天恸哭，举刀刎颈而死⑪。盗大惭，舍其姑而去。太守闻之⑫，赐钱帛，以礼葬之。号曰"贞义"。

【注释】

①尝：曾经。②妾：谦辞，旧时妇女自称。盗泉：古泉名，故址在今山东泗水县东北。因《淮南子·说山训》曾有"曾子立廉，不饮盗泉"之说，故旧时常以"盗泉之水"比喻以不正当手段得来的东西。③嗟：招呼声。泛指带有侮辱性的施舍。《礼记·檀弓下》记载：齐国闹饥荒，有个叫黔敖的人在路上准备了饭菜，等待饥饿者来给他们吃。每逢有人来时，黔敖就一手拿吃的，一手拿喝的对乞食的人说："嗟，来食！"态度很轻蔑，后来就把"嗟来之食"比作带侮辱性质的施舍。④机杼：织布的梭子。⑤斯：此，这个。⑥夫子：古代对男子的敬称。⑦反：同"返"，返回。⑧馈：赠送。⑨俾：使。卒业：完成学业。⑩劫：胁逼。⑪刎：割断。⑫太守：汉代郡一级行政的最高长官。

【译文】

妇人是依附别人的。性格温柔，卑而从顺，是侍奉别人应具备的性情；纯洁专一，坚贞不渝，是立身应具有的节操。至于四德是更应该知道的。妇人的德行崇尚文静纯正，妇人的言谈崇尚简洁委婉，妇人的女工崇尚周正细致，妇人的容貌崇尚朴素高雅。四德具备，虽然才气拙，性情愚，家境贫穷，容貌丑陋，也不能损害她的贤德；四德消亡，虽然本领奇异智慧超人，出身高贵，容貌美丽，也不能遮掩她的丑恶。现在选择古代贤惠妇人的事迹记录下来。

乐羊子的妻子，不知是谁家的女儿。羊子曾在路上拾了一块金子，拿回家交给妻子。妻子说："我听说'有志之士不饮盗泉之水，廉洁之人不受嗟来之食'。何况拾别人丢失的金子来玷污自己的品行呢?"羊子听了十分惭愧，就把拾来的金子弃掷到野地里。

羊子曾经到远处寻师求学，一年之后回到家里。妻子跪下问他回家的原因，羊子说："外出时间长了想念你，没有其他意思。"妻子就拿起刀子走到织布机跟前说："这些织物最早在蚕茧里生长成丝，在织机上织成布。一丝一丝地积累到一寸，又一寸一寸不停地积累就成了一丈一匹的布。现在如果把这些织物割断，就舍弃了成功的希望，白白荒废了时间。您现在外出求学，积累知识，应当每天都有所成就，如果中途而归，和割断这个织物有什么两样呢?"羊子被她的话所感动，仍然回到求学的地方，专心学习七年都没有回家。妻子在家辛勤劳动赡养婆婆，还给远方的羊子送去财物，使羊子顺利地完成学业。

曾有强盗进入羊子家，想侮辱羊子的妻子，没有达到目的。强盗就胁迫她的婆婆。羊子妻听见了，就拿着刀出来。强盗说："赶快顺从我！不顺从我，就杀你婆婆。"羊子妻抬头望着上天放声恸哭，举刀割断脖子自杀而死。强盗十分惭愧，就放了她的婆婆离开了。太守听说了这件事，赐予很多钱物，按照礼节隆重地埋葬了羊子的妻子，并赐予"贞义"的称号。

贤　妇

【原文】

爱夫以正者也。成其德，济其业，恤其患难，皆正之谓也。

高叡妻[①]，秦氏女也。叡为赵州刺史[②]，为默啜所攻[③]，州陷。叡仰药不死[④]，众舁至默啜所[⑤]。默啜示以宝刀异袍曰："尔欲之乎[⑥]？降我当赐尔官，不降且死。"叡视秦，秦曰："君受天子恩，贵为刺史。城不能守，乃以死报，分也。即受贼官，虽阶一品，何荣之为？"自是皆瞑目不语。默啜知不可屈，乃并杀之。

【注释】

①叡（ruì）：睿的异体字。②刺史：官名，唐时州最高长官。③默啜：唐时突厥首领。④仰药：指喝毒药。⑤舁（yú）：抬。⑥尔：你。

【译文】

用正直之义爱自己的丈夫，助成丈夫的美德，帮助丈夫成就业绩，体恤丈夫的患难，都是正直的妇人。

高叡的妻子，是秦氏女。高叡任赵州刺史时，被突厥默啜所攻，赵州失陷。高叡喝了毒药想自杀但没有死成，被众人抬到默啜的府中。默啜拿出宝刀和异族官服给他看，并说："你想要这些东西吗？投降我就给你官做，不投降就杀死你。"高叡看了看秦氏，秦氏说："您承受唐朝天子的恩德，官做到州刺史，城池失陷不能据守，以死相报，这是我们的本分。如果接受贼人的官职，即使做到一品大官，又有什么荣耀呢？"此后两人都闭上眼睛不再说话，默啜知道他们不会屈服，就把他们一块杀了。

母　道

【原文】

母不取其慈而取其教，溺爱姑息，教所难也，继母不责其教而责其慈，忌嫌憎恶，慈所难也。慈母不传，而慈继母传，为继母者可以省矣。乳保列于八母，故亦附焉。

礼母教之以礼，正家以礼者也。若孟母[①]，礼不足以尽之，而事归于礼，故以礼名。

孟母，仉（zhǎng）氏。舍近墓，孟子少嬉戏为墓间事[②]。母曰："此非吾所居。"乃去舍市旁。孟子嬉戏为贾衒卖事[③]。母曰：

“此非吾所居。”复徙舍学宫之旁④。孟子嬉戏乃设俎豆⑤，揖让进退。母曰：“可矣。”遂居之。乃孟子长，学六艺而归⑥，母方织，问学所至。孟子曰：“自若也。”母以刀断其织，曰：“子废学，若吾断斯织也。夫君子学以立名，问则广知，奈何废之?”孟子惧，旦夕勤学。

【注释】

①孟母：战国时思想家、政治家、教育家孟轲之母。史传其“三迁”“断织”以教孟子。②孟子：即孟轲（约前372—前289），字子舆，邹（今山东邹城东南）人。受业于子思门下，是战国时儒家代表人物。与孔子合称为“孔孟”。③贾：商人。衒（xuàn）：夸耀。④学宫：学舍。⑤俎豆：俎和豆都是古代祭祀用的器具。⑥六艺：一为“六经”，即《诗》《书》《礼》《易》《乐》《春秋》。一为古代学校的教育内容，即礼、乐、射、御、书、数。

【译文】

母亲之道不是以慈爱为好，而是以擅长教诲为佳，无原则地溺爱宽容子女，就无法教育子女。对继母不责成她教育子女而责成她对子女慈爱，忌嫌憎恶前妻子女，就无法做到慈爱。慈母的事迹不为世上流传，而慈继母的事迹却被流传，身为继母的人可以从中得到启示的。乳母列于八种母亲之中，所以也附在里面。

礼母，指以礼教育子女、以礼端正家风的母亲。像孟子之母，任何礼都不足以比拟她的事迹，然而她所行之事属于礼的范畴，所以以礼来定名。

孟母，仉氏，最初住在坟墓旁边，孟子小时候玩耍仿效墓间的事情。孟母说：“这不是我们应该住的地方。”于是搬到集市旁边居住。孟子又模仿商人叫卖吆喝的事情。孟母说：“这也不是我们应该居住的地方。”又搬到学舍旁居住。孟子游戏时就设置俎豆，模仿祭祀，拱手揖礼。孟母说：“可以了。”于是定居此地。等孟子长大后学习六艺归来，孟母正在纺织，问他学得如何。孟子回答说：“像原来的样子。”孟母用刀割断了正在织的布，说：“你停止学习，就像我割断了正在织的布一样一无所成。君子学习来显身扬名，多学多问才能知识广博无所不知，为什么停止学习？”孟子害怕了，于是不分白天黑夜勤奋学习。

【原文】

正母望子以正者也。无儿女之情，惟道义是责。

范滂母[①]，有贤行。汉灵帝建宁中，大诛党人[②]。诏捕滂。滂诣狱，其母就之诀。滂白母曰：“仲博孝敬[③]，足以供养。滂从龙舒君归黄泉[④]，存亡各得其所。惟大人割不忍之恩，勿增感戚。”母曰：“汝今得与李杜齐名[⑤]，死亦何恨？既有令名，复求寿考，可兼得乎？”滂跪受教，再拜而辞。

【注释】

①范滂（pāng）（137—169）：东汉汝南征羌（今河南郾城东南）人，字孟博。初为清诏使，迁光禄勋主事。后为汝南太守宗资属吏，抑制豪强并与太学生结交，反对宦官。延熹九年（166），尝被捕，次年释放，后再度被逮，死于狱中。②大诛党人：此指第二次“党锢之祸”。灵帝即位后，外戚窦武专权，起用党人，滂等谋诛宦官，事泄被杀。③仲博：范滂弟。④龙舒君：范滂父。黄泉：指人死后埋葬的地穴，亦指阴间。⑤李杜：李膺、杜密。

【译文】

正母，指盼望子女行事端正。没有儿女之情，指用道义教导子女的母亲。

范滂的母亲，有贤行。汉灵帝建宁年中，朝廷大规模地诛杀党人。皇帝下诏逮捕了范滂。范滂被押往监狱之前，他的母亲去与他诀别。范滂对母亲说：“弟弟仲博非常孝敬，完全能够供养你。滂追从父亲归于黄泉之下，生与死各得其所。希望母亲能割断不忍与儿子分离的恩慈，不再增添伤痛悲感。”母亲说：“你今天能与李膺、杜密齐名，死又有什么遗憾呢？已经得到了美名，又想追求高寿，两者可以同时得到吗？”范滂跪着接受了母亲的教诲，行了再拜礼然后辞去。

【原文】

仁母以慈惠教子者也。一念阴德，及于万姓。

隽不疑为京兆尹[①]，行县录囚还，其母辄问。有所平反，母喜笑，饮食言语异于他时。或无所出，母怒，为之不食。由是不疑为吏不残。君子谓不疑母能以仁教。

【注释】

①隽不疑：字曼倩，西汉渤海（治今河北苍州东）人。精通《春秋》。武帝末为青州刺史，昭帝初为京兆尹。为政严而不残，后以病免。京兆尹：汉三辅之一。秦置内史官，掌治京师。汉景帝二年，分置左右内史。武帝太初元年，改右内史为京兆尹，下辖十二县。其长官也称京兆尹。

【译文】

仁母，是指以仁慈柔和教育子女的母亲。暗中一个仁德的念头，往往恩泽于上万的百姓。

隽不疑任京兆尹时，每次去县衙省察记录囚徒的罪行回来，他的母亲就问他囚徒的事情。有平反的罪犯，母亲就很高兴，饮食言语与平时大不一样。如果没有平反的，母亲就很生气，为此连饭也不吃。因此隽不疑做官不残酷。德行才能出众的人说，隽不疑的母亲能用仁义教诲儿子。

【原文】

廉母，以贪戒子者也。妇人廉，世所希，故录之。

唐崔元玮母卢氏[①]。尝戒元玮曰：“吾闻姨兄辛元驭云：‘儿子从宦者，有人来云贫乏不自存，此是好消息。若赀货充足，裘马肥轻[②]，此是恶消息。’吾尝以为确论。比见亲表中仕宦者[③]，务多财以奉亲，而其亲不究所从来，但以为喜。若出乎禄廪[④]，可矣。不然，何异盗乎？纵无大咎，独不内丑于心？汝今为吏，不务洁清，无以戴天履地。宜识吾意。”故元玮所至以清白著。

【注释】

①崔元玮：即崔玄玮。唐博陵安平（今河北深县）人。武后中宗时人。历官中书舍人、中书侍郎、中书令，封博陵郡公、博陵王。为官以清谨见

称。后贬白州司马，道病卒。②裘马：皮衣车马。③表：表亲。凡外姻皆称表。④禄：俸禄。禀：赐人以谷。

【译文】

廉母，劝诫儿子不要贪赃的母亲。妇人廉洁，世上稀少，所以记录于此。

唐朝崔元暐的母亲卢氏，曾经告诫元暐说："我听姨表兄辛元驭说：'自己的儿子当官，有人来拜见说儿子贫困无法维持生活，这是好消息。如果资产物品充足，坐车马，穿皮衣，生活豪华，这是坏消息。'我认为说得非常正确。近来看到亲戚中当官的人，尽力多进献财物给亲人，而他的亲人也不问财物来自何方，只认为是好事。如果这些财物出于俸禄，是可以的。如果不是，与盗窃有什么差别呢？即使没有大罪过，难道内心不以为丑吗？你现在当了官，如果不致力清廉，就不能顶天立地活于世间。你应该懂得我的意思。"所以崔元暐所任多职，都以清白著称。

【原文】

严母，威克缺爱者也。有父道焉。

陈尧咨母冯氏[①]，有贤德。尧咨善射，为荆南太守[②]，秩满归谒其母。母曰："尔典名藩，有何异政？"对曰："州当孔道，过客以儿善射，莫不叹服。"母曰："忠孝以辅国，尔父之训也。尔不行仁政，以善化民。顾专卒伍一夫之技，岂父之训哉？"因击之以杖，金鱼佩袋坠地[③]。

【注释】

①陈尧咨：字嘉谟，北宋阆州阆中（今四川阆中市）人。北宋官员历任制诰、龙图阁直学士、翰林学士，后又任武信军、天雄军节度使。②荆南：府名，后改江陵府，今湖北江陵、公安一带。太守：官名，州郡最高行政长官。③金鱼：唐制三品以上官服紫衣，佩金符，刻鲤鱼形，谓之金鱼。宋沿之。

【译文】

严母，威严苛急而缺少慈爱的母亲，有父亲训子之道。

陈尧咨的母亲冯氏，有贤德。陈尧咨擅长射箭，任荆南太守职，期满归家进见母亲。母亲问他：“你掌管有名的州府，有什么突出的政绩？”尧咨回答说：“荆州正当交通要道，过往客人因为儿精于射术，没有不赞叹称服的。”母亲说：“尽忠尽孝辅助国家，这是你父亲的教导。你不实行仁爱的政策，用善良教导民众。一心显示一个普通兵士的技能，难道是你父亲的教导吗？”于是用杖捶打他，尧咨的金鱼佩袋被打落地上。

【原文】

智母，达于利害之故者也。

孙叔敖为儿时①，外游见两头蛇，杀而埋之，归见其母而泣。母问故，对曰：“吾闻见两头蛇者死，今者出游见之。”其母曰：“蛇安在？”对曰：“吾恐他人复见，杀而埋之。”其母曰：“汝不死矣。夫有阴德者②，必有阳报。德弭众妖，仁除百祸，《书》不云乎？‘皇天无亲③，惟德是辅。’你默矣，必兴于楚。”及叔敖长为令尹④。君子谓叔敖之母知天道。

【注释】

①孙叔敖：春秋时楚国人。为楚令尹。相传其三任令尹而不喜，三次去职而不悔。②阴德：指暗中做的有德于人的行为。③皇天：天。④令尹：春秋时楚国最高的官职。

【译文】

智母，指通晓利害关系的母亲。

孙叔敖小的时候，在外游玩看见了两头蛇，他杀死蛇并把它埋葬，回家见到母亲就哭泣起来。母亲问他为什么哭，他回答说：“我听人说看见两头蛇的人要死的，今天我出去玩看见了两头蛇。”他的母亲问道：“蛇现在在哪里？”叔敖说：“我担心其他人又看见这两头蛇，就把它杀死然后埋了起来。”他的母亲说：“你不会死的。暗中有德于人，在人世间一定会有回报。德行能制止众多妖魅，仁义能消除成百的祸害，《尚书》上不是讲过吗？‘天是没有私心的，只是看谁有德行就会帮助谁。’你把这事保密不讲，一定会在楚国发达。”等叔敖长大后果然成为楚国的令尹。君子都说叔敖的母亲了解天道。

【原文】

慈继母，恩及前子者也。

珠崖令死[1]，后妻生子，九岁，前妻之女名初，十三岁，相携扶榇以归[2]。法，携珠入关者死。继母有珠系臂，弃之，其子拾而置之母奁[3]，皆不知也。至海关，关吏索之，得珠，曰：“嘻，死矣！谁当坐者？”初恐母服罪，对曰：“父亡之日，母弃系臂。初心异惜之，取而置诸镜奁，母不知也。”继母亦以初为实，然怜之，因谓吏曰：“愿且待，幸勿劾儿，儿诚不知也。夫不幸，妾解系臂，忘而置诸奁中，妾当坐。”初固曰：“母哀初孤，而强活之，初当坐，母不与也。”相与涕泣哽咽。送葬者尽哭，路人莫不下泪。关吏执笔垂泣不能就一字，乃曰：“吾宁坐之，不忍刑慈母、孝女也。”俱遣之。后乃知其男也。

【注释】

①珠崖：亦作“朱崖”，郡名，汉置。位于大海中崖岸之边，出珍珠，故名。令：官名。秦汉时县官辖区万户以上叫令，万户以下叫长。②榇（chèn）：棺。③奁（lián）：古代妇女梳妆用的镜匣。

【译文】

慈祥的继母对丈夫前妻留下的孩子也很爱护。

珠崖郡一个县令死了，他的后妻生有一个儿子，九岁，前妻有一个女儿名初，十三岁，互相搀扶护送棺材回归故乡。法律规定，私自携带珍珠入关的人，死罪。继母原先有珍珠套在手臂上，这时解下抛掉，她的儿子拾起来放在母亲的镜匣中，人们都不知道。到了海关，关吏搜查行李，发现了珍珠，说：“嘻，这是死罪呀！谁应当获罪？”初担心母亲认罪，回答说：“父亲死的那天，母亲从手臂上摘下丢掉。我觉得可惜，捡起放在镜匣里，母亲并不知道。”继母也认为初说的是实话，然而非常可怜她，于是对关吏说：“希望稍等一下，最好不要处罚女儿，女儿实际并不知道这回事。我丈夫不幸死去，我从臂上解下，忘记了就放入镜匣中，我应当获罪。”初坚持说：“母亲可怜我是孤儿，竭力想使我活下来，我应当获罪，母亲并不关这事。”继母与女儿相对痛哭，哽咽不止。送葬的人都感动地哭了，过往行人没有不掉泪的，关吏手中拿着笔，眼中流着泪，一个字也写不成，于是他说：“我宁可因释放你们而获罪，也不忍心加刑于慈母和孝女。”将母子三人都送过关。后来继母才知道是自己的儿子拿的珍珠。

【原文】

李穆姜，南郑人①，安众令程文钜之妻也②，有二子。而前妻四子以穆姜非所自出，谤毁日积。穆姜衣食抚育，皆倍所生。或谓母：“四子甚矣，何以慈为？”对曰：“四子无母，吾子有母。设吾子不孝，宁忍弃乎？”长子兴，疾困笃③，母亲调药膳，忧劳憔悴④。兴愈，呼三弟谓曰：“继母慈仁，出自天性。吾兄弟禽兽其心，惭负深矣。”逐将三弟诣县⑤，陈母之德，状己之罪，乞就刑。县言之郡，郡守表其母，四子许令自新，皆为孝子。

【注释】

①南郑：县名，在今陕西省西南部，汉江上游。②安众：县名，故址在今河南省镇平东南。③笃：沉重。④憔悴：困顿萎靡的样子。⑤将：带着，带领。诣：前往，去到。

【译文】

李穆姜是南郑人，安众县令程文钜的妻子，有两个孩子。而程文钜前妻的四个儿子认为穆姜不是他们的亲生母亲，就天天毁谤她。穆姜对他们四人的衣食抚育，都远远地超过了自己的亲生孩子。有的人就对她说：“这四个孩子太过分了，你为什么对他们还那么慈爱呢？”穆姜说：“那四个孩子没有母亲，而我的孩子有母亲。假如我的儿子不孝顺，难道也忍心抛弃他们吗？”四子中的长子名兴，得了很重的病，穆姜亲自为他调理熬药做饭，忧愁劳累面容憔悴。兴的病好了，把三个弟弟叫到跟前说：“继母慈爱仁厚，出自天性。我们兄弟的心肠像禽兽，惭愧辜负她已经很深了。”就带领三个弟弟去县里，向县官陈述继母的恩德，诉说自己的罪过，请求受刑法的惩罚。县官把这件事报告给郡守，郡守表彰了他们的母亲，允许这四个孩子悔过自新，后来这四个孩子都成了孝子。

【原文】

慈乳母，所保他人子也。只以受人之托，遂尽亲爱之情，或身与俱死，或以子代死。为人保子，义当如是。

秦攻魏，破之，杀魏主瑕，诛诸公子①，而一公子不得，令魏国曰："得公子者，赐金千镒②，匿之者，夷三族③。"乳母与公子俱逃。魏故臣见乳母而识之，曰："公子安在？"母曰："不知。虽知之，不可以言。"故臣曰："国破族灭，子尚为谁乎？且千金，重利也，夷族，极刑也。汝其图之。"母曰："见利而反上者，逆也；畏死而弃义者，乱也。今持逆乱而求利，吾不为。且为人养子者，务生之，非为杀之也。岂可利赏，畏诛，废正义而行逆节哉？"遂逃公子于泽中。故臣以告，秦军争射之。乳母以身蔽公子，遂同死焉。秦王闻之，以卿礼葬乳母④，祠之太牢⑤，宠其兄为五大夫⑥，赐金百镒。

【注释】

①公子：指魏王的儿子。②镒：古重量单位。二十两为一镒。又云二十四两为一镒。③夷三族：古时一种酷刑。夷，诛灭。三族，指父族、母族、妻族。④卿：古代高级长官或爵位的称谓。⑤太牢：指祭祀时并用牛、羊、猪三牲。⑥五大夫：官名。秦时为封爵中第九等封爵。

【译文】

慈乳母，是为别人哺育幼儿。只因为受了别人的托付，于是付出全部亲切爱护的感情，有的与所哺育的幼儿同死，有的以自己的儿子代死。为别人哺育幼儿，理当如此。

秦军进攻魏国，消灭了魏国，杀掉魏国君主瑕，并诛杀魏国公子，然而还是有一个公子跑掉了，于是传令魏国说："抓到公子的人，赏赐黄金一千镒；隐藏公子的人，诛灭三族。"公子的乳母和公子一块儿逃亡。魏国有个旧臣见到乳母并认出了她，问她说："公子在哪里?”乳母回答说:“不知道。即使知道,也不会告诉你。”旧臣说:“国已经破了,族已灭了,你还为谁尽忠呢?况且千金的赏赐是丰厚的,而夷三族是最重的刑罚。你仔细考虑一下。”乳母说:“看见利益就背叛君主的人,是叛逆;害怕死亡就背信弃义的人,是小人。现在让我背着叛逆小人的恶名去追求利益,我决不做。况且为别人哺育儿子,一定要努力抚养成人,并不是要杀掉他。难道可以因为贪图赏赐,惧怕诛杀,就废弃正义而叛逆吗?”于是她带公子逃到泽中。旧臣报告秦军,秦兵争着用箭射击。乳母用自己的身体遮护公子,于是与公子同时死去。秦王听到此事,用对侍卿的礼仪埋葬了乳母,用太牢之礼祭祀,并封乳母的兄弟为五大夫,赏赐黄金一百镒。

姊妹之道

【原文】

姊妹,女兄弟也。气分一体,情自相关。先王以妇人内家也[①],每割恩焉[②],然亲爱出于天性,则休戚岂同路人[③]?取其笃情重义者,不敢尽以中道律之也[④]。

齐攻鲁,至郊望见一妇人,抱一儿,携一儿,军且及矣,弃其所抱,抱其所携而走。儿随而啼,妇人不顾。齐将问儿走者谁,曰:“吾母也。”齐将追而问妇,对曰:“所抱者兄子,所弃者妾之子也。军至,力不能两存,宁弃妾子耳。”齐将曰:“兄子与己子孰亲?”妇人曰:“己之子,私也;兄之子,公也。子虽痛乎,独谓义何?”于是齐将按兵而止,使言于君曰:“鲁未可伐也。山泽妇人犹知行义,而况士大夫乎[⑤]?”遂还。鲁君闻之,赐妇人束帛百端[⑥],是曰“义姑姊”。君子曰:“义其大哉!虽在匹妇,国犹赖之。”

【注释】

①内家:指皇宫。封建时代皇宫称大内,故也称内家。②割恩:弃绝私恩。③休戚:喜悦与忧愁。路人:喻彼此无关的人。④中道:即中庸之道。指不偏不倚,无过无不及。⑤士大夫:古指做官有职位的人。⑥束

帛：古代用为聘问的礼物。也用作婚丧、朋友相赠的礼品。帛五匹为束。

端：古布帛长度单位。布以六丈为一端。

【译文】

姊妹，是女性兄弟。气质出自一体，情感自然相连。先王把妇人选入内宫，妇人往往就弃绝私恩，然而亲爱之情出于天性，那喜悦与忧愁又怎能形同路人而不相关？这里录取笃情重义的事迹，不敢完全以中庸之道评论。

齐国的军队进攻鲁国，到达鲁国都城郊外时望见一个妇女，怀中抱着一个小孩，手里拉着一个小孩。军队将要赶上她时，她扔下怀中的小孩，抱上手中拉着的小孩继续跑。原先抱着的小孩随即大哭，妇人也不管。齐军将领问小孩跑的妇人是谁，小孩回答说：“她是我的妈妈。”齐军将领追上妇人责问她，妇人回答说：“我现在抱的是我兄弟的孩子，扔下的是我的孩子。军队马上就要赶上我，我的力量无法保全两个，所以宁愿舍弃自己的孩子。”齐军将领问道：“兄弟之子与自己的孩子哪一个亲?”妇人说：“保存自己的孩子，是自私的行为；保存兄弟的孩子，是无私的行为。失去自己的孩子虽然痛苦，但和义比起来微不足道。”于是齐军将领下令军队停止前进，派使者对齐国国君说：“鲁国是不能讨伐的。山野的妇人还知道按义行事，何况鲁国的士大夫呢?”于是返回。鲁国国君听说此事后，赏赐给这个妇人一百端束帛，称她为“义姑姊”。君子说：“义的作用实在很大啊！虽然是个普通的妇女，国家安危还依赖于她。”

姒娣之道

【原文】

姒娣，今所谓妯娌也[①]。异姓而处人骨肉之间，构衅起争，化同为异，兄弟之斧斤也[②]。录古今贤妯娌。

昌化章氏[③]兄弟二人皆未有子。兄先抱族人子育之，未几其妻生子诩。弟曰：“兄既有子，安用所抱之儿为？幸以与我。”兄告其妻，妻曰：“无子而抱之，有子而弃之，人谓我何?”弟固请，嫂曰：

"无已，宁与我所生。"弟不敢当，嫂竟与之。后二子皆成立。长曰栩，季曰诩。栩之子樵、标，诩之子铸、鑑，皆相继登第④，遂为名族。

【注释】

①妯娌：兄弟妻合称妯娌。②斧斤：斧子，此指争端。③昌化：县名，今浙江临安。④登第：及第。古代科举考试，考中称及第。

【译文】

姒娣，即是今天所说的妯娌。不同的姓氏而以骨肉之亲相处，如果挑起事端引起争斗，化同心为异心，就是砍断兄弟之情的斧子。这里录下从古到今相处和睦的妯娌事迹。

昌化县章姓人家，兄弟俩都没有儿子。兄长先抱了同族人的儿子抚养，没有多久妻子就生了儿子诩。弟弟说："哥哥已经有了儿子，还养着抱养的孩子干什么？希望能把他给我。"哥哥告诉了他的妻子，妻子说："没有儿子时就抱养人家的孩子，有了儿子就抛弃他，人家会怎么议论我呢？"弟弟坚持要，嫂子就说："如果你真心想要，我宁愿把亲生的给你。"弟弟不敢接受，嫂子最终给了他。后来两个孩子都成家立业。大的叫栩，次的叫诩。栩的儿子樵、标，诩的儿子铸、鑑，都相继考中进士，于是成为有名望的家族。

姑嫂之道

【原文】

舅姑之女，兄弟之妻，分莫亲，情莫厚者也。然二人者每不相得，则女过为多矣。父母无终身之依，姊妹非缓急之赖，继父母者而亲我者谁也？独奈何恃目前城社伤后日松萝哉①？夫君子言古道，不计世情，余云云，为儿女子说也。

欧阳氏，宋人，适廖忠臣。逾年而舅姑死于疫，遗一女闰娘，才数月。欧阳适生女，同乳哺之。又数月，乳不能给，乃以其女分邻妇乳，而自乳闰娘。二女长成，欧阳于闰娘每倍厚焉。女以为言，欧阳曰："汝我女，小姑祖母之女也。且汝有母，小姑无母，何可相同？”因泣下。女愧悟，诸凡让姑，而自取余。忠臣后判清河[②]，二女及笄[③]，富贵家多求侄女。欧阳曰：“小姑未字[④]，吾女何敢先？且聘吾女者，非以吾爱吾女乎？其问诸邻人。”卒以富贵家先闰娘，簪珥[⑤]、衣服、器用，罄其始嫁妆奁之美者送之，送女之具不如也。终其身如是。闰娘每谓人曰：“吾嫂，吾母也。”欧阳殁，闰娘哭之至呕血，病岁余。闻其哭者，莫不泪下。

【注释】

①城社：比喻靠山或权势。松萝：地衣类植物，常寄生于松树上。因喻夫妻和睦相处，也泛指一般和睦融洽。②清河：地名。治所清阳（今河北清河东南）。判：古时官制，以高官兼任低职称判。③及笄：古代女子十五岁为“及笄”，表示已到出嫁年龄。笄，簪。④字：旧称女子许嫁为字。⑤簪：插定发髻或冠的长针。珥：耳饰。

【译文】

公婆的女儿、兄弟的妻子，是情分不亲，感情不深厚的。然而双方常常不能和睦，大都是女儿的过错比较多。父母不能做终身的依靠，姊妹不是遇到急事时能依赖的，继父母之后而能疼我爱我的又是谁呢？为什么偏偏要仗恃眼前的权势欺负嫂嫂而伤以后的和气和友爱呢？君子只讲古时的道理，不体察现世的民情，我还是为今天的年轻人说说吧。

欧阳氏是宋代人，嫁给廖忠臣。过了一年，公婆均死于疫病，留下一个女孩叫闰娘，才几个月。欧阳氏正好也生了个女孩，就用乳水同时哺育两个孩子。又过了几个月，奶不够吃，就让邻妇喂养自己的女儿，自己仍旧给闰娘哺乳。两个女孩长大之后，欧阳氏对于闰娘，往往比对自己的女儿加倍厚待，当女儿觉得委屈向母亲诉说时，欧阳氏说：“你是我的女儿，而小姑是祖母的女儿，你有母亲而小姑没有母亲，怎么能一样对待呢？”说着眼泪就流了下来。女儿顿时悔悟，以后什么东西都让着姑姑，自己只拿剩下的。忠臣后来到清河当官，两个姑娘都到了出嫁的年龄，富贵人家大多求娶侄女。欧阳氏说：“小姑还没有许人，我的女儿怎么敢先嫁呢？再说向我女儿求婚的人，还不是以为我疼爱自己的女儿吗？这点还是先问问邻人吧。”于是就让富贵之家先聘闰娘，而且还把自己出嫁时妆奁中最好的头簪、耳环、服饰、器用等尽送给闰娘。送自己女儿的东西就远不如闰娘，直至欧阳氏逝世始终都是这样。闰娘经常对人说：“我嫂就是我的母亲呀！”欧阳氏逝世时，闰娘哭得直至吐血，病了一年多。凡听见闰娘哭声的人，没有不流泪的。

（焦杰）

智志咏示子

汤显祖

汤显祖（1550—1616），字义仍，号海若、若士、清远道人，江西临川人。明代杰出的戏曲家和文学家。仕途坎坷，但为官清廉，为民做主。后弃官归家，潜心创作。有颇负盛名的戏剧《牡丹亭》。

【提要】

这首小诗主要谈智慧和志向的辩证关系。他认为只有立下远大志向，并努力奋斗，才能增长人的智慧，所以全诗的重心是立志。又从反面说一个人光有志向，志大才疏不行，只有努力磨炼自己，增长智慧，才真正是有志之人。

【原文】

有志方有智，有智方有志。
惰士鲜明体①，昏人无出意②。
兼兹庶其立③，缺之安所诣④。
珍重少年人，努力天下事。

【注释】

①明体：明礼。②出意：干出惊天动地的事业。③庶：表示希望的语气。④安所诣：怎么能成功呢？诣，到达，成功。

（马茂军）

示儿书

支大纶

支大纶（生卒年不详），字华平，嘉善（今浙江嘉兴）人。明代官员。万历进士。著有《世穆两朝编年史》《支子余集》《华萃词》等。

【提要】

这封书信提出了“脚硬”“口硬”“手硬”“心硬”“耳硬”之五硬，就是做人要无私无畏，具有独立思考、判断的能力。

【原文】

丈夫遇权门须脚硬；在谏垣须口硬；入史局须手硬；值肤受之诉须心硬；侵润之谮须耳硬①。

【注释】

①“值肤受之诉”二句：均见《论语·颜渊》篇。“肤受之诉”意即涉及切身利益的诬告。“侵润之谮”意即不断诬陷别人的谗言。侵润，像水慢慢漫湿东西一样。谮，谗言，说别人的坏话。

（马茂军）

示淳儿帖

顾宪成

顾宪成（1550—1612），字叔时，无锡（今属江苏）人。世称东林先生，也叫东阳先生。明代官员、思想家。东林党领袖。万历进士，官至吏部文选司郎中。后革职还乡，与弟允成和高攀龙等在东林书院讲学。和赵南星、邹元标号为“三君”。他们议论朝政人物，得到部分士大夫的支持，形成集团，被称为东林党。有《小心斋札记》《泾皋藏稿》《顾端文公遗书》。

【提要】

顾宪成为当时“三君”之一，正直耿介。儿子应试不第，但他绝不为儿子求情，而是教导儿子要学好本领，成为有真才实学的人，凭着自己的努力去开拓人生的道路，并且教导儿子社会风气是凭权势财物干进，我等仍须不同流俗，做个正直而又有才能的人。

【原文】

凡为父兄的，莫不爱其子弟；凡爱子弟的，莫不愿其读书进取。目今府县考童生[①]，汝弟方病疡[②]，度未能赴，且所尚幼，何须著急？汝则长矣，往年又曾经考过来，而今岂能不重以得失为念，然吾始终不欲以汝姓名一闻于主者，非恝然于汝也[③]，汝质尽可望进步，吾又非弃汝而不屑也，吾自有说耳。何以言之？就义理上看，男儿七尺之躯，顶天立地，何如开口向人道个求字？孟夫子《齐人》一章便是这个字的行状[④]，至今读之尚为汗颜，不可作等闲认也。就命上看，人生穷通利钝，即堕地一刻都已定下，如何增损得些子？眼前熙熙攘攘赴童生试的哪个不要做秀才，赴秀才试的哪个不要做举人，赴举人试的哪个不要做进士？到底有个数在。若是贵的可以势求，富的可以力求，那不会求的便没有分，造化亦炎凉也。就我分上看，我本薄劣无尺寸之长，赖天之佑，祖父之庇，幸博一等，再仕再不效，有丘山之罪，然犹饱食暖衣安享太平，在昔大圣大贤往往穷厄以老，甚而有囚有窜，流离颠沛不能自存者。我何人，斯不啻过分矣[⑤]！更为汝干进耶[⑥]，是无厌也。就汝分上看，但在汝自家志向何如，若肯刻苦读书，到得功夫透彻，连举人进士也自不难，何有于一秀才？若又肯寻向上支要做个人，……连举人进士也无用处，何有于一秀才？汝试于此绎而思之，余其恝然于汝也耶？抑爱汝以德也耶？余其弃汝而不屑也耶？抑玉汝而进汝以远且大也耶[⑦]？此意本欲待汝自悟，恐汝究竟不察，谬生疑沮[⑧]，不得不分明道破。汝若能识得，省却了多少闲心肠，省却了多少闲气力，省却了多少闲悲喜，便是一生真受用也。记之，记之！

【注释】

①考童生：考秀才。童生是指没有考取秀才的读书人。②病殇：肠胃有病。③恝（jiá）然：漠不关心的样子。④孟夫子《齐人》一章便是这个字的行状：孟子《齐人》这一章讲的就是男子汉要顶天立地，具有浩然正气，不可对别人低声下气。《齐人》指“齐人有一妻一妾”，见《孟子·离娄下》：齐国有一个人，家有一妻一妾。那丈夫每次外出，都吃饱喝足才回家，对妻子说这是有钱有势的人请他。妻子感到怀疑，次日就暗中跟在他后面看看他究竟到了些什么地方，一直跟到郊外的墓地，见他走近祭扫坟墓的人那里，讨些残菜剩饭；不够，又东张西望地跑到别处去乞讨了——这便是他吃饱喝足的办法。妻子回到家里，便把这情况告诉他的妾，两人感到羞辱，抱头而哭，而丈夫还不知道，高高兴兴地从外面回来，向他的两个女人摆威风。孟子在讲述了这个故事后深有感慨地说：“由君子看来，有些人所用的乞求升官发财的方法，能不使他的妻妾引为羞耻而共同哭泣的，是很少的啊！”⑤不啻（chì）：不只。⑥干进：指钻营（求官等）。⑦玉汝：帮助你干好某事。进汝：让你上进。⑧谬生疑沮：错误地产生怀疑和悲观的思想。谬，不正确。沮，消极悲观。

（马茂军）

高氏家训

高攀龙

高攀龙（1562—1626），字存之，又字云从、景逸，无锡（今属江苏）人。明代官员、思想家。东林党领袖。万历进士。官左都御史，因反对魏忠贤，被革职。与顾宪成在无锡东林学院讲学，时称“高顾”。后魏忠贤党羽崔呈秀派人抓捕，他投水而死。有《高子遗书》。

【提要】

作者认为“只思量作得一个人”，是第一重要的。做人要孝悌、忠信、廉洁、诚实、言语谨慎、交游审择、常思己过、自我更新。“一番经历，一番进益。”

【原文】

吾人立身天地间，只思量作得一个人，是第一义，余事都没要紧。

作好人，眼前觉得不便宜，总算来是大便宜。千古以来，成败昭然，如何迷人尚不觉悟①，真是可哀！吾为子孙发此真切诚恳之语，不可草草看过。

以孝悌为本，以忠信为主，以廉洁为先，以诚实为要。临事让人一步，自有余地；临财放宽一分，自有余味。善须是积，今日积，明日积，积小便大，一念之差，一言之差，一事之差，有因而丧身亡家者，岂可不畏也。

言语最要谨慎，交游最要审择。多说一句不如少说一句，多识一人，不如少识一人。若是贤友，愈多愈好，只恐人才难得，知人实难耳。语云：“要作好人，须寻好友，引酵若酸，哪得甜酒？”又云：“人生丧身亡家，言语占了八分。”皆格言也。

见过所以求福，反己所以免祸。常见己过，常向吉中行矣。自认为是，人不好再开口矣。非是为横逆之来②，姑且自认不是。其实人非圣人，岂能尽善？人来加我，多是自取，但肯反求，道理自见。如此则吾心愈细密，临事愈精详。一番经历，一番进益，省了几多气力，长了几多见识。小人所以为小人者，只见别人不是而已。

人身顶天立地，为纲常名敬之寄，甚贵重也。不知其贵重，少年比之匪人③，为赌博宿娼之事，清夜睨而自视，成何面目？若以为无伤而不羞，便是人家下流子弟。甘心下流，又复何言？

【注释】

①迷人：糊涂之人。②横逆：强暴无理的举动。③匪人：本指非亲人而言，后指行为不正当的人。

（范嘉晨）

训　子

吴桂森

吴桂森，字叔美，无锡（今属江苏）人。明代学者。与顾宪成、高攀龙讲学东林书院，同郡钱一本善《易》，从之游，尽得其要旨。有《周易像象述》《书经说》《曲礼说》《息斋笔记》。

【提要】

吴桂森认为人不可不学，但重要的是要把学得的知识体现在日常生活，把它内化为人格修养：要心口如一，不做对不起朋友、有愧于妻子的事，这才是学者应该达到的境界。

【原文】

人何可不学？但口不说欺心语，身不为欺心事。出，无惭友朋；入，无惭妻子，方可名学人耳。

（马茂军）

孝友堂家训

孙奇逢

孙奇逢（1584—1675），字启泰，号钟元，河北容城人。明末清初理学大家，与黄宗羲、李颙齐名，并称为“明末清初三大儒”。晚年讲学于河南辉县夏峰村，从者甚众，世称“夏峰先生”。著有《理学宗传》《圣学录》《北学编》《洛学编》等。

【提要】

这则家训内容很丰富，主要谈的是这几个方面：在为官与为人上，人要做一贤人比做一贵人更重要；在交友上，择友须正，须慎，须有容人之意，莫求为人所容；在家庭关系上，父母有大恩于己，儿孙一定要诚孝；在做人上，要戒自暴自弃，凡事要留有余地。

【原文】

士大夫教诫子弟，是第一要紧事，子弟不成人，富贵适以益其恶；子弟能自立，贫贱益以固其节。从古圣人君子，多非生而富贵之人，但能安贫守分，便是贤人君子一流人；不安贫守分，毕生经营，舍易而图难，究竟富贵不可以求得，徒使自丧其生平耳。余谓童蒙时，便宜淡世俗浓华之念①，子弟中得一贤人，胜得数贵人也。非贤父兄，乌能享佳子弟之乐乎②？

语立雅等曰：与人相与，须有以我容人之意，不求为人所容。一言不如意，一事少拂心③，即以声色相加，此匹夫未尝读书者也。韩信受辱袴下，张良纳履桥端④，此是英雄人以忍辱济事。学人当进此一步。

父母于赤子，无一件不是养志。人子于父母，只养口体，此心何安？无论慈父慈母，即三家村老妪养儿，未有不心诚求之者，故事亲若曾子，仅称得一个可字。

示应试诸子孙曰：涿州史解元家⑤，子弟赴试，老者肃衣冠设席以饯，命之曰："衰残门户，赖尔扶持。"今老夫所望父辈扶持者，又不专在此也。为端人，为正士，在家则家重，在国则国重。所谓添一个丧元气进士，不如添一个守本分平民。

谓湰孙等曰：孟子深戒暴弃者，谓非人暴之，乃自暴之也；非人弃之，乃自弃之也。暴弃不在大，亦不在久，一言之不中礼义，一事之不合仁义，即一言一事之暴弃也。行庸德⑥，谨庸言，终身慥慥⑦，方得免于自暴自弃。

言语忌说尽，聪明忌露尽，好事忌占尽。不独奇福难享，造物恶盈，即此三事不留，余人便侧目也⑧。

【注释】

①浓华：豪华富贵。②乌：哪。③少：稍微。拂心：与心意不合。④"韩信"二句：韩信少时在淮阴，身上佩剑。一恶少调侃他说："你终日佩剑，如果有胆量，就和我决斗；没胆，就从我的袴下钻过去！"韩信看了他一

眼，便从他的袴下钻了过去。袴，同“胯”。张良少时遇一老者立于桥上，故意把鞋子掉在桥下，叫张良去捡。张良很恭敬地帮他捡了起来，老者便授他兵书战策，张良遂成为刘邦有名的谋臣。⑤解元：科举制度中乡试考取第一名的人。⑥庸：指中和的、不过分的。⑦慥慥（zào）：忠厚诚恳的样子。⑧侧目：不用正眼看，形容畏惧而又愤怒。

（薛放）

孝友堂家规

孙奇逢

【提要】

如何才不“辱身丧家”？作者以为不但应教养子孙，家长更须“以身作范”。为此，本文详叙家规十八则，“以为家规榜样”。

【原文】

安贫以存士节，寡营以养廉耻①。

洁室以妥先灵，斋躬以承祭祀②，

既翕以协兄弟③，好合以乐妻孥④。

择德以结婚姻，敦睦以联宗党⑤。

隆师以教子孙⑥，勿欺以交朋友。

正色以对贤豪，含洪以容横逆⑦。

守分以远衅隙⑧，谨言以杜风波⑨。

暗修以淡声闻⑩，好古以择趋避⑪。

克勤以绝耽乐之蠹己，克俭以塞饥渴之害心。

【注释】

①营：谋求。②斋躬：亲自斋戒。③既翕以协兄弟：和睦团结以使兄弟间关系和洽。翕（xì），合聚。④孥：儿子。⑤敦：亲密和睦。宗，同族。党，亲族。⑥隆师：尊师。⑦“含洪”句：胸怀宽大，能容纳无理的人和事。⑧“守分”句：安守本分，远避他人的寻衅与挑拨。衅，空子。隙，

裂缝。⑨杜：杜绝。⑩“暗修”句：独自修业，不热衷名利。闻，声誉。⑪“好古”句：以古为镜而决定自己对事物的取舍态度。

（薛放）

药　言

姚舜牧

姚舜牧（1543—1622），字虞佐，号承庵，乌程（今浙江吴兴）人。明代官员。历任广东兴新、江西广昌知县等职。爱民如子。有《五经四书疑问》《史纲要领》《乐陶吟草》等。

【提要】

姚舜牧的《药言》虽仅百余条，然“日用伦行，不出其范围”，“简洁明快，切中膏肓”，时人谓之“心药”。这里节选了六则，内容包括：教子的正确途径，应留下什么给子孙，智术与权术的区别，利欲的危害，检验各种能力的各种标尺，慎重处事，怎样看待读书。读之确可使“人心之沉疴”得到疗治。

【原文】

凡人为子孙计，皆思创立基业。然不有至大至久者在乎？舍心地而田地，舍德产而房产，已大失其本矣。

智术仁术不可无，权谋术数不可有[①]。盖智术仁术，善用之以归于正者也。权谋术数，曲用之以归于谲者也[②]。正谲之辨远矣。动关人品，慎诸[③]。

《中庸》云：“人皆曰予知，驱而纳诸罟护陷阱之中而莫之知辟也[④]。”罟护陷阱，谁不知险，谁任其驱而纳诸？曰：利欲也。利欲在前，分明有个大坑阱在，人自争趋陷焉，可痛已！古诗云：“利欲驱人万火牛[⑤]。”此语极为提醒。

盘根错节[⑥]，可以验我之才；波流风靡[⑦]，可以验我之操；艰难险阻，可以验我之思[⑧]；震撼折冲[⑨]，可以验我之力；含垢忍辱，可以验我之量⑩。

事到面前，须先论个是非，随论个利害。知是非则不屑妄为，知利害则不敢妄为，行无不得矣。窃怪不审此而自陷于危亡者。

世间极占地位的，是读书一着。然读书占地位，在人品上，不在势位上。

【注释】

①术数：谋略。②曲：不公正。谲：诡诈、欺诳。③慎诸：对此要谨慎啊！④“人皆”二句：人人都说自己很聪明，然而往往被驱赶到陷阱里面却还不知躲避。诸，之于的合音词。罟（gǔ），捕鱼的网。护，捕兽机关。辟，避。⑤“利欲”句：利欲驱逼着人就像万千头尾巴被烧着的狂怒的牛向人冲来一样。此为陆游诗。⑥盘根错节：树木根节盘曲错杂，喻事情繁难复杂。⑦风靡：顺风倾倒。⑧思：思想，此指心志、毅力。⑨折冲：抵御敌人。冲，战车的一种。⑩量：度量。

（薛放）

何氏家规

何伦

何伦（生卒年不详），字宗道，号东山，明代江山（今属浙江）人。他事亲至孝。一日盗入室，觉之不呼。将取釜，乃语曰：“请留釜，备吾晨炊，以食吾母。”盗愧，尽还所盗。有《何氏家规》。

【提要】

《何氏家规》篇幅较大，这里节选的部分，主要讲读书和做人两个方面问题。强调读书要熟读精思，谨守力行，不能自恃聪明；做人要以礼义养心。如此才能学有所成，于国、于家、于己有益。

【原文】

学问之功与贤于己者处，常自以为不足，则日益；与不如己者处，常自以为有余，则日损。故取友不可不谨也。惟谦虚才能得之。

读书以百遍为度，务要反复熟嚼，方始味出，使其言皆若出于吾之口，使其意皆若出于吾之心，融会贯通，然后为得。如未精熟，再加百遍可也，仍要时时温习。若功夫未到，先自背诵，含糊强记，终是认字不真，见理不透，徒敝精神[1]，无益学问。

君子以礼义养心，则心广体胖[2]。如恣食肥甘，则神昏气溃。妇女以布御寒，则坚苦其志；以香熏罗绮，则浮荡其心。

【注释】

①徒敝：白白地耗费。敝，破烂。此处可引申为耗损。②心广体胖（pán）：心情舒畅，身体健壮。语见《礼记·大学》。

（薛放）

清

张杨园训子语

张履祥

张杨园（1611—1674），字考夫，名履祥，浙江桐乡人。居杨园村，时人称杨园先生。明末清初教育家。晚年专攻程朱理学。为人正直，亲身农事。有《杨园全书》。

【提要】

作者着重谈的是做人之道。指出处家不论贫富，须有宽和之气；不仅要识书识理也要躬身农耕；无论贵贱，必须知人，亲近贤人，疏远小人。

【原文】

凡做人须有宽和之气，处家不论贫富，亦须有宽和之气。此是阳春景象，百物由以生长。若一向刻意烦细，虽所执未为不是，不免秋杀气象，百物随以凋殒。感召之理有然，天道人事常相依也。

子弟虽肄诗书[①]，不可不令知稼穑之事[②]。虽秉耒耜[③]，不可不令知诗书之义。

人无论贵贱，总不可不知人。知人，则能亲贤，远不肖，而身安、家可保；不知人，则贤否倒置，亲疏乖戾[④]，而身危家败，不易之理也。然知人实难，亲之、疏之，亦疏不易。贤者易疏而难亲，不肖者易亲而难疏。贤者宜亲，骤亲或反见疑；不肖者宜疏，因疏或至取怨。所以辨之宜早，略举其要。贤者必刚直，不肖者必柔佞；贤者必平正，不肖者必偏僻；贤者必虚公，不肖者必私执；贤者必谦恭，不肖者必骄慢；贤者必敬慎，不肖者必恣肆；贤者必让，不肖者必争；贤者必坦诚，不肖者必险诈；贤者必特立，不肖者必附和；贤者必持重，不肖者必轻捷；贤者必乐成，不肖者必喜败；贤者必韬晦[⑤]，不肖者必表暴；贤者必宽厚慈良，不肖者必刻苛残忍；贤者嗜欲必淡，不肖者势利必热；贤者持身必严，不肖者律人必甚；贤者必从容有常，不肖者必急猝更变；贤者必见其远大，不肖者必见其近小；贤者必厚其所亲；不肖者必薄其所亲；贤者必行浮于言，不肖者必言过其实；贤者必后己先人，不肖者必先己后人；贤者必见善如不及，乐道人善，不肖者必妒贤嫉能，好称人恶；贤者必不虐无告[⑥]，不畏强御，不肖者必柔则茹之[⑦]，刚则吐之。若此等类，正如白黑、冰炭，昭然不同，总不外公私义利而已。

【注释】

①肄（yì）：学习。②稼穑：泛指农业劳动。③耒耜（lěisì）：泛指劳动工具。④乖戾：违背，不和谐。⑤韬晦：隐藏才能，不使外露。⑥无告：软弱无能之人。⑦茹：吃。

（马茂军）

庭训格言

爱新觉罗·玄烨

爱新觉罗·玄烨（1654—1722），即康熙皇帝。史称其仪表英俊，声若洪钟，有智勇，经文纬武。1662—1722年在位，年号康熙，庙号圣祖。他智擒鳌拜，平定三藩，驱沙俄于雅克萨，三征叛首噶尔丹，致力于全国统一的大业。同时重视文化事业，崇儒尊孔，在位时称清朝盛世。文化上功绩有：敕绘《皇舆全览图》，设明史馆修《明史》，敕编《古今图书集成》《全唐诗》《佩文韵府》《康熙字典》等书，但又大兴文字狱，是个功过参半的历史人物。

【提要】

这本庭训共六十卷，三十二类，共一千九百余则，可谓体大思精，详备之极。这里选录了其中十六则。康熙帝自幼攻读儒家经典，尊奉周公、孔子之道，在这部庭训中，他主要是以孔孟之道来教导他的子孙们的。它的主题可以用修齐治平来概括。

【原文】

一、为人上者，用人虽宜信，然也不可急信。在下者，常视上意所向，而巧以投之，一有偏好，则下必投其所好以诱之。朕于诸艺无所不能，尔等曾见我偏好一艺乎？是故凡艺皆不能溺我①。

二、凡看书不为书所愚，始善。

三、尔等凡居家，在外，惟宜洁净。人平日洁净，则清气著身；若近污秽，则为浊气所染，而清明之气渐为所蒙蔽也。

四、读书以明理为要，理明则中心有主，而是非邪正自判也。

五、《易》云："日新之谓盛德。"学者一日必进一步，方不虚度时日。人苟能有决定不移之志，勇猛精进而又贞常永固②，毫不退转，则凡技艺焉有不成者哉？

六、凡人尽孝道，欲得父母之欢心者，不在衣食之奉养也。惟持善心，行合道理，以慰父母而得其欢心，斯可谓真孝者也。

七、人果专心于一艺一技，则心不外驰，于身有益。

八、凡人持身处世，惟当以恕存心③。见人有得意事，便可生欢喜心；见人有失意事，便当生怜悯心。

九、夫一言可以得人心，而一言可以失人心也。

十、人生凡事故有定数，然而其中以人力夺天工者有之。

十一、人于好恶之心，难得其正。我所喜之人，惟见其善，而不见其恶；若所恶之人，惟见其恶，而不见其善。是故《大学》有云④：“好而知其恶，恶而知其美者，天下鲜矣。”诚至言也。

十二、《荀子》云：“身劳而心安者为之，利少而义多者为之。”此二语简而要。人之一世能依此二语行之，过差何由而生。

十三、朱子云：“读书之法，当循序而有常，致一而不懈。从容乎句读、文义之间，而体验乎操存、践履之实。然后心静理明，渐见意味。不然则虽广求博取，日诵五车，亦奚益于学哉⑤？”此言乃读书之至要也。人之读书，本欲存诸心、体诸身，而求实得于己也，如不然，将书泛然读之何用？凡读书人皆宜奉此以为训也。

十四、为学之功，不在日用之外。检身则谨言慎行，居家则事亲敬长，穷理则读书讲义。用一日之力，便有一日之效。

十五、为学之功有三等焉。汲汲然者⑥，上也；悠悠然者⑦，次也；懵懵然者⑧，又其次也。

十六、先儒有言：“穷理非一端，所得非一处。或在读书上得之，或在讲论上得之，或在思虑上得之，或在行事上得之。读书得之虽多，讲论得之尤速，思虑得之最深，行事得之最实。”此语极为切当，有志于格物致知之学者⑨，其宜知之。

【注释】

①溺我：使我沉到某一技艺之中而不能自拔。②勇猛精进而又贞常永固：指勤奋努力，勇往直前而又有恒心，不懈怠。③恕：宽容。④《大学》：书名。本为《礼记》中的一篇，朱熹编为“四书”之一，而成为儒家重要经典。⑤亦奚益于学哉：又哪里有益于学问呢？⑥汲汲然：心情急切、

努力追求的样子。⑦悠悠然：从容不迫、心安自得的样子。⑧懵懵然：糊里糊涂的样子。⑨格物致知：推究事物的道理以获得学问。格，推究。

（马茂军）

朱子治家格言

朱柏庐

朱柏庐（1617—1688），名用纯，字致一，柏庐为其自号，昆山（今属江苏）人。清代理学家、教育家。居乡教授生徒，治学以程、朱为本，提倡知行并进。康熙时坚辞不应博学鸿儒科。所著《治家格言》世称《朱子家训》。另有《大学中庸讲义》《愧讷集》。

【提要】

这是一部流传很广的治家格言。由于它集中了治家教子的名言警句，已成为官宦士绅、殷实富户以及书香世家津津乐道、倾心企慕的治家良策，成为端正门风、振作家声、名垂后代的范例。它以“修身”“齐家”为宗旨，六百余字总结了古代治家之道。书中包含着许多治家、治世的质朴哲理和有益启示，例如“一粥一饭，当思来处不易”的节俭持家思想、“见富贵而生谄容者，最可耻；遇贫穷而作骄态者，贱莫甚”的待人接物观点等，今天看来仍有积极意义。

【原文】

黎明即起，洒扫庭除①，要内外整洁；

既昏便息，关锁门户，必亲自检点。

一粥一饭，当思来处不易；

半丝半缕，恒念物力维艰②。

宜未雨而绸缪③，毋临渴而掘井。

自奉必须俭约④，宴客切勿留连。

器具质而洁，瓦缶胜金玉⑤；

饮食约而精⑥，园蔬逾珍馐⑦。

勿营华屋，勿谋良田。
三姑六婆[8]，实淫盗之媒；
婢美妾娇，非闺房之福。
奴仆勿用俊美，妻妾切忌艳妆。
祖宗虽远，祭祀不可不诚；
子孙虽愚，经书不可不读。
居身务期俭朴[9]，教子要有义方[10]。
莫贪意外之财，勿饮过量之酒。
与肩挑贸易[11]，毋占便宜；
见穷苦亲邻，须多温恤[12]。
刻薄成家[13]，理无久享；
伦常乖舛，立见消亡[14]。
兄弟叔侄，须分多润寡[15]；
长幼内外，宜法肃辞严。
听妇言，乖骨肉[16]，岂是丈夫；
重资财，薄父母，不成人子。
嫁女择佳婿，毋索重聘[17]；
娶媳求淑女，勿计厚奁[18]。
见富贵而生谄容者，最可耻；
遇贫穷而作骄态者，贱莫甚。
居家戒争讼[19]，讼则终凶；
处世戒多言，言多必失。
勿恃势力而凌逼孤寡[20]，
毋贪口腹而恣杀牲禽[21]。
乖僻自是，悔悟必多；
颓惰自甘，家道难成。
狎昵恶少，久必受其累；
屈志老成，急则可相依。
轻听发言，安知非人之谮诉[22]？当忍耐三思；

因事相争，安知非我之不是？须平心暗想。

施惠无念，受恩莫忘。

凡事当留余地，得意不宜再往㉓。

人有喜庆，不可生妒忌心；

人有祸患，不可生喜幸心。

善欲人见，不是真善；

恶恐人知，便是大恶。

见色而起淫心，报在妻女；

匿怨而用暗箭㉔，祸延子孙。

家门和顺，虽饔飧不继㉕，亦有余欢；

国课早完，即囊橐无余㉖，自得至乐。

读书志在圣贤，非徒科第；

为官心存君国，岂计身家。

守分安命，顺时听天；

为人若此，庶乎近焉㉗。

【注释】

①庭除：指院子内外。庭，院子。除，台阶。②物力：物产，资财。维艰：艰难。③绸缪：紧密缠缚，喻事先做好准备工作。④自奉：自己日常的生活用品。⑤瓦缶：盛食物的瓦器。⑥约：简单。⑦珍馐：珍奇贵重的食品。⑧三姑：尼姑、道姑、卦姑。六婆：牙婆、媒婆、师婆、虔婆、药婆、稳婆。⑨居身：做人。务期：务必。⑩义方：做人行事应遵守的规矩、法度，指家教。⑪肩挑：指小贩。⑫恤：同情，怜悯。⑬刻薄成家：以苛刻剥削的手段发家。⑭乖舛：违背。⑮润：接济。⑯乖骨肉：疏远兄弟，虐待儿女。⑰聘：聘礼。⑱奁：嫁妆。⑲争讼：打官司。⑳凌逼：欺负。㉑恣：放纵。㉒谮（zèn）诉：诬陷，造谣，中伤别人。㉓往：去。此指做。㉔匿：隐藏。㉕饔飧不继：吃了早饭没有晚饭，形容极端贫穷。饔（yōng），早饭。飧（sūn），晚饭。㉖囊橐无余：口袋里一点儿钱财也没有，一贫如洗。囊、橐均为口袋。㉗庶乎近焉：差不多达到做君子的标准了吧。庶乎，差不多。

（牟国相）

再谕麟儿

郑板桥

郑板桥（1693—1765），名燮，字克柔，号板桥，江苏兴化人。清代官员、书画家、文学家。从小家庭贫苦，一直靠卖画为生，直至中了举人，中了进士，当了知县仍是卖画，是个地道的“贫儒”，做官时能为百姓做好事，后来因为得罪权贵而罢官。他擅长画兰竹，工书法，能诗文，为“扬州八怪”之一。著有《板桥全集》。

【提要】

这封家信主要是为批判傲气而作。作者首先批评了当世那些无才傲物者，指出他们目空一切，却腹中空空，结果终身一事无成。同时指出做人除要有真才实学外，还应虚心向别人学习。最后分析儿子学业未成，应虚心学习，才能成就大业。

【原文】

吾壮年好骂人，所骂者都属推廓不开之假斯文①；异乎当世恃才傲物者之骂人，动谓人不如我，见乡墨则骂举人不通②，见会墨则骂进士不通③。未入学者，见秀才考卷，则骂秀才不通。既然目空一世，自己之为文，必能远胜于人，讵知实际非特不能胜人，反不如所骂之秀才、举人、进士远甚。所为不反求诸己，徒见他人之不通。自己傲气既长，不肯用功深造，而眼高手低，握管作文，自嫌弗及不通秀才，免得献丑，索性搁笔不为文，于是潦倒终身，永无寸进。余壮年傲气亦盛，而对于胜我者，却肯低头降伏。见佳文，爱之不肯释手，虽百读不厌，故能侥幸成名，然亦四下乡场，始得脱颖而出，亦为傲气所阻也。至今思之，犹如芒刺在背。尔资质钝，赖李师辛苦栽培之力，得以冠年入场④。初试原为观场计，李师与我皆不望尔一试成名，不过有此一度经验，下届入场，便老练而不起恐慌。一试不售，奚可即出怨言？只须自知文字不佳，下帷攻苦，既有名师指导，进步较易。苟火到功深，取青紫易如拾芥也⑤。细思吾言而力行之，予有厚望焉。

【注释】

①推廓不开：猥猥琐琐，很不洒脱。廓，即“扩”。②乡墨：指乡试中秀才在试场所作八股文章。墨，闱墨，指八股文章。③会墨：会试中举人们所作八股文章。④冠年：古代男子二十岁时称为冠年，此时要施行加冠的仪式表示已成年。⑤取青紫易如拾芥也：指考中和当官非常容易。青紫，本为古时公卿服饰，借指中举当官。芥，小草，比极易极小之事。

（马茂军）

双节堂庸训

汪辉祖

汪辉祖（1730—1807），字焕曾，号龙庄，晚号归庐，浙江萧山人。清代官员。乾隆四十年进士，先后入渚州县幕。举进士后，曾任宁远知县、道州知州等职。

【提要】

《双节堂庸训》见于《龙庄遗稿》，为教育后世子孙而作。全书分“律己”“应世”“治家”“蓄后”等部分，全面而精要地阐述了为人处世的道理和原则，涉及提高自身修养，应对各种人物，治理家庭，教育后代等许多方面。此处为节选。

【原文】

当爱名

贤圣为学①，以实不以名。然“君子疾没世而名不称②”。实至名归，亦学者所尚。谓名不足爱，将肆行无忌。故三代以下患无好名之士。好孝名，断不敢有不孝之心；好忠名，断不敢为不忠之事。始于勉强，驯致自然③，事事皆归实践矣。第务虚名而不敦实行④，斯名败而诟讪随之，大为可耻。

【注释】

①为学：治学，研究学问。②语出《论语·卫灵公》。③驯致：逐渐达到。④第：只。敦：诚恳。

【原文】

处丰难于处约

处约固大难，然势处其难自知检饬[1]，酬应未周，人亦谅之；至境地丰亨[2]，人多求全责备，小不称副便致愆尤[3]，兼多佞谀[4]，外诱导之为非，又以淫佚骄奢嗜欲易纵，品行一玷，补救无从。覆舟之警，常在顺风。故快意时更要处处留意。

【注释】

①检饬（chì）：检点，约束。②丰亨：富厚通顺。③愆尤：过失。④佞：惯于用花言巧语谄媚人。

【原文】

贫贱当励气节

气节与傲慢不同，傲慢者以贫贱骄人，必至恃贫无赖[1]。位卑言高，皆获罪之道也。不溲溷以乞怜[2]，不唯阿以附势，固穷励志[3]，守义不移，富者不敢傲以有余，贵者莫不敬其有守，谓之气节。

【注释】

①无赖：刁钻泼辣，不讲道理。②溲溷：垢浊。③固穷：甘处贫困，不失气节。励志：勉励心志。

【原文】

勿贪不义之利

所贵乎有财者，以能为所当为，可得体面也。若义非当取，必越分悖礼以取之[1]，当其取之之时，怨毒所丛[2]，诟及父母，诅及子孙，体面已伤。此等近利之徒，不过炫衣食，饰妻妾，供妄用，当为之事必不能为。即为父母营养葬[3]，为子孙求田宅，庸俗羡之，达人鄙之，不体面又孰甚焉？

【注释】

①分：限度。悖：背反，违反。②丛：聚集。③营：谋求。

【原文】

勿争虚体面

不顾体面，必不知自立；若虚饰体面，美衣食厚嫁娶，营离醮[1]，一切装演门面，悦俗人耳目，各事则又万万不可。盖体面之说起于流俗[2]，吾人惟知有心术而已。勉争体面[3]，不得不诡无为有。其弊也，假借子钱[4]，斥卖产业，不至水落石出，不止流至末路，体面不能终保，将心术亦不能自固矣。是亦不可以已乎[5]？

【注释】

①醮：古代结婚时用酒祭神之礼。②盖：发语词，引出下文的议论。③勉：极力。④假：借。⑤已：停止。

【原文】

俭与吝啬不同

俭，美德也，俗以吝啬当之，误也。省所当省曰俭，不宜省而省谓之吝啬。顾吝与啬又有辨。《道德经》：“治人事天莫如啬。”俭之为弊，虽或流于吝，然与其奢也，宁俭。治家者不可以不知。

【原文】

勿欺

天下无肯受欺之人，亦无被欺而不知之人。智者当境即知，愚者事后亦知。知有迟早，而终无不知。既已知之必不甘再受之。至于人皆不肯受其欺而欺，亦无所复用；无所复用其欺，则一步不可行矣。故应世之方以勿欺为要。人能信我勿欺，庶几利有攸往[1]。

【注释】

①庶几：也许可以，才能。

【原文】

勿营多藏

力求储积为子孙计，俗情类然。然子孙之贤者不赖祖父基业。苟其不肖[①]，多财适以害之[②]。天下总无聚而不散之理。苦求其聚，凡可以自利者无所不至。阴谋曲构，鬼笑人诅[③]。聚之愈巧，散之愈速，惟勤俭所贻[④]，庶几久远耳。

【注释】

①不肖：品行不端。②适：刚好。③诅：诅咒。④惟：只。贻：留下来。

【原文】

大节不可迁就

于身名大节所关，须立定脚根，独行我志，虽蒙讥被谤[①]，均可不顾。必不可舍己殉人[②]，迁就从事。

【注释】

①被：遭受。②殉：为维护某种事物或追求某种理想而牺牲自己的生命。

【原文】

宁吃亏

俗以昏庸为忠厚，以忠厚二字为无用之别名，非达诂也[①]。凡可以损人利己之方，力皆能为而不肯为，是谓宅心忠[②]、待物厚。忠厚者往往吃亏，为儇薄人所笑[③]，然到底不获大咎[④]。林退斋先生遗训曰："若等只要学吃亏，以古英雄只为不能吃亏害多少大事！"能学吃亏，充之即圣贤克己工夫[⑤]。

【注释】

①达诂：通达、精确的解释。②宅心：居心，存心。③儇薄：轻薄。④咎：过失，罪过。⑤克己：约束克制自己的言行和私欲等，使之合乎某种规范。

【原文】

勿任性

不如意事常八九，事之可以竞气者多矣。原竞气之由起于任性[①]。性躁则气动，气动则忿生，忿生则念念皆偏。在朝在野无一而可[②]。气动时再反身理会一番，曲意按捺，自认一句不是，人便气平。让人一句是我愈得体。

【注释】

①原：推其根源。②野：民间。

【原文】

让人有益处

横逆者未尝无天良也，让之既久亦知愧悟[①]。遇有用人之处，渠未必不能出力[②]。

【注释】

①既：已经。②渠：他。

【原文】

言语宜慎

多言宜戒，直言亦不可率发。惟善人能受尽言，善人岂可多得哉？朋友之分，忠告善道，善道云者，委婉达意。与直言不同，尚须不可则止。余素憨直，往往言出而悔，深知直言未易之故。若借沽直之名，冷语尖言，讦人私隐[①]，心不可问，贾福亦速[②]，不在此例。古云："出口侵人，要算人受得。"又曰："伤心之语，毒于阴兵。"非阅历人不能道也。

【注释】

①讦：揭发别人的隐私。②贾：招致，招引。

【原文】

小人不可忤

与君子忤[①]，可以情遣，可以理谕，谅我无佗[②]，不留嫌怨。小人气质用事，志在必胜，忤之则隐怒不解，必图报复。故遇小人无礼，当容以大度。即宜公言，亦须稍留余地，庶不激成瑕衅[③]。

【注释】

①忤：不顺从，不和睦。②佗：同“他”，其他。③瑕衅：瑕隙、争端。

【原文】

善恶不可不分

然善恶之辨，断不可小有模糊。或曰：“皂白分则取舍严[①]，取舍严则门户立。非大度之说也。”曰：“不然，不知而徇之谓之暗[②]，知而容之谓之大度。暗则为人玩矣。毋显受人玩，宁佯受人欺[③]。

【注释】

①皂：黑色。②徇：依从、屈从。③佯：假装。

【原文】

勿苛人所短

此即使人以器之道也[①]。人无全德，亦无全才。鸡鸣狗盗之技[②]，有时能济大事。但悉心自审，必有能有不能，自不敢苛求于人。故与人相处，不当恃己之长，先宜谅人之短。

【注释】

①器：才能。②鸡鸣狗盗：战国时，齐孟尝君喜养门客，其中有善于偷盗、善于学鸡叫的，后来凭这些技巧使被秦王扣押的孟尝君获救。狗盗，原指披狗皮作狗形以盗物的人，后泛指偷盗者。

【原文】

勿过刚

刚为阳德[①]。正人之性，大概多刚。然过刚必折。总非淑世淑身之道[2]。千古君子为小人谗陷，率由于此。当为受者层层设想，使其有以自容，则宽柔以教，原不必全露锋棱。

【注释】

①阳：我国古代的一种哲学观念，与“阴”相对。②淑：美好、完善。这里是“使……完善”的意思。

【原文】

势力不可恃

恃势逞力必有过分之事，损福取祸，万万不可。谚云：“有一日太阳晒一日谷。”又云：“有尺水行尺船。”皆刻薄语也[1]。有太阳时须算到阴云霖雨[2]；有水时须算到河流浅涸，自不敢恣所欲为。能以礼下人全在有势力时，若本无势力可倚，不得不畏首畏尾，非让人也。天道恶盈[3]，懔之哉！

【注释】

①刻薄：待人冷酷无情或言语尖酸，这里是浅薄的意思。②霖雨：接连几天的大雨。③恶：讨厌、憎恨。

【原文】

信不可失

以身涉世莫要于信。此事非可袭取[1]。一事失信便无事不使人疑；果能事事取信于人，即偶有错误，人亦谅之。吾无他长，惟不敢作诳语。生平所历，愆尤不少[2]。然宗族姻党仕宦交游，幸免龃龉，皆曰某不失信也。古云：“言语虚花，到老终无结果。”如之何弗惧[3]！

【注释】

①袭取：沿袭地取得。②愆尤：罪过，过失。③如之何：怎么能够。

【原文】

勿傍人门户

他人位高多金，与我何涉？依傍门户，徒为识者所鄙；且受恩如受债，一受人鼻息[1]，便终身不能自振。惟竖起脊骨，忍苦奋厉，方为有志之士。

【注释】

①受人鼻息：指依赖别人，接受别人的恩赐。

【原文】

须予人可近

春夏发生[1]，秋冬肃杀，天道也[2]，惟人亦然。有春夏温和之气者，类多福泽；专秋冬严凝之气者，类多枯槁。固要岩岩特立[3]，令人不可干犯，亦必有蔼然气象，予人以可近。孤芳自赏，毕竟少兴旺之福。

【注释】

①发生：萌发，生长。②天道：中国古代哲学术语，指自然界及其发展变化的客观规律。③岩岩：高峻的样子。

【原文】

失意人当礼遇

趋炎附势，君子不为。然热闹场中遇落寞人，多不暇照应。不知我目中无彼，而彼目中有我，淡漠相遭，即似有心倨侮[1]。余年十四五时，身孤貌寝[2]，家难多端，不为宗亲齿数[3]。山阴李惟一先生，族姑夫也。一见相赏，谓“孺子不凡[4]”。辄有知己之感，益自奋励。至今犹常念之。故生平遇失意人及孤儿寒士，无不加意礼遇，亦有无意中深得其力者。俗传：“锦上添花不如雪中送炭。”言近旨远，当百复也。

【注释】

①倨：傲慢。②寝：容貌丑陋。③齿数：重视，看得起。④孺子：年轻人。

【原文】

受恩不可不报

士君子欲求自立，受恩之名断不可居。事势所处，不得不受人恩，即当刻刻在念，力图酬报；如事过辄忘，施者纵不自言，亦问心有愧。

【原文】

讳贫伪贫皆不必

富少贫多，古今一致。故士以安贫为贵。然非佚居无事也[①]，特不肯为悖理违天损人之事耳。有道而贫，君子不耻，自当劬躬守分[②]，求可免于长贫；若以贫为讳，将饰虚为盈，必至寡廉无耻；至已实不贫而伪为贫状，此在居家则欲疏亲简友[③]，在居官则图亏帑婪赃[④]，鄙哉！不足道也。

【注释】

①佚：同“逸”。安闲，安乐。②劬：劳苦，勤劳。躬：亲自。③简：怠慢，倨傲。④帑：公款。

【原文】

受怜受忌皆不可

我，丈夫也，何事可不如人而下气低头，乞人怜我？耻乎不耻？若才智先人，事事欲求出色，则锋棱太露，为人所忌，必至获咎[①]。故受怜不可，受忌亦不可。

【注释】

①咎：怪罪，仇视。

【原文】

与人共事不可不慎

不幸与君子同过，犹可对人；幸与小人同功，已为失己。况君子必不诿过①，小人无不居功。与人共事，何可不慎？故刚正若难逢时而坚守不移，终为人重；唯阿似易谐俗而随同无主，卒受人愚。欲处处讨好，必处处招尤。乡愿固不可为②，亦不易为也。

【注释】

①诿：把责任推给别人。②乡愿：表面上做出诚实的样子，实际上与世俗同流合污。

【原文】

知受侮方能成人

为人所侮，事最难堪。然中人质地，快意时每多大意，不免有失。无端受侮，必求所以远侮之道。遇事怕错，自然无错；逢人怕尤，自然寡尤。事事涵养气度，即处处开扩识见，至事理明彻，终为人敬礼。余幼孤寒时不知自奋，幸屡丁家衅①，受一番侮，发一回愤，愈侮愈愤。黾勉有成②，故知受侮者尤能成人。

【注释】

①丁：遭遇，碰到。②黾勉：努力，勉力。

【原文】

教当始于孩提

孩提之时①，天性未漓②，当先固其真性，断不可导以詈人③。闻詈人则严呵责使有忌惮，若詈及人之父母尤不可姑恕④，他如扑打虫豸之类⑤，虽细事总干天和，须戒禁之，抑其狂傲之习，养其慈祥之气，至拜跪仪节亦当随时教导，则爱敬行乎自然矣。

【注释】

①孩提：幼儿时期。②漓：原意是水渗入地，这里是渗透人心的意思。③詈：骂。④姑恕：姑息宽恕。⑤虫豸：泛指虫子。豸，没有脚的虫。

【原文】

宜令知物力艰难

巨室子弟①，挥霍任意，总因不知物力艰难之故。当有知识时即宜教以福之应惜[2]，一衣一食为之讲解来历，令知来处不易，应物理人情渐渐明白[3]，他日庶可保身家[4]。

【注释】

①巨室：这里指富贵之家。②知识：指人对事物的认识。③物理：事物的道理。④庶：或许。

【原文】

宜令习劳

爱子弟者动曰“幼小不宜劳力[1]”，极为谬论[2]。无论从古英贤、名臣、名将，无一懦软不耐劳苦者，即乡曲四民中[3]，稍能自立，有一不勤不劳者乎？所虑自幼娇养，他日必一无知能，偶有动作，不堪其苦，终为弃材矣[4]。若富贵家谓可坐食，噫，天下能一生安享坐食者几人哉？劳之不习，事理万不能通达。劳字所该甚广，而教幼子先自习力作[5]、习礼节始。

【注释】

①动：动辄，动不动。劳力：使体力，即劳动。②谬论：荒谬的言论。③乡曲：偏僻的乡村。④弃材：无用之材。⑤力作：努力劳作。

【原文】

勿令游手好闲

此患多在富贵家。盖贫贱者以力给养，势不能游手好闲，富贵子弟衣鲜齿肥，无所忧虑，又资财饶足，帮闲门客及不肖臧获相与淆其聪明[1]，惑其心志，障蔽其父兄之耳目，顺其所欲导之以非庄语、不闻巽言不入舍[2]，嬉娱之外毫无知能，一旦势去财空，求粗衣淡饭不可常得，岂非游惰之故欤？小说载富家儿中落持金碗行乞，欲乞以得食而不知金碗之可以易粟。语虽恶谑，有至义焉。

【注释】

①臧获：奴婢的贱称。聪明：听觉视觉灵敏，指明智。②巽言：谦逊和婉

的言辞。

【原文】

宜杜奢华之渐

略知人事，无不爱吃、爱穿、爱好看。极力约制尚虞其纵，稍一徇之则恃为分所当然①，少壮必至奢华，富贵家破坏，士庶家亦必效尤。不要分妄为，全在幼小防其渐②，勿稍姑息。

【注释】

①徇：依从。②渐：开端，苗头。

【原文】

父严不如母严

家有严君，父母之谓也。自母偏于慈而严归之父矣。其实子与母最近，子之所为，母无不知，遇事训诲，母教尤易。若母为护短①，父安能尽知，至少成习惯，父始惩之于后，必无及矣。谚云"严母出贤子，慈母多劣男"，又云"打出的孝子，惯成的忤逆②"，至言也。教子者不可不以此义切戒其母。

【注释】

①护短：遮掩他人的缺点、过失或为其辩护。②忤逆：违背，此指不孝顺的儿子。

【原文】

读书以有用为贵

所贵于读书者，期于明伦达理、立身应务也①。今之读书有两等人：一等浮华伶俐，粗解文词，自诩才华，凌傲浮薄，藐视父兄，伦理实行，百不尽一，幸窃科名，尤滋罪恶。此为得罪名教②，无足言也；又有一等矜奇嗜古之士③，于世务一无分晓、身心一无所得，高谈远骛，务为博杂，不但任之以事一无实用，至父母奉养、妻子饥寒亦不一顾，不知通人云者[4]，以通情解理，可以引经制事；不则迂阔无当于身心事为之用，诵诗三百虽多，亦奚以为何赖此两脚书厨耶[5]？此似胜于浮华无行之流，亦非读书致用之义也。

【注释】

①立身应务：指人在社会上为人处世的种种活动。②得罪：获罪。③矜奇：崇尚、追求奇异并以此来夸耀。④通人：学识渊博通达的人。⑤书厨：形容读书多的饱学之士。

【原文】

读书求于己有益

书之用无穷。然学焉而得其性之所近，当以己为准：己所能勉者奉以为规，己所易犯者奉以为戒，渐渐体贴[1]，自反身心，即读一句受一句益。

【注释】

①体贴：细心体会。

【原文】

须学为端人

希贤希圣，儒者之分。圣贤德业虽不易几[1]，既禀儒术，必先勉力学为端人，绳趋尺步[2]，宁方勿圆；名士才子，放诞恶习，极力戒之，否则不如不识字人也。

【注释】

①几：考察，达到。②绳趋尺步：行为合法度，即是说循规蹈矩。

【原文】

择友有道

人不易知，知人亦复不易。居家能伦纪周笃[1]，处世能财帛分明[2]，其人必性情真挚，可以依赖；若其人专图利便，不顾讥评[3]，纵有才能必不忠信，轻与结纳，鲜不受累[4]。或有略行取才之说，然千古君子受害于小人，多是“怜才”二字误之。

【注释】

①周笃：周到诚实。②财帛：财物布帛，指钱财货物。③讥评：(别人的)评论。④鲜：少。

【原文】

读书胜于谋利

不特此也，道德文章之传可千古，而藏镪不过数世[1]；道德文章之行可天下，而藏镪不过雄乡里[2]；道德文章之品望公卿至为折节[3]，而藏镪虽多止能耀市井、炫乡愚；道德文章之余泽子孙且蒙流风[4]，而藏镪既尽[5]，无以庇其后人[6]。故君子之泽，以业儒为尚。

【注释】

①镪：钱贯，引申为钱。②雄：称雄。③折节：改变平日志向。④流风：遗风。⑤既：以后。⑥庇：覆盖，保护。

【原文】

勿慕读书虚名

然“业儒”二字须用实力规实效，若徒务虚名转足误事。有衣食之家，不论子弟资禀[1]，强令读书，丰其衣食，逸其肢体，至壮岁无成，强者气骄，弱者性懒，昏聩怠惰，更无他业可就，流为废材。子弟固不肖，父兄亦有致之。故家塾子弟至年十四五，不能力学，当就其材质授以事业，农、工、商、贾无不可为，谚云：“三十六行，行行出能人。”有见之言也。

【注释】

①不论：不顾，不管。

【原文】

勿任子弟匿瑕作伪

为父兄者，无不愿子弟学问胜人。然因其本领平常，姑听匿瑕不出[①]，及作伪盗名则万万不可。子弟所作文字，遇亲友索观，必当责令面奉教益。凡有文会，亦不当稍任规避[②]，盖受人指摘[③]，可望感愧奋发、功力渐进；若意在藏拙[④]，未能有成者；至作伪之弊尤必切戒，窗下录旧倩雇，习为常技，入场必有怀挟枪手等事[⑤]。作奸犯科[⑥]，所关非小。天下求荣得辱者多矣，不胜指数。

【注释】

①匿瑕：掩盖缺点、错误。②规避：设法躲避。③指摘：指出、挑出缺点错误。④藏拙：掩盖自己的缺陷、不足。⑤枪手：科举时代冒名代考叫"枪手"。⑥作奸犯科：胡作非为，违法乱纪。

（柳风　宋元）

寄内子

纪昀

纪昀（1724—1805），字晓岚，一字春帆，献县（今属河北沧州）人。清代官员、学者、文学家。乾隆十二年中乡试第一名解元，十九年中二甲第一名进士，官至礼部尚书、协办大学士。曾任《四库全书》总纂官，卒谥文达。其孙树馨辑其所著为《纪文达公遗集》十六卷。

【提要】

本文选自《纪晓岚家书》。这封家书中，纪昀从勤奋、俭朴、谦虚、礼貌、合群、卫生等方面对后辈提出要求。这些品质正是读书人做人和成就事业的基础。

【原文】

父母同负教育子女责任，今我寄旅京华，义方之教，责在尔躬。而妇女心性，偏爱者多，殊不知爱之不以其道，反足以害之焉。其道维何，约言之有四戒四宜：一戒晏起[①]，二戒懒惰，三戒奢华，四戒骄傲。既守四戒，又须规以四宜：一宜勤读，二宜敬师，三宜爱众，四宜慎食。以上八则，为教子之金科玉律，尔宜铭诸肺腑，时时以之教诲三子。虽仅十六字，浑括无穷，尔宜细细领会，后辈之成功立业，尽在其中焉。

【注释】

①晏起：迟起。

（东方晓）

格言联璧

金兰生

本文作者生平事迹不详。

【提要】

本文作者用格言的形式，从“学问”“存养”“持躬”“摄生”“敦品”“处事”“接物”“齐家”“从政”“惠吉”和“悖凶”等方面，阐述了许多学习、做人、处世和接物等道理。

【原文】

学问类

古今来许多世家[①]，无非积德；天地间第一人品，还是读书。

读书即未成名，究竟人高品雅；修德不期获报，自然梦稳心安。

为善最乐，读书便佳。

诸君到此何为，岂徒学问文章，擅一艺微长，便算读书种子；在我所求亦恕，不过子臣弟友，尽五伦本分，其成名教中人[②]。

聪明用于正路，愈聪明愈好，而文学功名，益成其美；聪明用于邪路，愈聪明愈谬，而文学功名，适济其奸[③]。

战虽有陈[④]，而勇为本；丧虽有礼，而哀为本；士虽有学，而行为本。

飘风不可以调宫商[⑤]，巧妇不可以主中馈[⑥]，文章之士[⑦]，不可以治国家。

经济出自学问，经济方有本源；心性见之事功[8]，心性方为圆满。

舍事功更无学问，求性道不外文章[9]。

何谓至行？曰庸行；何谓大人？曰小心；何以上达？曰下学；何以远到？曰近思。

竭忠尽孝谓之人，治国经邦谓之学，安危定变谓之才，经天纬地谓之文，霁月光风谓之度，万物一体谓之仁。

以心术为本根，以伦理为桢干[10]，以学问为菑畬[11]，以文章为花萼，以事业为结实。

以书史为园林，以歌咏为鼓吹，以义理为膏粱，以著述为文绣，以诵读为耕耘，以记问为居积，以前言往行为师友，以忠信笃敬为修持，以作善降祥为受用，以乐天知命为依归[12]。

凛闲居以体独，卜动念以知几[13]，谨威仪以定命[14]，敦大伦以凝道，备百行以考功[15]，迁善改过以作圣。

收吾本心在腔子里，是圣贤第一等学问；尽吾本分在素位中，是圣贤第一等工夫。

万理澄澈，则一心愈精而愈谨；一心凝聚[16]，则万理愈通而愈流[17]。

宇宙内事乃己分内事，己分内事乃宇宙内事。

身在天地后，心在天地前；身在万物中，心在万物上。

观天地生物气象，学圣贤克己工夫。

下手处是自强不息，成就处是至诚无息。

以圣贤之道教人易，以圣贤之道治己难；以圣贤之道出口易，以圣贤之道躬行难；以圣贤之道奋始易，以圣贤之道克终难。

圣贤学问是一套，行王道必本天德；后世学问是两截，不修己只管治人。

口里伊周[18]，心中盗跖[19]，责人而不责己，名为挂榜圣贤[20]；独凛明日，幽畏鬼神[21]，知人而复知天，方是有根学问。

无根本的气节，如酒汉殴人，醉时勇，醒来退消，无分毫气力；

无学问的识见，如庖人炀灶[22]，面前明，背后左右，无一些照顾。

理以心得为精，故当沉潜，不然耳边口头也；事以典故为据，故当博洽，不然臆说杜撰也。

只有一毫粗疏处，便认理不真，所以说惟精[23]，不然众论淆之而必疑；只有一毫二三心，便守理不定，所以说惟一，不然利害临之而必变。

接人要和中有介，处事要精中有果，认理要正中有通。

在古人之后，议古人之失则易；处古人之位，为古人之事则难。

古之学者，得一善言，附于其身；今之学者，得一善言，务以悦人。

古之君子，病其无能也[24]，学之；今之君子，耻其无能也，讳之。

眼界要阔，遍历名山大川；度量要宏，熟读五经诸史。

先读经后读史，则论事不谬于圣贤；既读史复读经，则观书不徒为章句。

读经传[25]则根底厚，看史鉴则议论伟[26]，观云物则眼界宽，去嗜欲则胸怀净。

一庭之内，自有至乐；六经之外，别无奇书。

读未见书如得良友，见已读书如逢故人。

何思何虑，居心当如止水；勿取勿忘，为学当如流水。

心不欲杂，杂则神荡而不收；心不欲劳，劳则神被而不入。

心慎杂欲，则有余灵；目慎杂观，则有余明。

案上不可多书，心中不可少书。

鱼离水则鳞枯，心离书则神索。

志之所向，无坚不入，锐兵精甲，不能御也。

把意念沉潜得下，何理不可得；把志气奋发得起，何事不可做！

不虚心，便如以水沃石[27]，一毫进入不得；不开悟，便如胶柱鼓瑟[28]，一毫转动不得；不体认[29]，便如电光照物，一毫把捉不得；不躬行，便如水行得车、陆行得舟，一毫受用不得。

读书贵能疑，疑乃可以启信；读书在有渐，渐乃克底有成。

看书求理，须令自家胸中点头；与人谈理，须令人家胸中点头。

爱惜精神，留他日担当宇宙；蹉跎岁月，问何时报答君亲？

戒浩饮，浩饮伤神；戒贪色，贪色灭神；戒厚味，厚味昏神；戒饱食，饮食闷神；戒多动，多动乱神；戒多言，多言损神；戒多忧，多忧郁神；戒多思，多思挠神㉚；戒久睡，久睡倦神；戒久读，久读枯神。

【注释】

①世家：旧时泛指门第高、世代做官的人家。②“在我”四句：为旧时广州香山书院楹联。恕，儒家重要的伦理范畴。《论语·卫灵公》：“其恕乎，己所不欲，勿施于人。”五伦，也称“五常”。封建社会以君臣、父子、夫妇、兄弟、朋友为“五伦”。名教，指以正名定分为主的封建礼教。③适：恰好。济：增益。奸：自私，奸诈，虚伪。④陈：通“阵”，军队交战时的队列。⑤飘风：暴风。宫商：中国古代五声音阶（宫、商、角、徵、羽）中的两个音级，此处指音乐。⑥中馈：旧指妇女在家主持饮食之事，此指主持家政。⑦文章之士：此处专指以写文章为乐事的书生。⑧事功：事业和功绩。⑨求性道不外文章：意为探求一个人的性情、思想，必须去看他的文章。⑩桢（zhēn）干：筑墙所用的支柱，竖在两端的叫桢，竖在两旁的叫干。比喻支柱。⑪菑畲（zīyú）：泛指田地。菑，初耕的田地。畲，开垦了两年的熟田。⑫依归：意犹寄托。⑬几（jī）：细微的迹象，喻指事物变化的契机。⑭威仪：庄严的容貌举止。定命：顺从命运。⑮考功：考核功绩。⑯凝聚：集中，喻指贪婪。⑰流：意指流散，与“谨”相对。⑱伊周：指伊尹和周公旦。二人皆以贤明著称于世。⑲盗跖：相传为春秋末人，名跖。《庄子·盗跖》中称他是柳下惠之弟。⑳挂榜：悬挂着的牌子。㉑“独凛明日”二句：独处的时候，敬畏明亮的太阳；在暗处的时候，害怕鬼。意为不论什么时候，都要谨慎行事，这在古代又称为“慎独”。凛，通“懔”，敬畏。㉒庖人：厨师。炀（yáng）灶：在灶前烤火。㉓惟精：精心一意。㉔病：担忧。㉕经传：儒家典籍经与传的统称。经文部分言语简单而语意深奥，故作传来疏导通明。㉖史鉴：西汉司马迁所著《史记》和北宋司马光主编的《资治通鉴》合称“史鉴”。此处泛指历史

著作。㉗沃：灌，浇。㉘胶柱鼓瑟：弹琴的人调节音的高低时，须转动弦柱，用胶粘住后，便弹不出效果了。㉙体认：体察认识。㉚挠：扰乱。

存养类

【原文】

性分不可使不足，故其取数也宜多：曰穷理，曰尽性，曰达天，曰入神，曰致广大、极高明；情欲不可使有余，故其取数也宜少：曰谨言，曰慎行，曰约己，曰清心，曰节饮食、寡嗜欲。

大其心，容天下之物；虚其心，受天下之善；平其心，论天下之事；潜其心，观天下之理；定其心，应天下之变。

清明以养吾之气，果断以养吾之才，凝重以养吾之度，宽裕以养吾之量，严冷以养吾之操。

自家有好处，要掩藏几分，这是涵育以养深[①]；别人不好处，要掩藏几分，这是浑厚以养大。

以虚养心，以德养身，以仁养天下万物，以道养天下万世。

涵养冲虚[②]，便是身世学问；省除烦恼，何等心性安和。

颜子“四勿”要收入来[③]，闭存工夫，制外以养中也；孟子“四端”要扩充去[④]，格致工夫，推近以暨远也[⑤]。

喜怒哀乐而曰未发，是从人心直溯道心[⑥]，要他存养；未发而曰喜怒哀乐，是从道心指出人心，经他省察。

存养宜冲粹[⑦]，近春温；省察宜谨严，近秋肃[⑧]。

就性情上理会，则曰涵养；就念虑上提撕[⑨]，则曰省察；就气质上销熔[⑩]，则曰克治。

一动于欲，欲迷则昏；一任乎气，气偏则戾。

人心如谷种，满腔都是生意[⑪]，物欲锢之而滞矣[⑫]，然而生意未尝不在也，疏之而已耳；人心如明镜，全体浑是光明，习染熏之而矣，然而明体未尝不存也，拭之而已耳。

果决人似忙，心中常有余闲，因循人似闲，心中常有余忙。

寡欲故静，有主则虚。

无欲之谓圣，寡欲之谓贤，多欲之谓凡，徇欲之谓狂[13]。

人之心胸，多欲则窄，寡欲则宽；人之心境，多欲则忙，寡欲则闲；人之心术，多欲则险，寡欲则平；人之心事，多欲则忧，寡欲则乐；人之心气，多欲则馁，寡欲则刚。

宜静默，宜从容，宜谨严，宜俭约，四者切己良箴；忌多欲，忌妄动，忌坐驰[14]，忌旁骛[15]，四者切己大病。

常操常存[16]，得一“恒”字诀；勿忘勿助，得一“渐”字诀。

敬守此心，则心定；敛抑其气[17]，则气平。

人性中不曾缺一物，人性上不可添一物。

君子之心不胜其小，而气量涵盖一世；小人之心不胜其大，而志意拘守一隅。

怒是猛虎，欲是深渊。

忿如火，不遏则燎原；欲如水，不遏则滔天[18]。

惩忿如推山[19]，窒欲如填壑；惩忿如救火，窒欲如防水[20]。

心一松散，万事不可收拾。心一疏忽，万事不入耳目；心一执著，万事不得自然。

一念疏忽，是错起头；一念决裂，是错到底。

古之学者，在心上做功夫，故发之容貌[21]，则为盛德之符[22]；今之学者，在容貌上做功夫，故反之于心，则为实德之病[23]。

只是心不放肆，便无过差；只是心不怠忽，便无逸志[24]。

处逆境心须用开拓法，处顺境心要用收敛法。

世路风霜，吾人炼心之境也；世情冷暖，吾人忍性之地也；世事颠倒，吾人修行之资也。

青天白日的节义，自暗室屋漏中培来；旋乾转坤的经纶[25]，自临深履薄处得力[26]。

名誉自屈辱中彰，德量自隐忍中大。

谦退是保身第一法，安详是处事第一法，涵容是待人第一法，洒脱是养心第一法。

喜来时一检点，怒来时一检点，怠惰时一检点，放肆时一检点。

自处超然，处人蔼然；无事澄然，有事斩然；得意淡然，失意泰然。

静能制动，沉能制浮，宽能制偏，缓能制急。

天地间真滋味，惟静者能尝得出；天地间真机括，惟静者能看得透。

有才而性缓，定属大才；有智而气和，斯为大智。

气忌盛，心忌满，才忌露[27]。

有作用者，器宇定是不凡；有智慧者，才情决然不露。

意粗性躁，一事无成；心平气和，千祥骈集。

世俗烦恼处要耐得下，世事纷扰处要闲得下，胸怀牵缠处要割得下，境地浓艳处要淡得下，意气忿怒处要降得下。

以和气迎人，则乖沴灭[28]；以正气接物，则妖气消；以浩气临事，则疑畏释；以静气养身，则梦寐恬。观操存在利害时，观精力有饥疲时，观度量在喜怒时，观镇静在震惊时。

大事难事看担当，逆境顺境看襟度[29]，临喜临怒看涵养，群行群止看识见。

轻当矫之以重，浮当矫之以实，偏当矫之以宽，执当矫之以圆，傲当矫之以谦，肆当矫之以谨，奢当矫之以俭，忍当矫之以慈，贪当矫之以廉，私当矫之以公，放言当矫之以缄默，好动当矫之以镇静，粗率当矫之以细密，躁急当矫之以和缓，怠惰当矫之以精勤，刚暴当矫之以温柔，浅露当矫之以沉潜，谿刻当矫之以浑厚[30]。

【注释】

①涵育：涵养化育。②涵养：涵蓄存养自己的心性。冲虚：淡泊虚静。③颜子：颜回，孔子的学生。四勿：指非礼勿视、非礼勿听、非礼勿言、非礼勿动。语见《论语·颜渊》。④孟子：即孟轲。四端：《孟子·公孙丑上》说："恻隐之心，仁之端也；羞恶之心，义之端也；辞让之心，礼之端也；是非之心，智之端也。"⑤暨：及，到。⑥道心：指合乎伦理规范的道德观念。伪《古文尚书》："人心惟危，道心惟微，惟精惟一，允执厥中。"⑦冲粹：冲和中正。⑧肃：肃杀，冷落。⑨提撕：提醒。⑩气质：

指人的心理和生理等素质。销熔：熔化。⑪生意：生机，生命力。⑫锢：禁锢。⑬徇欲：为了追求物欲而不惜其身。⑭坐驰：神驰，身形不动而神驰于外。⑮旁骛（wù）：在正业之外别有所追求。⑯常操常存：指在品德上常操持常存养。⑰敛抑：收敛抑制。⑱遏：抑止。滔天：犹言“漫天”，比喻祸患的巨大程度。⑲惩忿：克制愤怒。⑳窒欲：抑止嗜欲。㉑发：显现。㉒盛德：旧指美盛的品德。符：征兆。㉓实德：实在的品德。㉔逸志：放纵神思。㉕经纶：整理丝缕，引申为治理国家大事的能力。㉖临深履薄：喻指艰难曲折的环境。“暗室屋漏”也有此喻。㉗“气忌盛”三句：人的精神忌盛气凌人，人的心性忌骄傲自满，人的才情忌锋芒毕露。㉘乖沴灭：指灾害消失。乖，背戾，不和谐。㉙襟度：胸怀度量。㉚豁刻：苛刻。

持躬类

【原文】

聪明睿智，守之以愚[①]；功被天下，守之以让，勇力振世，守之以怯；富有四海，守之以谦。

不与居积人争富[②]，不与进取人争贵，不与矜饰人争名[③]，不与少年人争英俊，不与盛气人争是非。

富贵，怨之府也[④]；才能，身之灾也；声名，谤之媒也；欢乐，悲之渐也[⑤]。

浓于声色，生虚怯病[⑥]；浓于货利[⑦]，生贪饕病[⑧]；浓于功业，生造作病[⑨]；浓于名誉，生矫激病。

想自己身心，到后日置之何处；顾本来面目，在古时像个甚人。

莫轻视此身，三才在此六尺[⑩]；莫轻视此生，千古在此一日。

醉酒饱肉，浪笑恣谈[⑪]，却不错过了一日；妄动胡言，昧理从欲，却不作孽了一日？

不让古人是谓有志，不让今人是谓无量。

一能胜予[⑫]，君子不可无此小心；吾何畏彼[⑬]，丈夫不可无此大志。

怪小人之颠倒豪杰，不知惯颠倒方为小人；惜君子之受世折磨，不知惟折磨乃见君子。

经一番挫折，长一番识见；容一番横逆[14]，增一番器度[15]；省一分经营，多一分道义；学一分退让，讨一分便宜；增一分享用，减一分福泽；加一分体贴，知一分物情。

不自重者取辱，不自畏者招祸；不自满者受益，不自是者博闻。

有真才者，必不矜才；有实学者，必不夸学。

盖世功劳，当不得一个“矜”字；弥天罪恶，最难得一个“悔”字。

诿罪掠功[16]，此小人事；掩罪夸功，此众人事；让美归功，此君子事；分怨共过[17]，此盛德事。

毋毁众人之名以成一己之善，毋没天下之理以护一己之过。

大着肚皮容物，立定脚跟做人。

实处着脚，稳处下手。

读书有四个字最要紧，曰阙疑好问[18]；做人有四个字最要紧，曰务实耐久。事当快意处须转，言到快意时须住。

物忌全胜，事忌全美，人忌全盛。

尽前行者地步窄[19]，向后看者眼界宽。

留有余不尽之巧，以还造化；留有余不尽之禄，以进朝廷；留有余不尽之财，以还百姓；留有余不尽之福，以贻子孙。

四海和平之福，只是随缘[20]；一生牵惹之劳[21]，总因好事[22]。

花繁柳密处拨得开，方见手段；风狂雨骤时立得定[23]，才是脚跟。

步步占先者，必有人以挤之；事事争胜者，必有人以挫之[24]。

能改过，则天地不怒；能安分，则鬼神无权。

言行拟之古人则德进，功名付之天命则心闲，报应念及子孙则事平，受享虑及疾病则用俭。

安莫安于知足，危莫危于多言；贵莫贵于无求，贱莫贱于多欲；乐莫乐于好善，苦莫苦于多贪；长莫长于博谋[25]，短莫短于自恃[26]；明莫明于体物，暗莫暗于昧几[27]。

能知足者，天不能贫；能忍辱者，天不能祸；能无求者，天不能贱；能外形骸者，天不能病；能不贪生者，天不能死；能随遇而安者，天不能困；能造就人才者，天不能孤；能以身任天下后世者，天不能绝。

天薄我以福，吾厚吾德以迓之[28]；天劳我以形，吾逸吾心以补之；天危我以遇，吾享吾道以通之；天苦我以境，吾乐吾神以畅之。

吉凶祸福，是天主张；毁誉予夺，是人主张；立身行己，是我主张。

要得富贵福泽，天主张，由不得我；要做贤人君子，我主张，由不得天。

富以能施为德，贫以无求为德，贵以下人为德[29]，贱以忘势为德。

护体面不如重廉耻，求医药不如养性情，立党羽不如昭信义，作威福不如笃至诚，多言语不如慎隐微，博声名不如正心术，恣豪华不如乐名教，广田宅不如教义方。

行己恭[30]，责躬厚[31]，接众和，立心正，进道勇。

择友以求益，改过以全身。

“敬”为千圣授受真源，“慎”乃百年提撕紧钥[32]。

度量如海涵春育，应接如流水行云，操存如青天白日，威仪如丹凤祥麟[33]，言论如敲金戛石，持身如玉洁冰清[34]，襟抱如兴风霁月[35]，气概如乔岳泰山。

“海阔从鱼跃，天空任鸟飞”，非大丈夫不能有此度量；“振衣千仞冈，濯足万里流[36]”，非大丈夫不能有此气节；“珠藏泽自媚，玉韫山含辉[37]”，非大丈夫不能有此襟怀。

处草野之日[38]，不可将此身看得小；居廊庙之日[39]，不可将此身看得大。

只一个俗念头，错做了一生人；只一双俗眼睛，错认了一生人。

心不妄念，身不妄动，口不妄言，君子所以存诚；内不欺己，外不欺人，上不欺天，君子所以慎独[40]；不愧父母，不愧兄弟，不愧妻子，君子所以宜家[41]；不负天子，不负生民，不负所学，君子所以用世[42]。

以性分言，无论父子兄弟，却天地万物，皆一体耳，何物非我？于此信得及，则心体廓然矣[43]；以外物言[44]，无论功名富贵，即四肢百骸，亦躯壳耳，何物是我？于此信得及，则世味淡然矣[45]。

有补于天地曰功，有关于世教曰名[46]，有学问曰富，有廉耻曰贵，是谓功名富贵；无为曰道，无欲曰德，无习于鄙陋曰文[47]，无近于暧昧曰章，是谓道德文章。

困辱非忧，取困辱为忧；荣利非乐，忘荣利为乐。

热闹繁花之境，一过辄生凄凉；清真冷淡之为，历久愈有意味。

心志要苦，意趣要乐，气度要宏，言动要谨。

心术以光明笃实为第一，容貌以正大老成为第一，言语以简重真切为第一[48]。

勿吐无益身心之语，勿为无益身心之事，勿近无益身心之人，勿入无益身心之境，勿展无益身心之书。

此生不学一可惜，此日闲过二可惜，此身一败三可惜。

君子胸中所常体[49]，不是人情是天理；君子口中所常道，不是人伦是世教；君子身中所常行，不是规矩是准绳。

休诿罪于气化[50]，一切责之人事[51]；休过望于世间，一切求之我身。

自责之外，无胜人之术；自强之外，无上人之术。

书有未曾经我读，事无不可对人言。

闺门之事可传，而后知君子之家法矣；近习之人起敬，而后知君子之身法矣。

门内罕闻喜笑怒骂，其家范可知；座右遍书名论格言，其志趣可想。

慎言动于妻子仆隶之间[52]，检身心于食息起居之际。

语言间尽可积德，妻子间亦是修身。

昼验之妻子，以观其行之笃与否也；夜考之梦寐，以卜其志之定与否也。

欲理会七尺[53]，先理会方寸[54]；欲理会六合[55]，先理会一腔[56]。

世人以七尺为性命，君子以性命为七尺[57]。

气象要高旷，不可疏狂[58]；心思要缜密，不可琐屑；趣味要冲淡[59]，不可枯寂；操守要严明[60]，不可激烈。

聪明者戒太察，刚强者戒太暴，温良者戒无断。

勿施小惠伤大体，毋借公道遂私情。

以情恕人，以理律己。

以恕己之心恕人，则全交[61]；以责人之心责己，则寡过。

力有所不能，圣人不以无可奈何者责人；心有所当尽[62]，圣人不以无可奈何者自诿[63]。

众恶必察众好必察易，自恶必察自好必察难[64]。

见人不是，诸恶之根；见己不是，万善之门。

“不为过”三字，昧却了多少良心；“没奈何”三字，抹却了多少体面。

品诣常看胜如我者[65]，则愧耻自增；享用常看不如我者，则怨尤自泯。

家坐无聊，亦念食力担夫红尘赤日[66]；官阶不达[67]，尚有高才秀士白首青衿[68]。

将啼饥者比[69]，则得饱自乐；将号寒者比，则得暖自乐；将劳役者比[70]，则悠闲自乐；将疾病者比，则康健自乐；将祸患者比，则平安自乐；将死亡者比，则生存自乐。

常思终天抱恨[71]，自不得不尽孝心；常思度日艰难，自不得不节费用；常思人命脆薄，自不得不惜精神；常思世态炎凉，自不得不奋志气；常思法网难漏，自不得不戒非为；常思身命易倾，自不得不忍气性。

以“媚”字奉亲，以“淡”字交友，以“苟”字省费，以“拙”字免劳，以“聋”字止谤[72]，以“盲”字远色，以“吝”字防口，以“病”字医淫，以“贪”字读书，以“疑”字穷理，以

“刻”字责己，以“迂”字守礼，以“狠”字立志，以“傲”字植骨，以“痴”字救贫，以“空”字解忧，以“弱”字御侮，以“悔”字改过，以“懒”字抑奔竞风，以“隋”字屏尘俗事。

对失意人莫谈得意事，处得意日莫忘失意时。

贫贱是苦境，能善处者自乐；富贵是乐境，不善处者更苦。

恩里由来生害，故快意时须早回头；败后或反成动，故拂心处莫便放手[73]。

深沉厚重，是第一等资质；磊落雄豪，是第二等资质；聪明才辩，是第三等资质。

上士忘名，中士立名，下士窃名。

上士闭心，中士闭口，下士闭门。

好讦人者身必危[74]，自甘为愚，适成其保身之智；好自夸者人多笑，自舞其智[75]，适见其欺人之愚。

闲暇出于精勤，恬适出于祇惧[76]，无思出于能虑，大胆出于小心。

平康之中有险阻焉[77]，衽席之内有鸩毒焉[78]，衣食之间有祸败焉。

居安虑危，处治思乱。

天下之势，以渐而成；天下之事，以积而固。

祸到休愁，也要会救；福来休喜，也要会受。

天欲祸人，先以微福骄之；天欲福人，先以微祸儆之[79]。

傲慢之人，骤得通显，天将重刑之也；疏放之人，艰于进取，天将曲赦之也。

小人亦有坦荡荡处，无忌惮是已[80]；君子亦有长戚戚处[81]，终身之忧是已。

水，君子也，其性冲[82]，其质白，其味淡，其为用也，可以浣不洁者而使洁[83]，即沸汤中投以油，亦自分别，而不相混，诚哉君子也；油，小人也，其性滑，其质腻，其味浓，其为用也，可有污洁者而使不洁，倘滚油中投以水，必至激搏而不相容[84]，诚哉小人也！

凡阳必刚，刚必明，明则易知；凡阴必柔，柔必暗，暗则难测。

称人以颜子，无不悦者，忘其贫贱而夭；指人以盗跖，无不怒者，忘其富贵而寿。

事事难上难，举足当虞失坠[85]；件件想一想，浑身都是过差。

怒宜实力消融，过要细心检点。

探理宜柔，优游涵泳[86]，始可以自得；决欲宜刚，勇猛奋迅，始可以自新[87]。

惩忿窒欲，其象为“损”[88]，得力在一“忍”字；迁善改过[89]，其象为“益”[90]，得力在一“悔”字。

富贵如传舍[91]，惟谨慎可久居；贫贱如敝衣，惟勤俭可以脱卸。

俭则约，约则百善俱兴；侈则肆，肆则百恶俱纵。

奢者富不足，俭者贫有余；奢者心常贫，俭者心常富。

贪饕以招辱，不若俭而守廉；干请以犯义[92]，不若俭而全节；侵牟以聚怨[93]，不若俭而养心；放肆以遂欲[94]，不若俭而安性。

静坐然后知平日之气浮[95]，守默然后知平日之言躁[96]，省事然后知平日之心忙，闭户然后知平日之交滥，寡欲然后知平日之病多，近情然后知平日之念刻[97]。

无病之身，不知其乐也，病生始知无病之乐；无事之家，不知其福也，事至始知无事之福。

欲心正炽时，一念着病，兴似寒冰；利心正炽时，一想到死，味同嚼蜡。

有一乐境界，即有一不乐者相对待；有一好光景，便有一不好的相乘除。

事不可做尽，言不可道尽，势不可倚尽，福不可享尽。

不可吃尽，不可穿尽，不可说尽；又要懂得，又要做得，又要耐得。

难消之味休食，难得之物休蓄，难酬之恩休受，难久之友休交，难再之时休失，难守之财休积，难雪之谤休辩，难释之忿休较。

饭休不嚼便咽，路休不看便走，话休不想便说，事休不思便做，衣休不慎便脱，财休不审便取，气休不忍便动，友休不择便交。

为善如负重登山，志虽已确，而力犹恐不及；为恶如乘骏走坡，鞭虽不加，而足不禁其前。

防欲如挽逆水之舟，才歇手便下流；为善如缘无枝之树[98]，才住脚便下坠。

胆欲大，心欲小；智欲圆，行欲方。

真圣贤决非迂腐[99]，真豪杰断不粗疏。

龙吟虎啸，凤翥鸾翔[100]，大丈夫之气象；蚕茧蛛丝，蚁封蚓结[101]，儿女子之经营。

格格不吐[102]，刺刺不休[103]，总是一般语病，请以莺歌燕语疗之；恋恋不舍，忽忽若忘[104]，各有一种情痴[105]，当以鸢飞鱼跃化之。

问消息于蓍龟[106]，疑团空结；祈福祉于奥灶[107]，奢想徒劳。

谦，美德也，过谦者怀诈；默，懿行也，过默者藏奸。

直不犯祸，和不害义。

圆融者无诡随之态[108]，精细者无苛察之心，方正者无乖拂之失，沉默者无阴险之术，诚笃者无椎鲁之累[109]，光明者无浅露之病，劲直者无径情之偏[110]，执持者无拘泥之迹，敏练者无轻浮之状。

才不足则多谋，识不足则多虑，威不足则多怒，信不足则多言，勇不足则多劳，明不足则多察，理不足则多辩，情不足则多仪。

私恩煦感[111]，仁之贼也；直往轻担[112]，义之贼也；足恭伪态[113]，礼之贼也；苛察歧疑[114]，智之贼也；苟约固守[115]，信之贼也。有杀之为仁生之为不仁者，有取之为义与之为不义者，有卑之为礼尊之为非礼者，有不知为智知之为不智者，有违言为信践言为非信者[116]。

愚忠愚孝[117]，实能维天地纲常，惜不遇圣人裁成，未尝入室[118]；大诈大奸，偏会建世间功业，倘非有英主驾驭，终必跳梁[119]。

知其不可为而遂委心任之者[120]，达人智士之见也；知其不可为而亦竭力图之者[121]，忠臣孝子之心也。

小人只怕他有才，有才以济之，流害无穷；君子只怕他无才，无才以行之，虽贤何补？

【注释】

①守之以愚：即以愚守之。②居积：囤积。③矜饰：夸耀，装饰。④府：意为聚集之处。⑤渐：通“潜”，潜伏。⑥虚怯：虚弱。⑦货利：财利。⑧贪饕（tāo）：贪得无厌。⑨造作：矫作。⑩三才：指天、地、人。人在天地之间，故说三才集于人一身。六尺：古代人一般身长六尺（旧尺），后遂以六尺代指人。⑪浪笑恣谈：放荡轻浮的谈笑。⑫子：代词，你。⑬吾何畏彼：语出《孟子·滕文公上》：“彼丈夫也，我丈夫也，吾何畏彼哉？”比喻人要立大志。⑭横逆：强暴不顺理。⑮器度：才能风度。⑯诿罪掠功：推脱自己的罪过，掠取他人的功劳。⑰分怨共过：同受怨恨，共担过错。⑱阙疑：有疑问暂时放下，不作主观臆测。⑲尽前行：只朝前走，不回头看。⑳随缘：随其机缘，不加勉强。㉑牵惹：招引。㉒好事：多事。㉓风狂雨骤：意指环境变化险恶难测。㉔挫：挫折，挫败。㉕博谋：多谋。㉖自恃：自负。㉗昧几（jī）：看不出事物变化的契机。㉘迓（yà）：迎接。㉙下人：委屈自己以尊敬他人。㉚行已：行止，此指日常的行为举止。㉛责躬：自己陈述自己的过失。㉜紧钥：喻指事的关键。㉝丹凤祥麟：指凤凰与麒麟。㉞持身：立身处世。㉟襟抱：胸怀，抱负。㊱濯（zhuó）足：洗去脚上的污垢。㊲韫（yùn）：蕴藏，蕴藉。㊳草野：喻指民间。㊴廊庙：为古代帝王和大臣议政的地方，此处代指朝廷。㊵慎独：在独处时言语行为谨慎而不随便。㊶宜家：古称家庭安顺，夫妇和睦为宜家。㊷用世：为世所用而能驰骋自己的才干。㊸心体：指身心。廓然：空阔的样子。㊹外物：此指心外之物。㊺世味：人世滋味，犹世情。㊻世教：指当时的正统思想。㊼鄙陋：庸俗，浅薄。㊽简重：简要庄重。㊾常体：经常体察。㊿气化：古指阴阳之气的变化。51人事：人为之事，人力。52言动：言语和行动。仆隶：指供役使的人。53七尺：指人身。54方寸：指心。55六合：指天、地与东、西、南、北四方。56一腔：自己的胸怀。57“世人”二句：一般人把自己的性命看得很重，君子则看得很淡。58疏狂：狂放不羁。59冲淡：指人的胸怀平和淡泊。60操守：平常的品行气节。61全交：保全友谊。62心有所当尽：指对事情应当尽自己的能力。63诿：推托。64“众恶”二句：（做到对）大众都讨厌的人和大众都喜欢的人一定要考察，是比较容易；（做到对）自己讨厌的人和自己喜欢的人一定要考察，则比较困难了。语出《论语·卫灵公》：“子曰：‘众恶之，

必察焉；众好之，必察焉。'”㊅品诣：品德所达到的境界。㊆食力担夫红尘赤日：指在艰苦的环境中卖力气为生。㊇官阶：官位的品级。㊈尚有高才秀士白首青衿：意为还有高才秀士到年老时还只是个秀才身份。青衿，明清时称府、州、县学的生员、秀才。㊉啼饥：形容非常贫困，衣食等基本生活资料得不到保障。“号寒”同此义。⑩劳役：指强迫的劳动。⑪终天：如天那样久远无穷。⑫止谤：平息指责。⑬拂心：违反本心，与心思不合。⑭讦（jié）：攻击别人的短处或揭发别人的隐私。⑮自舞其智：意指炫耀显示自己的聪明。舞，玩弄。⑯祇（qí）惧：大惧。⑰平康：唐代长安坊名，为妓女聚居之所，旧时因以“平康”作为妓女所居的泛称。⑱衽（rèn）席：寝床上的席子，此隐指房间之私情。鸩（zhèn）：传说中的一种毒鸟，羽毛呈紫绿色，浸在酒中，能致人身死。⑲儆：警戒。⑳忌惮：有所顾虑而不敢妄为。已：表示肯定的语气词。㉑戚戚：忧惧的样子。《论语·述而》：“君予坦荡荡，小人长戚戚。”㉒冲：空虚。㉓浣：洗涤污垢。㉔激搏：激烈搏斗。㉕虞：料想。㉖优游：又远又长。涵泳：喻指深入体会。㉗自新：自己改过自新。㉘象：象征。《周易》用卦爻等符号象征自然变化和人事休咎。损：《周易》六十四卦之一，兑下艮上，象征减损。㉙迁善：改恶从善。㉚益：《周易》六十四卦之一，震下巽上，象征增益。㉛传（zhuàn）舍：古代供来往行人住宿的处所。㉜干请：有所求而请托于人。㉝侵牟：掠夺。牟，取。㉞遂欲：随心所欲。㉟气浮：心气上浮。㊱言躁：言语急促。㊲念刻：心思苛刻。㊳缘：攀缘。㊴迂腐：拘泥守旧。⑩⓪翥（zhù）：飞举。⑩①蚁封：蚂蚁凿巢形成洞口积聚的小土堆。封，土堆。蚓结：蚯蚓身体的一节，此喻其微小的程度。⑩②格格不吐：指说话结结巴巴、吞吞吐吐的样子。⑩③刺刺不休：指说话喋喋不休、没完没了的样子。⑩④忽忽若忘：指神情恍惚。就像把事情忘记了的样子。⑩⑤情痴：神情呆痴。⑩⑥蓍（shī）龟：蓍草和龟甲，古人常用其占卜吉凶。⑩⑦祉：福。奥灶：指灶神。旧时民间有腊月二十四日（北方为二十三日）为灶神上天之日，因灶神向玉帝陈说人间善恶，故当时人们常向灶神求福。⑩⑧圆融：指圆和融洽。诡随：放肆狡诈。⑩⑨椎鲁：愚钝。⑪⓪径情：任性。⑪①私恩：意为私人的恩惠。煦感：感动的样子。⑪②直往轻担：径直去拣分量轻的担子。⑪③足恭：过度谦恭。伪态：伪作的神态。⑪④歧疑：有歧义、疑惑的地方。⑪⑤苟约：随便约会。⑪⑥践言：履行诺言。⑪⑦愚忠愚孝：

尽忠尽孝而不明事理。⑱未尝入室：意为还没有完全领会“忠”“孝”的含义。⑲跳梁：腾跃跳动，比喻强横跋扈的情状。⑳委心：听任本心。㉑图：图谋成功。

敦品类

【原文】

欲做精金美玉的人品[①]，定从烈火中锻来[②]；思立揭地掀天的事功[③]，须向薄冰上履过[④]。

人以品为重，若有一点卑污之心，便非顶天立地汉子；品以行为主，若有一件愧怍之事[⑤]，即非泰山北斗品格[⑥]。

人争求荣乎？就其求之之时已极人间之辱；人争恃宠乎？就其恃之之时已极人间之贱。

丈夫之高华[⑦]，只在于功名气节；鄙夫之炫耀，但求诸服饰起居。

阿谀取容，男子耻为妾妇之道；本真不凿[⑧]，大人不失赤子之心[⑨]。

君子之事上也，必忠以敬，其接下也，必谦以和；小人之事上也，必谄以媚，其待下也，必傲以忽。

立朝不是好官人[⑩]，由居家不是好处士[⑪]；平素不是好处士，由小时不是好学生。

做秀才如处子[⑫]，要怕人；既入仕如媳妇，要养人；归林下如阿婆[⑬]，要教人。

贫贱时眼中不著富贵[⑭]，他日得志必不骄；富贵时意中不忘贫贱，一旦退休必不怨。

贵人之前莫言贱，彼将谓我求其荐；富人之前莫言贫，彼将谓我求其怜。

小人专望人恩，恩过辄忘；君子不轻受人恩，受则必报。

处众以和，贵有强毅不可夺之力；持己以正，贵不圆通不可拘之权。使人有面前之誉，不若使人无背后之毁；使人有乍处之欢[⑮]，不若使人无久处之厌。

媚若九尾狐，巧如百舌鸟，哀哉羞此七尺之躯；暴同三足虎，毒比两头蛇，惜乎坏尔方寸之地。

到处伛偻[16]，笑伊首何仇于天，何亲于地[17]；终朝筹算，问尔心何轻于命，何重于财[18]？

亲兄弟析箸[19]，璧合翻作瓜分；士大夫爱钱，书香化为铜臭。

士大夫当为子孙造福，不当为子孙求福：谨家规、崇俭朴、教耕读、积阴德，此造福也；广田宅、结姻援[20]、争什一[21]、鬻功名[22]，此求福也。造福者淡而长[23]，求福者浓而短。士大夫当为此生惜名，不当为此生市名：敦诗书、尚气节、慎取与、谨威仪，此惜名也；竞标榜；邀权贵、务矫激、习模棱[24]，此市名也。惜名者静而休[25]，市名者躁而拙。士大夫当为一家用财，不当为一家伤财：济宗党[26]、广束修[27]、救荒欠、助义举，此用财也；靡苑囿[28]、教歌舞、奢燕会[29]、聚宝玩，此伤财也。用财者损而盈，伤财者满而覆。士大夫当为天下养身，不当为天下惜身：省嗜欲、减思虑、戒忿怒、节饮食，此养身也；规利害、避劳怨、营窟宅、守妻子，此惜身也。养身者啬而大[30]，惜身者膻而细[31]。

【注释】

①精金美玉：比喻人品精粹美好。②锻：冶炼，锤炼。③事功：功业。④履：踩，踏。⑤愧怍（zuò）：惭愧。⑥泰山北斗：泰山在五岳中最高，北斗在众星中最亮。比喻人品高洁。⑦高华：高贵的品性。⑧不凿：不被凿蚀。⑨大人：德行高尚的人。⑩立朝：在朝廷上做官。⑪居家：闲居在家。处士：尚未做官的读书人。⑫处子：未出嫁的女子。⑬归林下：此指年老辞官在家休养。⑭著：通“着”，着意。⑮乍处：刚开始相处。⑯伛偻：即驼背，此指卑躬屈膝。⑰“笑伊”二句：可笑的是他老是低头哈腰，为什么与天那么有仇，又因什么与地那么亲密？⑱“问尔”二句：请问你的心怎么把生命看得那么轻，而把钱财看得那么重呢？⑲析箸：意为分家。箸，筷子。⑳姻援：结姻亲以取得某种帮助。㉑争十一：争十分之一的利。㉒鬻（yù）：卖。㉓长：此指长寿。㉔模棱：含糊，不表明态度。㉕休：美善。㉖济：周济。宗党：指亲族、朋辈。㉗束修：十条干肉称

“束修”，古代诸侯大夫之间相馈赠的礼物。此泛称送人的钱物。㉘靡（mí）：奢侈。㉙燕：通“宴”。㉚啬：节俭。㉛膻：羊腹内的脂膏，此指肥硕。

处事类

【原文】

处难处之事愈宜宽，处难处之人愈宜厚，处至急之事愈宜缓，处至大之事愈宜平，处疑难之际愈宜无意。

无事时常照管此心，兢兢然若有事；有事时却放下此心，坦坦然若无事。

无事如有事提防，才可弭意外之变[①]；有事如无事镇定，方可消局中之危。当平常之日，应小事宜以应大事之心应之，盖天理无小，即目前观之，便有一个邪正，不可忽慢苟简[②]，须审理之邪正以应之方可；及变故之来，处大事宜以处小事之心处之，盖人事虽大，自天理观之，只有一个是非，不可惊惶失措，但凭理之是非以处之便得。

缓事宜急干，敏则有功[③]；急事宜缓办，忙则多错。

不自反者，看不出一身病痛[④]；不耐烦者，做不成一件事业。

日日行，不怕千万里；常常做，不怕千万事。

必有容[⑤]，德乃大；必有忍，事乃济[⑥]。

过去事丢得一节是一节[⑦]，现在事了得一节是一节，未来事省得一节是一节。

强不知以为知，此乃大愚；本无事而生事，是谓薄福。

居处必先精勤，乃能闲暇；凡事务求停妥[⑧]，然后逍遥[⑨]。

天下最有受用，是一“闲”字，然“闲”字要从勤中得来；天下最讨便宜，是一“勤”字，然“勤”字要从闲中做出[⑩]。

自己做事，切须不可迂滞，不可反复，不可琐碎；代人做事，极要耐得迂滞[⑪]，耐得反复，耐得琐碎。

谋人事如己事，而后虑之也审[⑫]；谋己事如人事，而后见之也明。

无心者公，无我者明。

置其身于是非之外，而后可以折是非之中；置其身于利害之外，而后可以观利害之变。

在事者当置身利害之外，建言者当设身利害之中[13]。

无事时戒一“偷”字[14]，有事时戒一“乱”字。

将事而能弭[15]，遇事而能救，既事而能挽[16]，此之谓达权[17]，此之谓才；未事而知来[18]，始事而要终[19]，定事而知变，此之谓长虑，此之谓识。

提得起，放得下；算得到，做得完；看得破，撇得开。

救已败之事者，如驭临崖之马，休轻策一鞭；图垂成之功者，如挽上滩之舟，莫少停一棹[20]。

以真实肝胆待人，事虽未必成功，日后人必见我之肝胆；以诈伪心肠处事，人即一时受惑，日后人必见我之心肠。

天下无不可化之人，但恐诚心未至；天下无不可为之事，只怕立志不坚。

处人不可任己意，要悉人之情；处事不可任己见，要悉事之理。见事贵乎理明，处事贵乎心公。于天理汲汲者[21]，于人欲必淡；于私事耽耽者[22]，于公务必疏；于虚文熠熠者[23]，于本实必薄[24]。

君子当事，则小人皆为君子，至此不为君子，真小人也；小人当事，则中人皆为小人，至此不为小人，真君子也。

居官先厚民风，处事先求大体。

论人当节取其长，曲谅其短；做事必先审其害，后计其利。

小人处事，于利合者为利，于利背者为害；君子处事，于义合者为利，于义背者为害。

只人情世故熟了，什么大事做不到；只天理人心合了，什么好事做不成！

只一事不留心，便有一事不得其理；只一物不留心，便有一物不得其所。

事到手且莫急，便要缓缓想；想得时切莫缓[25]，便要急急行。

事有机缘，不先不后，刚刚凑巧；命若蹭蹬[26]，走来走去，步步踏空。

【注释】

①弭（mǐ）：消除。②苟简：草率而简单。③敏：奋勉。④病痛：此指缺点、毛病。⑤容：容量，宽容。⑥济：成功，完成。⑦一节：犹一件。⑧停妥：该做的事做完了。⑨逍遥：优游自得的样子。⑩“勤”字要从闲中做出：指做事前心中要有条有理，有先有后，否则杂乱无章，一动手就会出错，再勤也于事无济。⑪迂滞：迂回迟缓。⑫审：详知，明悉。⑬建言：发表意见。⑭偷：苟且，犹虚度光阴。⑮将事：指将要发生的事。⑯既事：已经发生的事。挽：挽回。⑰达权：指临事能变通，使之圆满。⑱未事：还没有发生的事。知：预知。⑲始事而要终：指善始善终。⑳“救已”六句：挽救已败之事，要小心谨慎，切莫再有一点失误；干将要成功之事，要一鼓作气，切莫松一口气。㉑汲汲：心情急切的样子。㉒耽耽：专注的样子，此指沉湎于个人之事。㉓熠熠：光彩闪烁。㉔本实：事情的本来面目。㉕想得：考虑好了。㉖蹭蹬：比喻人困顿失意。

接物类

【原文】

事属暧昧[1]，要思回护它，着不得一点攻讦的念头；人属寒微，要思矜礼他[2]，着不得一毫傲睨的气象[3]。

凡一事而关人终身，纵确见实闻，不可着口；凡一语而伤我长厚，虽闲谈酒谑[4]，慎勿形言[5]。

严着此心以拒外诱，须如一团烈火，遇物即烧；宽着此心以待同类，须如一片春阳，无人不暖。

待己当从无过中求有过，非独进德，亦且免患；待人当于有过中求无过，非但存厚，亦且解恶。

事后而议人得失，吹毛索垢，不肯丝毫放宽，试思己当其局，未必能效彼万一；旁观而论人短长，抉隐摘微，不留些须余地，试思己受其毁，未必能安意顺承。

遇事只一味镇定从容，虽纷若乱丝，终当就绪；待人无半毫矫伪欺诈，纵狡如山鬼，亦自献诚。

公生明，诚生明，从容生明。

人好刚我以柔胜之，人用格我以诚感之，人使气我以理屈之。

柔能制刚，遇赤子而贲育失其勇[⑥]；讷能屈辩[⑦]，逢喑者而仪秦拙于词[⑧]。

困天下之智者，不在智而在愚；穷天下之辩者，不在辩而在讷；伏天下之勇者[⑨]，不在勇而在怯。

以耐事了天下之多事[⑩]，以无心息天下之争心[⑪]。

何以息谤？曰无辩；何以止怨？曰不争。

人之谤我也，与其能辩，不如能容；人之侮我也，与其能防，不如能化。

是非窝里，人用口，我用耳；热闹场中，人向前，我落后。

观世间极恶事，则一眚一慝[⑫]，尽可优容[⑬]；念古来极冤人，则一毁一辱，何须计较。

彼之理是，我之理非，我让之；彼之理非，我之理是，我容之。

能容小人是大人，能培薄德是厚德。

我不识何等为君子，但看每事肯吃亏的便是；我不识何等为小人，但看每事好便宜的便是。

律身惟廉为宜，处世以退为尚。

以仁义存心，以勤俭作家，以忍让接物。

径路窄处，留一步与人行；滋味浓的，减三分让人尝。

任难任之事，要有力而无气；处难处之人，要有知而无言[⑭]。

穷寇不可追也[⑮]，遁辞不可攻也[⑯]，贫民不可威也。

祸莫大于不雠人而有雠人之辞色[⑰]，耻莫大于不恩人而诈恩人之状态。

恩怕先益后损，威怕先松后紧。

善用威者不轻怒，善用恩者不妄施。

宽厚者毋使人有所恃，精明者毋使人无所容[⑱]。

事有知其当变，而不得不因者[19]，善救之而已矣；人有知其当退，而不得不用者，善驭之而已矣[20]。

轻信轻发[21]，听言之大戒也[22]；愈激愈厉[23]，责善之大戒也[24]。

处事须留余地，责善切戒尽言。

施在我有余之惠[25]，则可以广德；留在人不尽之情，则可以全交。

古人爱人之意多，故人易于改过，而视我也常亲，我之教益易行[26]；今人恶人之意多，故人甘于自弃，而视我也常仇，我之言必不入。

喜闻人过，不若喜闻己过；乐道己善，何如乐道人善。

听其言必观其行，是取人之道；师其言不问其行，是取善之方。

论人之非，当原其心[27]，不可徒泥其迹；取人之善，当据其迹，不必深究其心。

小人亦有好处，不可恶其人并没其是[28]；君子亦有过差，不可好其人并饰其非[29]。

小人固当远，然断不可显为仇敌；君子固当亲，然亦不可曲为附和[30]。

待小人宜宽，防小人宜严。

闻恶不可遽怒[31]，恐为谗人泄忿；闻善不可就亲[32]，恐引奸人进身[33]。

先去私心，而后可以治公事；先平己见，而后可以听人言。

修己以清心为要，涉世以慎言为先[34]。

恶莫大于纵己之欲[35]，祸莫大于言人之非[36]。

人生惟酒色机关，须百炼此身成铁汉；世上有是非门户，要三缄其口学金人[37]。

工于论列者[38]，察己常阔疏；狃于讦直者[39]，发言多弊病。

人情每见一人，始以为可亲，久而厌生，又以为可恶，非明于理而复体之以情，未有不割席者[40]；人情每处一境，始以为甚乐，久而厌生，又以为甚苦，非平其心而复济之以养[41]，未有不思迁者[42]。

观富贵人，当观其气概，如温厚和平者，则其荣必久，而其后必昌；观贫贱人，当观其度量，如宽宏坦荡者，则其福必臻，而其家必裕。

宽厚之人，吾师以养量[43]；慎密之人[44]，吾师以炼识；慈惠之人，吾师以御下[45]；俭约之人，吾师以居家；明通之人[46]，吾师以生慧[47]；质朴之人，吾师以藏拙[48]；才智之人，吾师以应变；缄默之人，吾师以存神[49]；谦恭善下之人[50]，吾师以亲师友；博学强识之人[51]，吾师以广见闻。

居视其所亲[52]，富视其所与，达视其所举[53]，穷视其所不为[54]，贫视其所不取。

取人之直恕其戆[55]，取人之朴恕其愚，取人之介恕其隘[56]，取人之敬恕其疏，取人之辩恕其肆，取人之信恕其拘。

遇刚鲠人[57]，须耐他戾气[58]；遇骏逸人，须耐他妄气[59]；遇朴厚人，须耐他滞气[60]；遇佻达人[61]，须耐他浮气。

人褊急[62]，我受之以宽宏；人俭仄，我平之以坦荡。

奸人诈而好名，他行事有确似君子处；迂人执而不化[63]，其决裂有甚于小人时。

持身不可太皎洁[64]，一切污辱垢秽要茹纳得[65]；处世不可太分明，一切贤愚好丑要包容得。

宇宙之大，何物不有？使择物而取之，安得别立宇宙，置此所舍之物；人心之广，何人不容？使择人而好之，安有别个人心，复容所恶之人！

德盛者其心和平，见人皆可取，故口中所许可者多[66]；德薄者其心刻傲[67]，见人皆可憎，故目中所鄙弃者众[68]。

律己宜带秋气[69]，处世须带春风。

善处身者，必善处世，不善处世，贼身者也[70]；善处世者，必严修身，不严修身，媚世者也。

爱人而人不爱，敬人而人不敬，君子必自反也；爱人而人即爱，敬人而人即敬，君子益加谨也。

人若近贤良，譬如纸一张，以纸包兰麝[71]，因香而得香；人若近邪友，譬如一枝柳，以柳贯鱼鳖[72]，因臭而得臭。

人未己知，不可急求其知；人未己合，不可急与之合。

落落者难合[73]，一合便不可离；欣欣者易亲[74]，乍亲忽然成怨[75]。

能媚我者，必能害我，宜加意防之；肯规予者[76]，必肯助予，宜倾心听之。

出一个大伤元气进士[77]，不如出一个能积阴德平民；交一个读破万卷邪士[78]，不如交一个不识一字端人[79]。

无事时，埋藏着许多小人；多事时，识破了许多君子。

一种人，难悦亦难事[80]，只是度量褊狭，不失为君子；一种人，易事亦易悦，只是贪污软弱[81]，不免为小人。

大恶多从柔处伏[82]，须防绵里之针[83]；深雠常自爱中来，宜防刀头之蜜。

惠我者小恩[84]，携我为善者大恩[85]；害我者小雠，引我为不善者大雠。

毋受小人私恩，受则恩不可酬[86]；毋犯士夫公怒，犯则怒不可救。

喜时说尽知心，到失欢须防发泄；恼时说尽伤心，恐再好自觉羞惭。

盛喜中勿许人物，盛怒中勿答人书。

顽石之中，良玉隐焉[87]；寒灰之中[88]，星火寓焉。

静坐常思己过，闲谈莫论人非。

对痴人莫说梦话，防所误也；见短人莫说矮话，避所忌也。

面谀之词[89]，有识者未必悦心；背后之议，受憾者常至刻骨[90]。

攻人之恶毋太严，要思其堪受；教人以善毋过高，当使其可从。

互乡童子则进之[91]，开其善也；阙党童子则抑之[92]，勉其学也。

不可无不可一世之识；不可有不可一人之心[93]。

事有急这不白者，缓之或自明，毋急躁以速其戾[94]；人有操之不从者，纵之或自化[95]，毋躁切以益其顽。

遇矜才者毋以才相矜，便以愚敌其才，便可压倒；遇炫奇者毋以奇相炫，但以常敌其奇，便可破除。

直道事人[96]，虚衷御物[97]。

岂能尽如人意，便求不愧我心。

不近人情，举足尽是危机；不体物情，一生俱成梦境[98]。

己性不可任，当用逆法制之，其道在一“忍”字；人性不可拂，当用顺法调之，其道在一“恕”字。

仇莫深于不体人之私，而以苦之；祸莫大于不讳人之短，而又讦之。辱人以不堪，必反辱[99]；伤人以已甚，必反伤。

处富贵之时，要知贫贱的痛痒；值少壮之日，须念衰老的辛酸；入安乐之场，当体患难人景况；居旁观之地，务悉局内人苦心。

临事须替别人想，论人先将自己想。

欲胜人者先自胜，欲论人者先自论，欲知人者先自知。

待人三自反，处世两如何。

待富贵人，不难有礼，而难有体；待贫贱人，不难有恩，而难有礼。

对愁人勿乐，对哭人勿笑，对失意人勿矜。

见人背语[100]，勿倾耳窃听；入人之室，勿侧目旁观；到人案头，勿信手乱翻。

不蹈无人之室[101]，不入有事之门，不处藏物之所。

俗语近于市，谶语近于娼[102]，诨语近于优[103]。

闻君子议论，如啜苦茗[104]，森严之后，甘芳溢颊；闻小人谄笑[105]，如嚼糖霜[106]，爽美之后，寒冰凝胸。

凡为外所胜者，皆内不足；凡为邪所夺者，皆正不足。

存平天者，于我无与也[107]，穷通得丧[108]，吾听之而已；存乎我者，于人无与也，毁誉是非，吾置之而已。

小人乐闻君子之过，君子耻闻小人之恶。

慕人善者，勿问其所以善，恐拟议之念生[109]，而效法之念微矣；济人穷者，勿问其所以穷，恐憎恶之心生，而恻隐之心泯矣。

时穷势蹙之人[110]，当原其初心；功成名立之士，当观其末路。

踪多历乱[111]，定有必不得已之私；言到支离[112]，才是无可奈何之处。

惠不在大，在乎当厄[113]；怨不在多，在乎伤心。

毋以小嫌疏至戚[114]，毋以新怨忘旧恩。

两惠无不释之怨，两求无不合之交，两怒无不成之祸。

古之名望相近则相得[115]，今之名望相近则相妒。

【注释】

①暧昧：指隐私。②矜：顾惜。③傲睨：傲然睨视。睨，斜视。④酒谑：饮酒开玩笑。⑤形言：形之于言，即在言语上表露出来。⑥赤子：初生的婴儿，此指纯洁善良的人。贲（bēn）育：战国时有勇士孟贲和夏育，此泛指勇士。⑦讷：出言迟钝。⑧喑：哑，此指默不作声。仪秦：战国时人张仪和苏秦，以能言善辩闻名于世。此指能言善辩的人。拙：笨拙。⑨伏：降伏。⑩耐事：任事，忍让处事。了：完，结束。⑪争心：竞争或争斗之心。⑫眚（shěng）：一种眼病，比喻不友好的眼神。慝（tè）：邪恶。⑬优容：犹从容。⑭知：通“智”，即智慧。⑮穷寇：势穷力竭的敌人。⑯遁辞：理屈词穷或不愿以真意告人时用来支吾搪塞的话。⑰雠（chóu）人：以人为仇敌。雠，仇敌。辞色：言语和面部表情。⑱“宽厚”二句：性情宽厚的人不要让人有可乘之机，精明伶俐的人要给人留有余地。⑲因：因袭。⑳驭：控制。㉑轻信轻发：轻易相信轻易说出。㉒听言：听别人说话。㉓愈激愈厉：越急切越严厉。㉔责善：督促他人为善。㉕有余之惠：分出自己多余的财物。㉖教：训诲。易行：易于推广流行。㉗原：推究。㉘没其是：否定他正确的地方。㉙饰：掩饰。㉚曲：曲意。附和：盲目应和别人的意见或随着别人行动。㉛遽（jù）：疾，速。㉜就亲：立即亲近。㉝进身：此意指奸人向上爬。㉞慎言：说话谨慎小心。㉟纵己之欲：放纵自己贪婪的欲望。㊱言人之非：说别人的坏话。㊲缄：封闭。金人：铜铸的人像。㊳工：擅长，善于。论列：议论，陈述。㊴狃（niǔ）：习以为常。讦（jié）直：揭发人的过错不徇情。㊵割席：称与朋友绝交为“割席”。㊶济之以养：意指努力改善自己与环境的关系。济，接济。养，养护。㊷思迁：想换地方。㊸师：学习。养量：修养气量。㊹

慎密：言语行为谨慎严密。㊺御下：驾御、统治下属。㊻明通：聪明通达。㊼生慧：富有智慧。㊽藏拙：掩饰自己不好的地方，不让人知道。常作谦辞。㊾存神：存心养性。㊿善下：亲善普通人。51强识：记得东西多。识，通“志”，记住。52居：指居家。亲：亲近。53达：显贵。举：举荐。54穷：困窘。55直：正直。恕：宽容。戆（gàng）：愚。56介：节操。隘：褊狭。57刚鲠（gěng）：刚直。58戾气：性格乖张、暴戾。59妄气：虚妄，不实在。60滞气：指性格拘泥，不变通。61佻达：来往无拘无束的样子，此处用作轻薄的意思。62褊急：气量狭隘，性情急躁。63迂人：拘守而不达世情的人。64持身：处身做人。皎洁：明亮洁白。65茹纳得：包容得了。66口中所许可者多：口中答应说可以的时候多。67刻傲：苛刻傲慢。68鄙弃：看不起而鄙视抛弃。69秋气：秋天肃杀之气。秋风吹过，万木凋零，故称。70贼身：伤害、毁坏自身。71兰麝（shè）：兰花和麝香。72贯：穿通。73落落：形容孤独的样子。74欣欣：喜悦自得的样子。75乍（zhà）：忽然，骤然。76规：规劝，谏诤。77大伤元气进士：指费尽心血方考中进士的人。进士，科举时代称殿试考取的人。78邪士：不正派的读书人。79端人：品格正直的人。80难悦亦难事：难以讨取欢心，也难以共同处事。81软弱：此指品性低下。82伏：藏匿，埋伏。83绵里之针：比喻外貌和善，内心尖刻。84惠我：给我好处。85携：牵，挽，此处意为引导。86酬：报谢，偿还。87焉：犹言“于此”。88寒灰：已冷却的灰烬，即死灰。89面谀：当面奉承。90憾：仇恨，怨恨。91互乡童子：互乡，古地名。《论语·述而》说：“互乡这个地方的人难于交谈。一天，互乡的一个童子得到了孔子的接见，弟子们很疑惑。孔子说：‘可以促其进步，不可让其退步，何必做得太过分？别人把自己弄得干干净净来见，便应该肯定他的干净，不要老记住他的过去。’”92阙党童子：阙党，古地名，孔子的家乡。《论语·宪问》说：“阙党有个童子来向孔子传达消息。有人问孔子：‘这个孩子是求上进的人吗？’孔子说：‘我看他大模大样地坐在座位上，又看他与长辈并肩而行。这不是个求上进的人，只是个急于求成的人。’”93“不可”二句：不可没有蔑视一切的胆识，不可有只有一人能行的心思。94速其戾：加剧事情的不利后果。戾，罪恶，喻恶果。95自化：自己转化。96直道事人：以正直之道和人相处。97虚衷御物：指处理事情实事求是，不带成见。98“不近”四句：不合乎人的常情，所到之处都潜伏着危机；不按事情的实际情况办事，一生便会一事无成。⑲必反辱：必然反取耻辱。⑳背语：背着人悄悄说话。㉑蹈：踏，踩。㉒谶（chèn）语：迷信的人指事后应验的话。㉓诨语：诙谐逗趣的话。古时士大夫之间不苟言笑，对爱插科打诨的人也很看不起。优：优伶。古代对以乐舞戏谑为生的艺人的称呼。㉔啜：喝。茗：茶的通称。㉕谄：装着笑脸巴结人。㉖糖霜：熬制成的糖。㉗与：参与。㉘穷通：困厄与通达。得丧：得到与丧失。㉙拟议：事先考虑。㉚时穷势蹙：困顿势衰。㉛踪多历乱：平生遭遇多次变乱。㉜支离：言语凌乱，前言不搭后语。㉝当厄：正当困顿的时候。㉞嫌：怨恨，不满。至戚：最亲近的亲戚。㉟相得：指相互肯定对方。

齐家类

【原文】

勤俭，治家之本；和顺，齐家之本[①]；谨慎，保家之本；诗书，起家之本；忠孝，传家之本。

天下无不是的父母，世间最难得者兄弟。

以父母之心为心，天下无不友之兄弟[②]；以祖宗之心为心，天下无不和之族人；以天地之心为心，天下无不爱之民物。

人君以天地之心为心，人子以父母之心为心，天下无不一之心矣[③]；臣工以朝廷之事为事[④]，奴仆以家主之事为事，事下无不一之事矣[⑤]。

孝莫辞劳，转眼便为人父母；善毋望报，回头但看尔儿孙。

子之孝，不如率妇以为孝，妇能养亲者也，公姑得一孝妇，胜如得一孝子；妇之孝，不如导孙以为孝，孙能娱亲者也[⑥]，祖父得一孝孙，又增一辈孝子。

父母所欲为者，我继述之[⑦]；父母所重念者[⑧]，我亲厚之[⑨]。

婚而论财，究也夫妇之道丧[⑩]；葬而求福[⑪]，究也父子之恩绝。

君子有终身之丧，忌日是也；君子有百世之养，丘墓是也。

兄弟一块肉，妇人是刀锥；兄弟一釜羹[⑫]，妇人是盐梅[⑬]。

兄弟和，其中自乐；子孙贤，此外何求！

心术不可得罪于天地，言行为留好样与儿孙。

现在之福，积自祖宗者，不可不惜；将来之福，贻于子孙者，不可不培。

现在之福如点灯，随点则随竭；将来之福如添油，愈添则愈明。

问祖宗之泽，吾享者是，当念积累之难；问子孙之福，吾贻者是，要思倾覆之易。

要知前世因，今生受者是，吾谓昨日以前，尔祖尔父皆前世也；要知后世因，今生作者是，吾谓今日以后，尔子尔孙皆后世也。

祖宗富贵，自诗书中来，子孙享福贵，则弃诗书矣。祖宗家业，自勤俭中来，子孙享家业，则忘勤俭矣。

近处不能感动，未有能及远者[14]；小处不能调理，未有能治大者；亲者不能连属[15]，未有能格疏者[16]；一家生理不能全备，未有能安养百姓者；一家子弟不率规矩[17]，未有能教诲他人者。

至乐无如读书，至要莫如教子。

子弟有才，制其爱毋弛其诲，故不以骄败[18]；子弟不肖，严其诲毋薄其爱，故不以怨离[19]。

雨泽过润，万物之灾也；恩崇过礼[20]，臣妾之灾也；情爱过义，子孙之灾也。

安详恭敬，是教小儿第一法；公正严明，是做家长第一法。

人一心先无主宰，如何整理得一身正当；人一身先无规矩，如何调剂得一家肃穆。

融得性情上偏私，便是大学问；消得家庭中嫌隙[21]，便是大经纶[22]。

遇朋友交游之失[23]，宜剀切[24]，不宜游移[25]；处家庭骨肉之变，宜委屈，不宜激烈。

未有和气萃焉而家不吉昌者，未有戾气结焉而家不衰败者。

闺门之内，不出戏言，则刑于之化行矣[26]；房幄之中，不闻戏笑，则相敬之风著矣。

人之于嫡室也，宜防其蔽子之过；人之于继室也，宜防其诬子之过。

仆虽能，不可使与内事；妻虽贤，不可使与外事。

奴仆得罪于我者尚可恕，得罪于天者不可恕。子孙得罪于人者尚可恕，得罪于天者不可恕。

奴之不祥，莫大于传主人之谤语；主之不祥，莫在于行仆婢之谮语㉗。

治家严，家乃和；居乡恕，乡乃睦。

治家忌宽而尤忌严，居家忌奢而尤忌啬。

无正经人交接，其人必是奸邪；无穷亲友往来，其家必然势利。

日光照天，群物皆作，人灵于物，寐而不觉，是谓天起人不起，必为天神所谴，如君上临朝，臣下高卧失误，不免罚责；夜漏三更㉘，群物皆息，人灵于物，烟酒沉溺，是谓地眠人不眠，必为地祇所呵㉙，如家主欲睡，仆婢喧闹不休，定遭鞭笞。

楼下不宜供神，虑楼上之秽亵㉚；屋后必须开户，防屋前之火灾。

【注释】

①齐家：整治家庭。②友：兄弟互相敬爱。③一：指心齐。④臣工：指群臣百官。⑤一：指事情进行得顺利。⑥娱亲：指能使父母愉快地度过晚年。娱，快乐，欢娱。⑦继述：接着，遵循。⑧重念：深深惦念。⑨亲厚：亲近厚待。⑩究：毕竟，到底。⑪葬而求福：父母生前儿女不孝，死后儿女却大肆铺张，并请风水先生选择好的坟地，为自己和后代求福降祥。⑫釜：炊器。羹：用五味调和的浓汤。⑬盐梅：盐味咸，梅味酸，此指调味所需的佐料。⑭及远：指影响达到远处。⑮连属（zhǔ）：连接。⑯格疏：感化关系不亲密的人。格，感化。⑰率：遵循，服从。⑱骄败：因骄傲而败亡。⑲怨离：因怨恨而远离。⑳恩：惠德。过礼：超过礼节。㉑嫌隙：因猜疑而形成的仇怨。㉒经纶：整理丝缕。引申为治理国家大事。㉓交游：结交朋友。㉔剀（kǎi）切：切中事理。㉕游移：移动不定。㉖刑于：用礼法对待别人，后把夫妇关系和睦称作“刑之于化”。刑，指礼法。㉗谮（zèn）语：诬陷的话。㉘夜漏：夜间的时刻。古代用铜壶滴

漏记时，故称“夜漏”。三更：古代把一夜分为五更，半夜子时为三更，即晚上二十三点至凌晨一点。㉙地祇（qí）：地神。呵：大声呵斥。⑯秽亵：犹污秽。

从政类

【原文】

眼前百姓即儿孙，莫谓百姓可欺，且留下儿孙地步[①]；堂上一官称父母，漫道一官好做，还尽些父母恩情。

善体黎庶情，此谓民之父母；广行阴骘事[②]，以能保我子孙。

封赠父祖[③]，易得也，无使我唾骂父祖，难得也；恩荫子孙[④]，易得也，无使人毒害子孙，难得也。

洁己方能不失己，爱民所重在亲民。

朝廷立法不可不严，有司行法不可不恕[⑤]。

严以驭役[⑥]，而宽以恤民；极于扬善，而勇于去奸；缓于催科[⑦]，而勤于抚字[⑧]。

催科不扰，催科中抚字；刑罚不差，刑罚中教化。

刑罚当宽处即宽，草木亦上天生命；财用可省时便省，丝毫皆下民脂膏。

居家为妇女们爱怜，朋友必多怒色；做官为衙门欢喜，百姓定有怨声。

官不必尊显，期于无负君亲；道不必博施，要在有裨民物。

禄岂须多[⑨]，防满则退[⑩]；年不待暮，有疾便辞。

天非私富一人，托以众贫者之命；天非私贵一人，托以众贱者之身。

住世一日，要做一日好人；为官一日，要行一日好事。

贫贱人栉风沐雨[⑪]，万苦千辛，自家血汗自家消受，天之鉴察犹恕；富贵人衣税食租，担爵受禄，万民血汗一人消受，天之督责更严[⑫]。

平日诚以治民，而民信之，则凡有事于民，无不应矣；平日诚以事天，而天信之，则凡有祷于天，无不应矣。

平民肯种德施惠，便是无位的卿相[13]；士夫徒贪权希宠[14]，竟成有爵的乞儿。

无功而食，雀鼠是已；肆害而食，虎狼是已。

毋矜清而傲浊，毋慎大而忽小，毋勤始而怠终。

勤能补拙，俭以养廉。

居官廉，人以为百姓受福，予以为赐福于子孙者不浅也[15]，曾见有约己裕民者[16]，后代不昌大耶[17]；居官浊，人以为百姓受害，予以为贻害于子孙者不浅也，曾见有瘠众肥家者，历世得久长耶[18]！

以林泉安乐懒散心做官[19]，未有不荒怠者[20]；以在家治生营产心做官[21]，未有不贪鄙者[22]。

念念用之君民，则为吉士[23]；念念用之套数[24]，则为俗吏[25]；念念用之身家[26]，则为贼臣[27]。

古之从仕者养人，今之从仕者养己。

古之居官也，在下民身上做工夫；今之居官也，在上官眼底做工夫。

在家者不知有官[28]，方能守分；在官者不知有家，方能尽分。

君子当官任职，不计难易，而志在济人，故动辄成功；小人苟禄营私[29]，只任便安，而意在利己，故动多败事。

职业是当然的，每日做它不尽，莫要认作假；权势是偶然的，有日还他主者[30]，莫要认作真。

一切人为恶，犹可言也[31]，惟读书人不可为恶，读书人为恶，更无教化之人矣；一切人犯法，犹可言也，惟做官人不可犯法，做官人犯法，更无禁治之人也[32]。

士大夫济人利物，宜居其实，不宜居其名，居其名，则德损；士大夫忧国为民，当有其心，不当有其语，有其语，则毁来。

以处女之自爱者爱身，以严父之教子者教士。

执法如山，守身如玉；爱民如子，去蠹如仇[33]。

陷一无辜，与操刀杀人者何别；释一大憝[34]，与纵虎伤人者无殊[35]。

针芒刺手[36]，茨棘伤足[37]，举体痛楚[38]，刑惨百倍于此，可以喜怒施之乎；虎豹在前，坑阱在后[39]，百般呼号，狱犴何异于此[40]，可使无辜坐之乎！

官虽至尊，决不可以人之生命佐己之喜怒；官虽至卑，决不可以己之名节佐人之喜怒。

听断之官[41]，成心必不可有[42]；任事之官，成算必不可无。

无关紧要之票，概不标判[43]，则吏胥无权[44]；不相交涉之人[45]，概不往来，则关防自密。

无辜牵累难堪，非紧要，只须两造对质[46]，保全多少身家；疑案转移甚大，无确据，便当末减从宽[47]，休养几人性命。

呆子之患，深于浪子，以其终无转智[48]；昏官之害，甚于贪官，以其狼藉及人。

官肯着意一分，民受十分之惠；上能吃苦一点，民沾万点之恩。

礼繁则难行，卒成废阁之书；法繁则易犯，益甚决裂之罪[49]。

善启迪人心者，当因其所明而渐通之，毋强开其所闭；善移易风俗者，当因其所易而渐反之，毋强矫其所难[50]。

非甚不便于民[51]，且莫妄更[52]；非大有益于民，则莫轻举[53]。

情有可通，莫如旧有者，过裁抑以生寡恩之怨[54]；事在得已，莫如旧无者，妄增设以开多事之门。

为前人者，无干誉矫情[55]，立一切不可常之法[56]，以难后人；为后人者，无矜能露迹[57]，为一朝即改革之政，以苦前人。

事在当因，不为后人开无故之端；事在当革，毋使后人长不救之祸[58]。

利在一身勿谋也，利在天下者谋之；利在一时勿谋也，利在万世者谋之。

莫为婴儿之态[59]，而有大人之器[60]；莫为一身之谋，而有天下之志；莫为终身之计，而有后世之虑。

用三代以前见识而不失之迂[61]，就三代以后家数而不邻于俗[62]。

大智兴邦，不过集众思；大愚误国，只为好自用[63]。

吾爵益高，吾志益下；吾官益大，吾心益小；吾禄益厚，吾施益博。

安民者何？无求于民，则民安矣；察吏者何[64]？无求于吏，则吏察矣。

不可假公法以报私仇，不可假公法以报私德。

天德只是个无我，王道只是个爱人。

惟有主，则天地万物自我而立；必无私，斯上下四旁咸得其平。

治道之要在知人，君德之要在体仁，御臣之要在推诚，用人之要在择言，理财之要在经制，足用之要在薄敛，除寇之要在安民。

未用兵时，全要虚心用人；既用兵时，全要实心活人。

天下不可一日无君，故夷齐非汤武[65]，明臣道也，不然，则乱臣接踵，而难为君；天不可一日无民，故孔孟是汤武[66]，明君道也，不然，则暴君接踵，而难为民。

庙堂之上[67]，以养正气为先；海宇之内[68]，以养元气为本。

人身之所重者元气，国家之所重者人才。

【注释】

①且留下儿孙地步：且给老百姓留下与儿孙一样的地位。②阴骘（zhì）：旧时称暗中有德于人的行为，同“阴德”。③封赠：封建王朝把官爵授给大官重臣的父母。父母健在的称“封”，已死的称“赠”。④恩荫：古代官僚的子孙因先代官爵而受封称作“恩荫”。⑤有司：古代设官分职，各司其事，故称官吏为“有司”。⑥驭役：统治部下。⑦催科：催租。租税有法律科条，故称。⑧抚字：对子女的爱护养育，这里用作对官吏治理民政的颂称。⑨禄：古代官吏的俸给。⑩防满则退：意为不到盈满时，就退官休养。⑪栉风沐雨：以风梳发，以雨洗头。比喻在外奔波，不避风雨的辛苦。⑫督责：审察其罪而责罚。⑬无位：没有品爵。卿相：古代社会政府的高级官员的通称。⑭士夫：士大夫。⑮锡：赐予。⑯约己裕民：约束自己而富裕百姓。⑰昌大：昌盛兴旺。耶：疑问语气词。⑱历世：经历的年代，寿命。⑲林泉：山林泉石胜景，此指退隐之地。⑳荒怠：荒废懈怠。㉑治生营产：治理生活经营产业。㉒贪鄙：贪婪卑鄙。㉓吉士：古代对男子的美称。㉔套数：比喻死守条条框框。㉕俗吏：眼光短浅、不学无

术的官吏。㉖身家：自己和全家。㉗贼臣：为害社会的官吏。㉘“在家”四句：在家里的人，只有不依仗在外做官的亲属的权势，才能安分守己；在外做官的人，只有不为自家谋私，才能尽自己的职责。不知有官，指不以亲属在外做官为意。㉙苟禄：指仅为俸禄而应付工作。㉚有日还他主者：终有一天是要还给其他的人主宰的。㉛犹可言也：意为还可以说得过去。㉜禁治：禁止，惩治。㉝蠹（dù）：蛀虫。㉞大憝（duì）：大奸恶，恶人的魁首。㉟无殊：没有不同，没有区别。㊱针芒：比喻极细小的东西。㊲茨棘：蒺藜棘。㊳举体痛楚：全身都很苦楚。㊴坑阱：为防御或猎取野兽而设的陷阱。㊵狱犴：牢狱。㊶听断：听取陈述，做出决定。指听讼断狱。㊷成心：偏见，成见。㊸标判：指示判定。㊹吏胥：官府的小吏。㊺交涉：关联。㊻两造：争讼的双方，即原告和被告。㊼末减：定罪后减等处刑，从轻发落。㊽转智：变聪明。㊾益甚：进一步增大。决裂：破裂。㊿强矫：强硬地纠正。51非甚不便于民：不是特别对百姓不便利的。52妄更：随便更改。53轻举：没经过缜密考虑而盲目行动。54裁抑：删减抑制。寡恩：缺少情意。55干誉：追求名誉。矫情：掩饰真情。56常：常行。57矜能：夸耀才能。58不救之祸：难以挽救的灾祸。59婴儿之态：比喻表情不庄重，说变就变。60大人之器：成人的度量、胸怀。61三代：指夏、商、周三朝代。62家数：此指“三代”以后的规矩。俗：庸俗。63自用：凭自己主观意识行事，听不进别人意见。64察吏者何：以何者察吏。察，明鉴。65夷齐：伯夷和叔齐，商朝孤竹君的两个儿子。66汤武：商汤和周武王，古时称为明君。67庙堂：太庙明堂，古帝王祭祀、议事的地方。此指朝廷。68海宇：指国境以内的地方。

惠吉类

【原文】

圣人敛福，君子考祥。

作德日休，为善最乐。

开卷有益，作善降祥。

崇德效山，藏器学海[①]。

群居守口，独坐防心。

知足常乐，能忍自安。

穷达有命，吉凶由人。

以镜自照见形容，以心自照见吉凶。

善为至实[2]，一生用之不尽；心作良田，百世耕之有余。

世事让三分，天空地阔；心田培一点，子种孙收。

要好儿孙，须方寸中放宽一步[3]；欲成家业，宜凡事上吃亏三分。

留福与儿孙，未必尽黄金白镪[4]；种心为产业，由来皆美宅良田。

存一点天理心，不必责效于后，子孙赖之；说几句阴骘话，纵未尽施于人，鬼神鉴之[5]。

非读书不能入圣贤之域，非积德不能生聪慧之儿。多积阴德，诸福自至，是取决于天；尽力家事，加倍收成，是取决于地；善教子孙，后嗣昌大，是取决于人。事事培元气，其人必寿；念念存本心，其后必昌。勿谓一念可欺也，须知有天地鬼神之鉴察；勿谓一言或轻也，须知有前后左右之窃听；勿谓一事可忽也，须知有身家性命之关系；勿谓一时可逞也，须知有子孙祸福之报应。

人心一念之邪，而鬼在其中焉，因而欺侮之，播弄之，昼见于形象，夜见于梦魂，必酿其祸而后已，故邪心即是鬼，鬼与鬼相应，又何怪乎；人心一念之正，而神在其中焉，因而鉴察之，呵护之，上至于父母，下至于儿孙，必致其福而后已，故正心即是神，神与神相亲，又何疑乎！

终日说善言，不如做了一件；终身行善事，须防错了一件。

物力艰难，要知吃饭穿衣，谈何容易；光阴迅速，即使读书行善，能有几多！

只字必惜[6]，贵之根也；粒米必珍，富之源也；片言必谨，福之基也；微命必护[7]，寿之本也。

作践五谷[8]，非有奇祸，必有奇穷；爱惜只字，不但显乐，亦当延寿。

茹素非圣人教也[9]，好生则上天意也[10]。

仁厚刻薄，是修短关[11]；谦益盈满，是祸福关；勤俭奢惰；是贫富关；保养纵欲，是人鬼关。

造物所忌[12]，曰刻曰巧[13]；万类相感[14]，以诚以忠。

做人无成心，便带福气；做事有结果，亦是寿征[15]。

执拗者福轻，而圆通之人[16]，其福必厚；急躁者寿夭，而宽宏之士，其寿必长。

谦卦六爻皆吉[17]，“恕”字终身可行。

做本色人，说根心话，干近情事。

一点慈爱，不但是积德种子，亦是积福根苗，试看哪有不慈爱的圣贤；一念容忍，不但是无量德器，亦是无量福田，试看哪有不容忍的君子！

好恶之良[18]，萌于夜气[19]，息之于静也[20]；恻隐之心，发于乍见[21]，感之于动也。

塑像栖神[22]，盍归奉亲[23]；造院居僧[24]，盍往救贫！

费千金而结纳势豪，孰若倾半瓢之粟以济饥饿；构千楹而招徕宾客[25]，何如葺数椽之茅以庇孤寒[26]。

悯济人穷[27]，虽分文升合[28]，亦是福田；乐与人善，即只字片言，皆为良药。

贱占田园，决生败子；尊崇师傅，定产贤郎。

平居寡欲养身，临大节则达生委命[29]；治家量入为出，干好事则仗义轻财[30]。

善用力者就力，善用势者就势，善用智者就智，善用财者就财。

身世多险途，急须寻求安宅；光阴同过客，切莫汩没主翁[31]。

莫忘祖父积阴功，须知文字无权[32]，全凭阴骘；最怕生平坏心术，毕竟主司有眼，如见心田。

天下第一种可敬人：忠臣孝子；天下第一种可怜人：寡妇孤儿。

孝子百世之宗，仁人天下之命[33]。

形之正，不求影之直而影自直；声之平，不求响之和而响自和[34]；德之崇，不求名之远而名自远。

有阴德者，必有阳报；有隐行者，必有昭名[35]。

施必有报者，天地之定理[36]，仁人述之以劝人；施不望报者，圣贤之盛心[37]，君子存之以济世[38]。

面前的理路要放得宽，使人无不平之叹；身后的惠泽要流得远，令人有不匮之思。

不可不存时时可死之心，不可不行步步求生之事。

做恶事须防鬼神知，干好事莫怕旁人笑。

吾本薄福人[39]，宜行惜福事；吾本薄德人，宜行积德事。

薄福者必刻薄，刻薄则福愈薄矣；厚福者必宽厚，宽厚则福益厚矣。

有工夫读书谓之福，有力量济人谓之福，有著述行世谓之福[40]，有聪明浑厚之儿谓之福；无是非到耳谓之福，无疾病缠身谓之福，无尘俗撄心谓之福[41]，无兵凶荒歉之岁谓之福[42]。

从热闹场中出几句清冷言语，便扫除无限杀机[43]；向寒微路上用一点赤热心肠，自培植许多生意[44]。

入瑶树琼林中皆宝[45]，有谦德仁心者为祥。

谈经济外[46]，宁谈艺术[47]，可以给用[48]；谈日用外，宁谈山水，可以息机[49]；谈心性外，宁谈因果，可以劝善。

艺花可以邀蝶，垒石可以邀云，栽松可以邀风，植柳可以邀蝉，贮水可以邀萍，筑台可以邀月，种蕉可以邀雨，藏书可以邀友，积德可以邀天。

作德日休，是谓福地；居易俟命[50]，是谓洞天[51]。

心地上无波涛[52]，随在皆风恬浪静[53]，性天中有化育[54]，触处见鱼跃鸢飞[55]。

贫贱忧戚，是我分内事，当动心忍性，静以俟之，更行一切善，以斡转之[56]；富贵福泽，是我分外事，当保泰持盈[57]，慎以守之，更造一切福，以凝承之[58]。

世网哪能跳出[59]？但当忍性耐心，自安义命，即网罗中之安乐窝也；尘务岂能尽捐[60]？惟不起炉作灶，自取纠缠，即火坑中之清凉散也。

热不可除，而热恼可除——秋在清凉台上[61]；穷不可遣，而穷愁可遣——春生安乐窝中[62]。

富贵贫贱，总难称意，知足即为称意；山水花竹，无恒主人，得闲便是主人。

要足何时足，知足便足；求闲不得闲，偷闲即闲。

知足常足，终身不辱；知止常止，终身不耻。

急行缓行，前程总有许多路；逆以顺取，命中只有这般财。

理欲交争[63]，肺腑成为吴越；物我一体，参商终是兄弟[64]。

以积货财之心积学问，以求功名之心求道德，以爱妻子之心爱父母，以保爵位之心保国家。

移作无益之费以作有益[65]，则事举[66]；移乐宴乐之时以乐讲习[67]，则智长；移信异端之意以信圣贤，则道明；移好财色之心以好仁义，则德立；移计利害之私以计是非，则义精；移养小人之禄以养君子，则国治；移输和戎之赀以输军国[68]，则兵足；移保身家之念以保百姓，则民安。

做大官的，是一样家数；做好人的，是一样家数。

潜居尽可以为善，何必显宦？躬行孝弟，志在圣贤，纂辑先哲格言[69]，刊刻广布，行见化行一时，泽流后世，事业之不朽，蔑以加焉；贫贱尽可以积福，何必富贵？存平等心，行方便事，效法前人懿行，训俗型方，自然祖敦宗族，德被乡邻，利济之无穷，孰大于是！

一时劝人以口，百世劝人以书。

静以修身，俭以养德；入则笃行，出则友贤[70]。

读书者不贱，守田者不饥，积德者不倾[71]，择交者不败[72]。

明镜止水以澄心，泰山乔岳以立身，青天白日以应事[73]，霁月光风以待人。

省费医贫，弹琴医躁，独卧医淫，随缘医愁[74]，读书医俗。

以鲜花视美色，则孽障自消[75]；以流水听弦歌[76]，则性灵何害！

养德宜操琴，炼智宜弹棋[77]，遣情宜赋诗，辅气宜酌酒，解事宜读史[78]，得意宜临书，静坐宜焚香，醒睡宜嚼茗，体物宜展画，适境宜按歌[79]，阅候宜灌花，保形宜课药[80]，隐心宜调鹤，孤况宜闻蛩[81]，涉趣宜观鱼，忘机宜饲雀，幽寻宜藉草[82]，淡味宜掬泉，独立宜望山，闲吟宜倚树，清谈宜剪烛，狂啸宜登台，逸兴宜投壶[83]，结想宜欹枕[84]，息缘宜闭户[85]，探景宜携囊，爽致宜临风，愁怀宜伫月[86]，倦游宜听雨，元悟宜对雪，避寒宜映日，空累宜看云，谈道宜访友，福后宜积德。

【注释】

①藏器：隐藏自己的才智。②至实：最实在的东西。③方寸：即心。④白镪：银子的别名。⑤“存一点”六句：存一点天理良心，即便未必督促子孙效法，子孙也会照样学好；说几句积阴德的话，即便未必完全施予他人，鬼神也会明鉴。⑥只字必惜：古代有些读书人把写过字的纸片收拢起来一起焚化，认为这是一种善行而自以为乐。⑦微命：微弱的生命。⑧作践：糟蹋。⑨茹素：吃素食。⑩好生：爱惜生灵，不事杀戮。⑪修短：长和短。⑫造物：旧时称命运、福分为“造物”，亦称“造化”。⑬刻、巧：刻薄、取巧。⑭万类：犹万物。相感：相互感应、相通。⑮寿征：长寿的征兆。⑯圆通：灵活变通而不偏执。⑰谦卦：六十四卦之一，艮下坤上。《易·谦》：“象曰：地中有山，谦，君子裒多益寡，称物平施。”⑱好恶之良：好好恶恶的品性。⑲夜气：比喻清明洁净的心境。⑳息：繁殖，衍生。㉑乍见：忽然看见。㉒栖神：让神留住。㉓盍归奉亲：何不回家奉养父母。盍（hé），何不。㉔造院：建造庭院。㉕构：营造。楹（yíng）：屋一间为一楹。招徕：招之使来。㉖葺（qì）：修理房屋。数椽（chuán）之茅：陋室，茅草房。椽，架在屋顶的圆木条。孤寒：身世寒微。㉗悯济人穷：怜恤救助他人的贫穷。㉘升合：升和合，容量单位。十合为一升，十升为一斗。㉙大节：指关系存亡安危的大事。达生：不为事务牵累的人。委命：效命。㉚仗义轻财：指讲义气，肯拿钱财帮别人。㉛汩（gǔ）没：埋没。主翁：犹自己。㉜无权：没变通。意为自己做了什么，就只会在史书上留下什么，不会把恶行变成善行。㉝仁人：仁爱有节操的人。㉞响之

和：乐声和顺。㉟昭名：指声名显扬。㊱定理：常理。㊲盛心：美盛之心。㊳济世：匡时救世。㊴薄福：福分浅薄。㊵行世：流传于世。㊶尘俗：指日常生活中的事务。撄（yīng）：扰乱。㊷兵凶：战火，兵灾。荒歉：荒年歉收。㊸杀机：杀伐的动机。㊹生意：生机。㊺瑶树琼林：喻人的品格高洁。㊻经济：经国济民。㊼艺术：泛指各种技术技能。㊽给（jǐ）用：即供给应手。㊾息机：摆脱事务，平和心性。㊿居易：安于平易。俟（sì）命：等待天命。51洞天：道教用来称神仙居住的洞府。52心地：心中。53随在：随处。54化育：自然生长和培育万物。55触处：到处。鸢（yuān）：一种凶猛的鸟，俗称鹞鹰、老鹰。56斡转：扭转。57保泰持盈：维护平安，保守成业。58凝：巩固。承：继承，承接。59世网：指人世间的种种束缚。60尘务：世间俗事。61热恼：焦恼苦灼。62穷愁：困穷而忧伤。63理欲：天理与私欲。64参商（shēnshāng）：二星名。参在西，商在东，此起彼落，永不相见。相传上古时高辛帝的两个儿子不和，因此被流放到两地，各主参、商二星。此指兄弟不和睦。65费：指钱物。66事举：事业兴起。67讲习：讲论研习。68输：运送。和戎：指与少数民族结盟。69纂辑：撰述收集。70友贤：与有才学的人为友。71倾：覆灭。72择交：有选择地交友。73应事：对待事物。74随缘：随其机缘，不加勉强。75孽（niè）障：佛家用语。指过去所做的种种罪恶造成的不良后果。76弦歌：以琴瑟伴奏而歌。儒家认为靡靡之音乱人心性。77弹棋：古代一种博戏，今已失传。78解：了解，弄懂。79按歌：依曲调而唱歌。80保形：保存年轻时的容貌。课药：采集药材而炮制尝试。81蛩（qióng）：蟋蟀。82幽寻：探寻幽深的静雅之境。藉（jiè）草：坐在草地上。83投壶：古时宴会上的一种游戏，宾主依次把箭一类的东西投入特制壶中，以投入多的为胜。84攲（qī）枕：斜靠在枕上。85息缘：意指停止业务，不兴杂念。伫月：对月久立。

悖凶类

【原文】

富贵家不肯从宽，必遭横祸；聪明人不肯学厚，必夭天年。

倚势欺人，势尽而为人欺；恃财侮人，财散而受人侮。

暗里算人者，算的是自家儿孙；空中造谤者[①]，造的是本身罪孽。

饱肥甘，衣轻暖[2]，不知节者损福；广积聚，骄富贵，不知止者杀身。

文艺自多，浮薄之心也[3]；富贵自雄，卑鄙之见也。

位尊身危，财多命殆。

机者祸福所由伏，人生于机，即死于机也；巧者鬼神所最忌，人有大巧，必有大拙也。

出薄言，做薄事，存薄心，种种皆薄，未免灾及其身；设阴谋，积阴私，伤阴骘，事事皆阴，自然殃流后代。

积德于人所不知，是谓阴德，阴德之报，较阳德倍多；造恶于人所不知，是谓阴恶，阴恶之报，较阳恶加惨！

家运有盛衰，久暂虽殊，消长循环如昼夜；人谋分巧拙，智愚各别，鬼神彰瘅最严明[4]。

天堂无则已，有则君子登；地狱无则已，有则小人入。

为恶畏人知，恶中冀有转念；为善欲人知，善处即是恶根。

谓鬼神之无知，不应祈福；谓鬼神之有知，不当为非。

势可为恶而不为，即是善；力可行善而不行，即是恶。

于福作罪，其罪非轻；于苦作福，其福最大。

行善如春园之草，不见其长，日有所增；行恶如磨刀之石，不见其消，日有所损！

使为善而父母怒之，兄弟怨之，子孙羞之，宗族乡党贱恶之，如此而不为善，可也；为善则父母爱之，兄弟悦之，子孙荣之，宗族乡党敬信之，何苦而不为善？使为恶而父母爱之，兄弟悦之，子孙荣之，宗族乡党敬信之，如此而为恶，可也；为恶则父母怒之，兄弟怨之，子孙羞之，宗族乡党贱恶之，何苦而必为恶！

为善之人，非独其宗族亲戚爱之，朋友乡党敬之，虽鬼神亦阴相之[5]；为恶之人，非独其宗族亲戚叛之，朋友乡党怨之，虽鬼神亦阴殛之[6]。

为一善而此心快惬[7]，不必自言，而乡党称誉之，君子敬礼之，鬼神福祚之[8]，身后传诵之；为一恶而此心愧怍[9]，虽欲掩护，而乡党传笑之，王法刑辱之，鬼神灾祸之，身后指说之[10]。

一命之士，苟存心于爱物，于人必有所济；无用之人，苟存心于利己，于人必有所害。

膏粱积于家而剥削人之糠秕[11]，终必自亡其膏粱；文绣充于室而攘取人之敝裘[12]，终必自丧其文绣。

天下无穷大好事，皆由于轻利之一念，利一轻，则事事悉属天理，为圣为贤，从此进基[13]；天下无穷不肖事，皆由于重利之一念，利一重，则念念皆违人心，为盗为跖，从此直入。

清欲人知，人情之常，今吾见有贪欲人知者矣，朵其颐[14]，垂其涎[15]，惟恐人误视为灵龟而不饱其欲也[16]；善不自伐[17]，盛德之事[18]，今吾见有自伐其恶者矣，张其牙，露其爪，惟恐人不识为猛虎而不畏其威也。

以奢为有福，以杀为有禄，以淫为有缘，以诈为有谋，以贪为有为，以吝为有守，以争为有气，以嗔为有威[19]，以赌为有技，以讼为有才。

谋馆如鼠[20]，得馆如虎，鄙主人而薄弟子者，塾师之无耻也；卖药如仙，用药如颠[21]，贼人命而诿天数者[22]，医师之无耻也；觅地如瞽[23]，谈地如舞，矜异传而谤同道者，地师之无耻也[24]。

不可信之师，勿以私情荐之，使人托以子弟；不可信之医，勿以私情荐之，使人托以生命；不可信之堪舆[25]，勿以私情荐之，使人托以先骸[26]；不可信子女子，勿以私情媒之，使人托以宗嗣。

肆傲者纳侮[27]，讳过者长恶[28]，贪利者害已，纵欲者戕生[29]。

鱼吞饵，蛾扑火，未得而先丧其身；猩醉醴[30]，蚊饱血，已得而随亡其驱；鹬食鱼[31]，蜂酿蜜，虽得而不享其利。

欲不除，似蛾扑灯，焚身乃止；贪不了，如猩嗜酒，鞭血方休。

明星朗月，何处不可翱翔，而飞蛾独趋灯焰；嘉卉清泉[32]，何物不可饮啄，而蝇蚋争嗜猩膻[33]。

飞蛾死于明火，故有奇智者，必有奇殃；游鱼死于芳纶[34]，故有美嗜者，必有美毒。

慨夏畦之劳劳[35]，秋毫无补[36]；笑冬烘之贸贸[37]，春梦方回[38]。

吉人无论处世平和，即梦寐神魂，无非生意；凶人不但做事乖戾，即声音笑貌，浑是杀机。

仁人心地宽舒，事事有宽舒气象，故福集而庆长[39]；鄙夫胸怀苛刻，事事以苛刻为能，故禄禄而泽短。

充一个公己公人心，便是吴越一家[40]；任一个自私自利心，便是父子仇雠[41]。

理以心为用，心死于欲则理灭，如根株斩而本亦坏也，心以理为本，理被欲害则心亡，如水泉竭而河亦干也。

鱼与水相合，不可离也，离水则鱼槁矣；形与气相合，不可离也，离气则形坏矣；心与理相合，不可离也，离理则心死矣。

天理是清虚之物[42]，清虚则灵[43]，灵则活；人欲是渣滓之物，渣滓则蠢，蠢则死。

毋以嗜欲杀身，毋以货财杀子孙，毋以政事杀百姓，毋以学术杀天下后世。

毋执去来之势而为权[44]，毋固得丧之位而为宠[45]，毋恃聚散之财而为利，毋认离合之形而为我。

贪了世味的滋益，必招性分的损；讨了人事的便宜，必吃天道的亏。

精工言语[46]，于行事毫不相干；照管皮毛，与性灵有何关涉[47]！

荆棘满野，而望收嘉禾者愚[48]；私念满胸，而欲求福应者悖。

庄敬非但日强也[49]，凝心静气，觉分阴寸晷[50]，倍自舒长[51]；安肆非但日偷也[52]，意纵神驰，虽累月经年，亦形迅驶[53]。

自家过恶自家省[54]，待祸败时亦迟矣；自家病痛自家医，待死亡时医已晚矣。

多事为读书第一病，多欲为养生第一病，多言为涉世第一病，多智为立心第一病，多费为作家第一病。

今之用人，只怕无去处[55]，不知其病根在来处[56]；今之理财，只怕无来处，不知其病根在去处。

贫不足羞，可羞是贫而无志；贱不足恶，可恶是贱而无能；老不足叹，可叹是老而无成；死不足悲，可悲是死而无补[57]。

事到全美处，怨我者难开指摘之端；行到至污处[58]，爱我者莫施掩护之法。

衣垢不湔[59]，器缺不补[60]，对人犹有惭色；行垢不湔，德缺不补，对天岂无愧心！

供人欣赏，侪风月于烟花[61]，是日亵天[62]；逞我机锋[63]，借诗书戏谑[64]，是名侮圣[65]。

罪莫大于亵天，恶莫大于无耻，过莫大于多言。

言语之恶，莫大于造诬[66]；行事之恶，莫大于苛刻[67]；心术之恶，莫大于深险[68]。

谈人之善，泽于膏沐；暴人之恶[69]，痛于戈矛。

当厄之施[70]，甘于时雨；伤心之语，毒于阴冰。

阴岩[71]，积雨之险奇[72]，可以想为文境[73]，不可设为心境；华林，映日之绮丽，可以假为文情，不可依为世情。

巢父洗耳以鸣高[74]，予以为耳其窦也[75]，其言已入于心矣，当剖心而浣之；陈仲出哇以示洁[76]，予以为哇其滓也，其末已入于肠矣，当刭肠而涤之。

诋缁黄之背本宗[77]，或衿带坏圣贤名教[78]；詈青紫之忘故友[79]，乃衡茅伤骨肉天伦[80]。

炎凉之态，富贵甚于贫贱；嫉妒之心，骨从甚于外人。

兄弟争财，父遗不尽不止；妻妾争宠，夫命不死不休！

受连城而代死[81]，贪者不为，然死利者何须连城；携倾国以告殂[82]，淫者不敢，而死色者何须倾国！

病危乌获[83]，虽童子制梃可挞[84]；臭腐王嫱[85]，惟狐狸钻穴相窥。

圣人悲时悯俗[86]，贤人痛世疾俗[87]，众人混世逐俗[88]，小人败常乱俗[89]。

读书为身上之用，而人以为纸上之用；做官乃造福之地，而人以为享福之地；壮年正勤学之日，而人以为养安之日；科第本消退之根，而人以为长进之根。

盛者衰之始，福者祸之基。

福莫大于无祸，祸莫大于邀福[90]。

【注释】

①造谤：造谣诬陷的人。②轻暖：轻柔暖和的衣服。③浮薄：轻浮，不朴实。④彰瘅（dàn）：表彰和憎恨。意为表彰善的，斥责恶的。⑤阴相：暗中保护。⑥阴殛（jí）：暗中诛戮。⑦快惬（qiè）：心意快畅。⑧福祚（zuò）：赐福。⑨愧祚：惭愧。⑩指说：用手指着议论，多为贬义。⑪糠秕（bǐ）：米糠和谷。⑫文绣：指华贵的衣服。攘（rǎng）取：夺取。敝裘：破旧粗陋的衣服。⑬进基：指前进的基点。⑭朵其颐：形容饮食贪猛的样子。朵，动。颐，下巴。⑮垂其涎：流口水，形容贪婪的样子。⑯灵龟：有圣灵的龟。⑰自伐：自夸。⑱盛德：美盛的品德。⑲嗔：发怒。⑳谋：营求。馆：书塾，旧指私人教读的地方。㉑颠：通“癫”，癫狂。㉒贼：伤害。诿天数：推诿于天命。㉓瞽（gǔ）：眼瞎。㉔地师：犹风水先生。㉕堪舆：看庄宅、坟地形势的人，即风水家。㉖先骸（hái）：先祖的尸骨。㉗肆傲：放纵骄傲。纳侮：造受侮辱。㉘讳过：隐讳过失。㉙戕生：残害生命。㉚醴（lǐ）：甜酒。㉛鹬（yù）：鸟名，喙细长而直，也有向上或向下弯曲的，以昆虫、蠕虫及其他水生物为食。㉜嘉卉：美好的花草。㉝蝇蚋（ruì）：蚊蝇类的昆虫。㉞芳纶：好看的丝钩。㉟夏畦：夏天在田地里劳动。畦，有土埂围着的一块块排列整齐的田地。㊱秋毫无补：秋收时毫无补益。㊲笑冬烘之贸贸：意为笑别人在应围着火炉取暖的冬季而在外奔波做生意。㊳春梦方回：到春天才醒悟。㊴福集：福气聚集。庆长：幸福长久。㊵便是吴越一家：即便像吴国和越国那样的死对头也会变成一家。㊶便是父子仇雠：即使像父亲和儿子那般亲密的人也会变为仇敌。㊷天理：天道。㊸清虚：清净虚无。㊹执：握、持。去来之势：指拥有容易、被剥夺也容易的地位和权力。㊺固：保持。㊻精工：擅长，善于。㊼性灵：性情。关涉：关联。㊽嘉禾：生长得特别茁壮的禾稻，古人认为是吉祥的象征。㊾庄敬：端庄恭敬。㊿分阴寸晷：指极短时间。晷，太阳的影子，喻时光、时间。51倍自舒长：自然觉得加倍地舒长了。52安肆：安逸放纵。53亦形迅驶：意为也觉得过得很快。54过恶：过失，过错。55无去处：没有好的归宿。去处，钱的花销。56在来处：在于为何而

来。来处，钱的来路。㊿死而无补：死得没有什么价值。㊳至污：最污秽。㊴衣垢：衣上粘着肮脏的东西。湔（jiān）：洗。㊵器缺：器物缺损。㊶侪（chái）风月于烟花：在妓馆里找配偶。侪，结成配偶。㊷亵（xiè）天：对天不敬。㊸逞：显露。机锋：机警锋利。㊹戏谑：戏言，开玩笑。㊺侮圣：轻侮圣贤。㊻造诬：造谣诬陷。㊼苟刻：严厉，细碎苟薄。㊽深险：隐藏险恶。㊾暴：暴露。㊿当厄：正当穷困时。㉛阴岩：山北面阴暗的岩石。㉜积雨之险奇：雨水长期浸流形成的奇险情势。㉝文境：文章意境。㉞巢父：传说为唐尧时的隐士，在树上筑巢而居，时人称作"巢父"。尧曾表示把天下让给他，巢父听了立即洗耳，说尧的话污了他的耳。鸣高：显示出品德高尚。㉟耳其窦也：耳朵只不过是个孔道。窦，孔道。㊱陈仲：即陈仲子，战国隐士。因其兄为齐国卿相，俸禄万钟，他便认为那是不义的表现，因而避在楚国，居住在於陵，号於陵仲子。楚王知道后，欲拜他为相，陈仲子听后大肆呕吐，与其妻逃走。㊲缁黄：僧道代称。和尚穿缁服，道士戴黄冠，故称。㊳衿带：衣领和束衣服的带子，代读书人。㊴詈（lì）：责骂。青紫：高官显爵。古时公侯紫绶，九卿青绶。㊵衡茅：横木为门，茅草遮顶，意为简陋的房屋。天伦：古称兄弟为天伦。㊶连城：价值贵重。㊷告殂（cú）：死亡。㊸乌获：战国时秦国的力士。㊹梃：棍棒。挞：用棍打。㊺王嫱（qiáng）：汉元帝宫人王昭君，与西施、杨贵妃、貂蝉并称为中国古代四大美女。㊻悲时悯俗：悲叹时世不济，哀怜风俗不淳。㊼痛世疾俗：痛恨世事不平，憎风俗邪恶。㊽混世逐俗：浑水摸鱼，随世俗大流。㊾败常乱俗：败坏纲常，祸乱风俗。㊿邀福：求福。

（东方晓）

赴戍登程口占示家人[1]

林则徐

林则徐（1785—1850），字少穆，福建侯官（今福州）人。清末政治家。嘉庆进士。提倡经世之学。任东河河道总督时曾修治黄河，后任江苏巡抚。极力主张禁止鸦片进口，1839年任湖广总督时，进行了著名的虎门销烟，又筹备海防，击退英军进攻。后受投降派诬害，被革职，充军新疆兴办水利，垦辟屯田。能诗文。有《林文忠公政书》等。

【提要】

林则徐是著名的政治家和爱国民族英雄，他英勇拒敌，竟忠而被谤，充军新疆，但他从不以个人的角度考虑问题，而是以国家民族利益为重，处逆境而不馁，知祸害而不避，表现出了中华民族正直之士的高风亮节。他到伊犁后又兴修水利，垦荒植树，据说他手栽的柳树至今仍迎风傲立在伊犁大地上。

【原文】

力微任重久知疲，再竭衰庸定不支。

苟利国家生死以②，岂因祸福避趋之。

【注释】

①1842 年 8 月 11 日，林则徐被革职充军到新疆伊犁，在西安登程与家人告别时，随口吟出此诗以教育子女。②“苟利”句：意为要是有利国家的事，就不管生死去做。《左传》昭公四年记，郑大夫子产改革军赋，受人诽谤，他说：“苟利社稷，生死以之。”以，由。

（牟国相）

读书吟示儿耆

魏源

魏源（1794—1857），字默深，湖南邵阳人。清末思想家、史学家、文学家。道光进士。官至高邮知州。和龚自珍共同主张“通经致用”的今文学派。痛愤时事，著《圣武记》。有《海国图志》，系外国地理志。主张“师夷长技以制夷”。能诗文。揭露清政府之腐败，体现爱国主义思想。有《古微堂集》《元史新编》《老子本义》《诗古微》，并协助江苏布政使贺长龄编成《皇朝经世文编》。

【提要】

第一首诗的意思是要知错就改，从善如流；没有决心，过错永远改不了；第二首谈“华”与“实”的关系，作者认为花虽然娇艳美丽，但弱不禁风，松柏却刚健有力，挺立于世，做人不可华而不实，不可做春花，要做松柏。

【原文】

一

君不见，猩猩嗜酒知害身，且骂且尝不能忍。飞蛾爱灯非恶灯，奋翼扑明甘自陨。不为形役为名役[①]，臧谷亡羊复何益[②]！

月攘一鸡待来年[③]，年复一年头雪白。

得掷且掷即今日，人生百岁驹过隙。

二

君不见，华时少，实时多，

花时时少叶时多，由来草木重干柯。

秋花不及春花艳，春花不及秋花健。

何况再实之木花不繁，唐开之花春必倦[④]。

人言松柏黛参天[⑤]，谁知铁根霜干蟠九泉[⑥]。

【注释】

①形役：为形骸所拘束。名役：为功名所拘束。②“臧谷”句：《庄子·骈拇》记载臧与谷二人牧羊，臧挟策读书，谷博塞（一种游戏）以游，皆亡其羊。言道不同而亡羊则一。此谓不论徇形徇名，都丧失了人性中原本的美质。臧，奴隶。谷，小孩。③月攘一鸡：《孟子·滕文公》说有个偷鸡的日偷一只，别人责备，他说那我改正好了，今后每月偷一只鸡，等来年就彻底不偷了。喻改过而无决心。④唐开之花：温室里娇养的花。唐，即堂。⑤黛：青黑色。⑥蟠九泉：形容根扎得很深很牢。蟠，盘曲。九泉，很深的地下。

（孙逸行）

曾国藩家训

曾国藩

曾国藩（1811—1872），字涤生。湖南湘乡人，清道光进士。以吏部侍郎身份在湖南办团练，后扩编为湘军，镇压太平天国运动。后任两江总督，与李鸿章、左宗棠创办江南制造局、福建马尾船政等军事工业，是洋务派代表人物之一。有《曾文正公全集》。

谕纪泽纪鸿（一）

【提要】

嫉妒、贪婪是人生常见的两种极为有害的心理。前者嫉贤害能，以害人始，以自害终；后者贪得无厌，患得患失，终致祸患。以不忮不求教子劝孙，才可谓真爱子孙。

【原文】

余生平略涉儒先之书①，见圣贤教人修身，千言万语，而要以不忮不求为重②。忮者，嫉贤害能，妒功争宠，所谓“怠者不能修，忌者畏人修”之类也③。求者，贪利、贪名，怀土、怀惠④，所谓“未得患得，既得患失”之类也⑤。忮不常见，每发露于名业相侔、势位相埒之人⑥；求不常见，每发露于货财相接、仕进相妨之际。将欲造福，先去忮心⑦，所谓“人能充无欲害人之心，而仁不可胜用也”。将欲立品，先去求心，所谓“人能充无穿窬之心⑧，而义不可胜用也”。忮不去，满怀皆是荆棘；求不去，满腔日即卑污。余于此二者常加根治，恨尚未能扫除净尽。尔等欲心地干净，宜于此二者痛下功夫，并愿子孙世世戒之。附作《忮求诗》二首录后。

不忮诗

善莫大于恕，德莫凶于妒。

妒者妾妇行，琐琐奚比数[9]。
己拙忌人能，己塞忌人遇[10]。
己若无事功，忌人得成务[11]。
己若无党援，忌人得多助。
势位苟相敌[12]，畏逼又相恶。
己无好闻望[13]，忌人文名著[14]。
己无贤子孙，忌人后嗣裕。
争名日夜奔，争利东西骛[15]。
但期一身荣，不惜他人污。
闻灾或欣幸，闻祸或悦豫[16]。
问渠何以然[17]，不自知其故[18]。
尔室神来格[19]，高明鬼所顾。
天道常好还，嫉人还自误。
幽明丛诟忌，乖气相回互。
重者灾汝躬[20]，轻亦减汝祚[21]。
我今告后生，悚然大觉悟。
终身让人道，曾不失寸步。
终身祝人善，曾不损尺布。
消除嫉妒心，普天零甘露[22]。
家家获吉祥，我亦无恐怖。

不求诗

知足天地宽，贪得宇宙隘。
岂无过人姿，多欲为患害。
在约每思丰[23]，居困常求泰。
富求千乘车，贵求万钉带[24]。
未得求速偿[25]，既得求勿坏。
芬馨比椒兰，磐固方泰岱[26]。
求荣不知厌[27]，志亢神愈忲[28]。

岁燠有时寒[29]，日明有时晦[30]。
时来多善缘，运去生灾怪。
诸福不可期，百殃纷来会。
片言动招尤[31]，举足便有碍。
戚戚抱殷忧[32]，精爽日凋瘵[33]。
矫首望八荒[34]，乾坤一何大。
安荣无遽欣[35]，患难无遽憝[36]。
君看十人中，八九无倚赖。
人穷多过我，我穷犹可耐。
而况处夷途[37]，奚事生嗟忾[38]？
于世少所求，俯仰有馀快。
俟命堪终古[39]，曾不愿乎外。

【注释】

①儒先：即儒生。②忮（zhì）：嫉妒。③怠（dài）：懒惰。忌：嫉妒。④怀土：安于所处。怀惠：贪恋小惠。⑤患：担忧，忧虑。⑥相侔（móu）：相等。相埒（liè）：相等。⑦去：除掉，去掉。⑧穿窬（yú）：穿壁翻墙，指盗窃行为。⑨琐琐：细小卑贱的样子。奚：哪里。⑩塞（sè）：困难，遇：投合，这里说自己如果处境困难，还嫉妒别人处境顺当。⑪成务：成事。⑫敌：匹敌，相当。⑬闻望：名声；威望。⑭著：显露。⑮骛：奔跑。⑯悦豫：快乐，高兴。⑰渠：他。⑱故：缘故。⑲来格：降临。格，到。⑳躬：身。㉑祚：福。㉒零：降，落。㉓丰：多。㉔万钉带：宝带名，皇帝用来赏赐功臣。㉕偿：得到。㉖方：比。泰岱：泰山。㉗厌：满足。㉘神：心。忲（tài）：奢侈。㉙燠（yù）：热、暖。㉚晦：暗。㉛尤：指责。㉜戚戚：忧惧的样子。殷忧：深切的忧虑。㉝精爽：精神。凋瘵（zhài）：凋敝。㉞八荒：八方边远的地方。㉟遽：急速、快。㊱憝（duì）：怨恨。㊲夷途：平坦的道路。㊳嗟忾：感叹、愤怒。㊴俟（sì）：待。

（党怀兴）

谕纪泽纪鸿（二）

曾国藩

【提要】

作者写给两个儿子的四条训则：一是慎独心安；二是主敬则身强；三是求仁则人悦；四是习劳则神钦。尽管其中有不少封建思想，但作者要求儿子“修己以安百姓”“仁民爱物”“自食其力”“俭以奉身”“勤以救民”，在今天仍有借鉴意义。

【原文】

一曰慎独心安[①]。自修之道，莫难于养心。心既知有善知有恶，而不能实用其力，以为善去恶，则谓之自欺。方寸之自欺与否[②]，盖他人所不及知，而己独知之。故《大学》之“诚意”章[③]，两言慎独。果能好善如好好色，恶恶如恶恶臭，力去人欲，以存天理，则《大学》之所谓自慊[④]，《中庸》之所谓戒慎恐惧，皆能切实行之。即曾子之所谓自反而缩[⑤]，孟子之所谓仰不愧，俯不怍，所谓养心莫善于寡欲，皆不外乎是。故能慎独，则内省不疚，可以对天地质鬼神，断无行有不慊于心则馁之时。人无一内愧之事，则天君泰然。此心常快足宽平，是人生第一自强之道，第一寻乐之方，守身之先务也。

二曰主敬则身强。敬之一字，孔门持以教人，春秋士大夫亦常言之，至程朱则千言万语不离此旨[⑥]。内而专静纯一，外而整齐严肃，敬之工夫也；出门如见大宾，使民如承大祭，敬之气象也；修己以安百姓，笃恭而天下平，敬之效验也。程子谓上下一于恭敬，则天地自位，万物自育，气无不和，四灵毕至[⑦]。聪明睿智，皆由此出。以此事天飨帝[⑧]，盖谓敬则无美不备也。吾谓敬字切近之效，尤在能固人肌肤之会筋骸之束。庄敬日强，安肆日偷[⑨]，皆自然之征应，虽有衰年病躯，一遇坛庙祭献之时，战阵危急之际，亦不觉神为之悚[⑩]，气为之振，斯足知敬能使人身强矣。若人无众寡，事无大小，一一恭敬，不敢懈慢，则身体之强健，又何疑乎？

三曰求仁则人悦。凡人之生，皆得天地之理以成性，得天地之气以成形，我与民物，其大本乃同出一源。若但知私己，而不知仁民爱物，是于大本一源之道已悖而失之矣。至于尊官厚禄，高居人上，则有拯民溺救民饥之责。读书学古，粗知大义，即有觉后知觉后觉之责。若但知自了，而不知教养庶汇[11]，是于天之所以厚我者辜负甚大矣。

孔门教人，莫大于求仁，而其最切者，莫要于欲立立人[12]，欲达达人数语[13]。立者自立不惧，如富人百物有余，不假外求；达者四达不悖，如贵人登高一呼，群山四应。人孰不欲己立己达，若能推以立人达人，则与物同春矣。后世论求仁者，莫精于张子之《西铭》[14]。彼其视民胞物与，宏济群伦，皆事天者性分当然之事。必如此，乃可谓之人，不如此，则曰悖德，曰贼。诚如其说，则虽尽立天下之人，尽达天下之人，而曾无善劳之足言，人有不悦而归之者乎？

四曰习劳则神钦。凡人之情，莫不好逸而恶劳，无论贵贱智愚老少，皆贪于逸而惮于劳，古今之所同也。人一日所着之衣所进之食，与一日所行之事所用之力相称，则旁人韪之[15]，鬼神许之，以为彼自食其力也。若农夫织妇终岁勤动，以成数石之粟数尺之布，而富贵之家终岁逸乐，不营一业，而食必珍馐[16]，衣必锦绣，酣豢高眠，一呼百诺，此天下最不平之事，鬼神所不许也，其能久乎？

古之圣君贤相，若汤之昧旦丕显[17]，文王日昃不遑[18]，周公夜以继日、坐以待旦[19]，盖无时不以勤劳自励。《无逸》一篇[20]，推之于勤则寿考，逸则夭亡，历历不爽。为一身计，则必操习技艺，磨炼筋骨，困知勉行，操心危虑，而后可以增智慧而长才识。为天下计，则必己饥己溺，一夫不获，引为余辜。大禹之周乘四载[21]，过门不入，墨子之摩顶放踵[22]，以利天下，皆极俭以奉身，而极勤以救民。故荀子好称大禹、墨翟之行，以其勤劳也。

军兴以来，每见人有一材一技、能耐艰苦者，无不见用于人，见称一时。其绝无材技不惯作劳者，皆唾弃于时，饥冻就毙。故勤则寿，逸则夭；勤则有材而见用，逸则无能而见弃；勤则博济斯民，而神祇钦仰；逸则无补于人，而神鬼不歆[23]。则以君子欲为人神所凭依，莫大于习劳也。

余衰年多病，目疾日深，万难挽回，汝及诸侄辈身体强壮者少，古之君子修己治心，必能家安身强而后有振兴之象，必使人悦神钦而后有骈集之祥。今书此四条，老年用自儆惕，以补昔岁之愆；并令二子各自勖勉，每夜以此四条相课，每月终以此四条相稽，仍寄诸侄共守，以期有成焉。

【注释】

①慎独：在独处时能谨慎不苟。②方寸：指心。③《大学》：《礼记》篇名。汉代以后分出单本流传。宋代朱熹把《论语》《孟子》《中庸》《大学》合称“四书”。自宋末以来，封建王朝为了在思想上对民众进行统治，规定以四书取士，四书成为旧时士人猎取功名的必读书。④慊（qiè）：满足。⑤曾子：名参，字子舆，春秋时鲁国人。孔子的弟子。⑥程朱：宋代程颢、程颐与朱熹。他们提倡性理之学，以主敬存诚为本，成为一个学派，世称“程朱之学”。⑦四灵：指麟、凤、龟、龙。⑧飨（xiǎng）：祭献。⑨偷：苟且、怠惰。⑩悚：同“竦”，恐惧。⑪庶汇：众物、万物。⑫立人：犹如说树人。使人得以自立。⑬达人：即“己欲达而达人”之意。⑭张子：宋代张载，理学家。他写的《西铭》，主张知化穷神，存心养性，以为天人一体，大君是天地的宗子，民为同胞。⑮韪（wěi）：是、对。这里是旁人以为对、是。⑯珍馐：美味的食物。⑰汤：商王朝的建立者。也称天乙、成汤。昧旦：黎明，天未全明的时候。丕显：伟大光明，此指使德政显明。⑱文王，即周文王，姓姬名昌，周武王的父亲。日昃（zè）：太阳偏西。不遑（huáng）：来不及，没有空闲。⑲周公：周文王的儿子姬旦，辅助武王灭纣，建立周王朝。武王死后，成王年幼继位，周公摄政。周代的礼乐制度相传都是周公所制定。⑳《无逸》：《尚书》篇名。记载周公劝诫成王不要沉溺享乐的言辞。㉑大禹：远古夏部落的领袖，相传为治水，曾三过家门而不入。㉒墨子：即墨翟。春秋战国之际著名的思想家，墨家学派的创始人。鲁国人，做过宋国大夫，死于楚国。他主张兼爱、非攻。摩顶放踵：从头到脚跟都擦伤了。《孟子·尽心上》：“墨子兼爱，摩顶放踵，利天下为之。”是说墨子为推行兼爱，损伤身体也在所不惜。㉓歆（xīn）：古时祭祀鬼神，鬼神享受祭品的香气。

（范嘉晨）

谕纪泽纪鸿（三）

曾国藩

【提要】

天分高亦须用苦工，勤奋刻苦是成功的必由之路。切莫自恃“天分”贻误自身，成龟兔赛跑之笑。

【原文】

十月二十九日接尔母及澄叔信，又棉鞋、瓜子二包，得知家中各宅平安。泽儿在汉口阻风六日[①]，此时当已抵家。“举止要重，发言要讱”[②]，尔终身要牢记此二语，无一刻可忽也……泽儿字，天分甚高，但少刚劲之气，须用一番苦工夫，切莫把天分自弃了。家中大小，总以起早为第一义。澄叔处此次未写信，尔等禀之。

【注释】

①阻风：被风所阻。②讱（rèn）：本指说话迟钝，此指说话要慎重。

（党怀兴）

谕纪泽纪鸿（四）

曾国藩

【提要】

教育子孙读书只求明理，视富贵如浮云；立身行事应不离“八本、三致祥”。见解非同一般。

【原文】

尔等长大之后，切不可涉历兵间，此事难于见功，易于造孽，尤易于贻万世口实[①]。余久处行间[②]，日日如坐针毡，所差不负吾心，不负所学者，未尝须臾忘爱民之意耳。近来阅历愈多，深谙督师之苦[③]。尔曹惟当一意读书[④]，不可从军，亦不必作官。

吾教子弟不离八本、三致祥。八者曰：读古书以训诂为本[⑤]，作诗文以声调为本，养亲以得欢心为本[⑥]，养生以少恼怒为本，立身以不妄语为本[⑦]，治家以不晏起为本[⑧]，居官以不要钱为本，行军以不扰民为本。三者曰：孝致祥，勤致祥，恕致祥。吾父竹亭公之教人，则专重孝字。其少壮敬亲，暮年爱亲，出于至诚。故吾纂墓志，仅叙一事。吾祖星冈公之教人，则有八字、三不信：八者，曰考、宝、早、扫、书、蔬、鱼、猪；三者，曰僧巫，曰地仙⑨，曰医药，皆不信也。处兹乱世⑩，银钱愈少，则愈可免祸；用度愈省，则愈可养福。尔兄弟奉母，除劳字俭字之外，别无安身之法。吾当军事极危，辄将此二字叮嘱一遍，此外亦别无遗训之语，尔可禀告诸叔及尔母无忘。

【注释】

①贻：留下。口实：话柄。②行间：军队中。③谙：熟悉。④尔曹：你辈、你们。⑤训诂：解释古代文献词语。⑥亲：双亲。⑦妄语：随便说话。⑧晏：迟。⑨地仙：方士称住在人间的仙人。⑩兹：这。

（党怀兴）

谕纪泽纪鸿（五）

曾国藩

【提要】

江山易改，禀性难易。然而勤读书却可改变气质，陶冶性情。立志读书，事事有恒，便可“金丹换骨”矣。

【原文】

今日专人送家信，甫经成行，又接王辉四等带来四月初十之信，尔与澄叔各一件，藉悉一切。

人之气质，由于天生，本难改变，惟读书则可变化气质。古之精相法者①，并言读书可以变换骨相。欲求变之之法，总须先立坚卓之志。即以余生平言之，三十岁前，最好吃烟②，片刻不离，至道光壬寅十一月二十一日立志戒烟，至今不再吃。四十六岁以前做事无恒，近五年深以为戒，现在大小事均尚有恒。即此二端，可见无事不可变也。尔于厚重二字，须立志变改。古称“金丹换骨”③，余谓立志即丹也。

【注释】

①相法：相面术。②好（hào）：喜欢。③金丹：古代方士炼金石为药，服之可长命百岁，叫金丹。

（党怀兴）

致孝威、孝宽

左宗棠

左宗棠（1812—1885），字季高，湖南湘阴人。清末湘军首领、洋务派代表人物。道光举人，以乙科入阁。1860年，率湘军五千人赴江西、皖南与太平军作战。1862年初任浙江巡抚。1866年调陕甘总督。先后镇压过太平军、捻军、回民起义军。他又击败分裂主义分子阿古柏的叛乱行为，粉碎了英俄帝国主义利用阿古柏分割天山南北的阴谋，维护了祖国领土的完整与统一。

【提要】

望子成龙，是父母的普遍愿望。官宦人家子弟往往好逸恶劳，对他们的教育更是难上加难。这封信让我们看到了天下父母的那颗赤热之心，既有恨铁不成钢的责备和叹息，又有望子成龙的殷切希望。其中谈到读书要目到、口到、心到，是很有启发意义的见解。

【原文】

孝威、宽知之。我于二十八日开船，是夜泊三汉矶，廿九日泊湘阴县城外，三十日即过湖抵岳州。南风甚正，舟行顺速，可毋念也。我此次北行，非其素志。尔等虽小，当亦略知一二。世局如何，家事如何，均不必为尔等言之。惟刻难忘者，尔等近年读书无甚进境，气质毫未变化；恐日复一日，将求为寻常子弟不可得，空负我一片期望之心耳。夜是思及，辄不成眠。今复为尔等言之。（尔等能领受与否，则我不能强之，然固不能已于言也。）读书要目到、口到、心到。尔读书不清字画偏旁，不辨明句读，不记清头尾，是目不到也。喉、舌、唇、牙、齿五音，并不清晰伶俐，朦胧含糊，听不明白，或多几字，或少几字，只图混过，就是口不到也。经传精义奥旨，初学固不能通，至于大略粗解，原易明白。稍肯用心体会，一字求一字下落，一句求一句道理，一事求一事原委；虚字审其神气，实字测其义理，自然渐有所悟。一时思索不得，即请先生解说，一时尚未融澌[①]，即将上下文或别章别部义理相近者反复推寻，务期了然于心，了然于口，始可放手。总要将此心运在字里行间，时复思绎[②]，乃为心到。今尔读书总是混过日子，身在案前，耳目不知用到何处。心中胡思乱想，全无收敛归著之时，悠悠忽忽，日复一日，好似读书是答应人家功夫，是欺哄人家，掩饰人家耳目的勾当。昨日所不知不能者，今日仍是不知不能，其去年所不知不能，今年仍是不知不能。孝威今年十五、孝宽今年十四，转眼就长成大人矣。从前所知所能者，究竟能比乡村子弟之佳者否？试自忖之。读书做人，先要立志，想古来圣贤豪杰是我这般年纪时，是何气象？是何学问？是何才干？我现在哪一件可以比他？想父母命我读书延师训课，是何志愿？是何意思？我哪一件可以对父母？看同时一辈人，父母常背后夸赞者，是何好样？斥詈者，是何坏样？好样要学，坏样断不可学。心中要想个明白，立定主意，念念要学好，事事要学好，自己坏样一概猛省猛改，断不许少有回护，不可因循苟且。务期与古时圣贤豪杰少小时志气一般，方可慰父母之心，免被他人耻笑。志患不立，尤患不坚。偶然听一段好话，听一件好事，亦知歆动羡慕，当时亦说我要与他一样。不过几日几时，此念就不知如何销歇去了。此是尔志不坚，还由不能立志之故。如果一心向上，有何事业不能做成？陶桓公有云[③]："大禹惜寸阴[④]，吾辈当惜分阴[⑤]。"古人用心之勤如此。韩文公云[⑥]："业精于勤而荒于嬉。"凡事皆然，不仅读书，而读书更要勤苦。何也？百工技艺，医学、农学均是一件事，道理尚易通晓；至吾儒读书，天地民物莫非己任。宇宙古今事理均须融澈于心，然后施为有本[⑦]。人生读书之日最是难得。尔等有成与否就在此数年上见分晓。若仍如从前悠忽过日，再数年依然故我，还能冒读书名色充读书人否？思之，思之！孝威气质轻浮，心思不能沉下。年逾成童而童心未化，视听言动无非一种轻扬浮躁之气。屡经谕责，毫不知改；孝宽气质昏惰，外蠢内傲，又贪嬉戏，毫无一点好处。开卷便昏昏欲睡，全不提醒振作。一至偷闲玩耍，便觉分外精神。年已十四而不知诗文为何物，字画又劣丑不堪。见人好处，不知自愧，真不知将来作何等人物！我在家时常训督，未见悛改⑧。我今出门，想起尔等顽钝不成材料光景，心中片刻不能放下。尔等如有人心，想尔父此段苦心，亦知自愧自恨，求痛改前非以慰我否？亲朋中子弟佳者颇少，我不在家，尔等在塾读书，不必应酬交接。外受傅训，入奉母仪可也。读书用功，最要专一无间断。今年以我北行之故，亲朋子侄来家送我，先生又以送考耽误功课，闻二月初三、四始能上馆。所谓一年之计在于春者又去月余矣！若夏秋有科考，则忙忙碌碌又过一年，如何是好？今特谕尔：自二月初一日起，将每日功课，按月各写一小本寄京一次，便我查阅。如先生是日未在馆，亦即注明，使我知之。屋前街道，屋后菜园，不准擅出行走。如奉母命出外，亦须速出速归。“出必告，返必面。”断不可任意往来。同学之友如果诚实发愤，无妄言妄动，固宜为同类。倘或不然，则同斋割席⑨，勿与亲昵为要。家中书籍，勿轻易借人，恐有损失。如必须借看者，每借去则粘一条于书架，注明某日某人借去某书，以便随时取回。

【注释】

①融浉：融会贯通。浉，疏导，引申为通达。②思绎：思考。绎，原义为抽丝，引申为寻求事理。③陶桓公：晋朝的陶侃。④阴：光阴，时间。寸，尺的十分之一。⑤分：寸的十分之一，形容更短。⑥韩文公：韩愈。⑦施为：作为，即见之于行事。⑧悛（quān）：悔改。⑨割席：东汉末年的管宁、华歆曾经同席读书，一天有个坐着高大的马车、穿戴很讲究的人从门外经过，管宁照常读书，华歆却丢了书出去看。管宁便把同坐的席子割断，分开来坐，向华歆说：“你不是我的朋友。”后人称朋友绝交为割席。

（马茂军）

谕儿书（一）

吴汝纶

吴汝纶（1840—1903），字挚甫，安徽桐城人。清末文学家、教育家。同治进士，做过冀州知州，后任京师大学堂总教习，曾跟随曾国藩学习，并与李鸿章交往颇深。到日本考察学制，有论及时政的著作，颇注意洋务，也是桐城派后期作家。著有《桐城吴先生全书》。

【提要】

这封信谈的是为人忍让的处世之道。忍让对别人宽容的同时，对自己却虚心反省，这有利于养成宽厚谨慎而又严于律己的品性，避免无谓的争端，从而更能超然洒脱地生活。信中还分析了困境产生的缘由以及这笔财富的价值。

【原文】

忍让为居家美德。不闻孟子之言三自反乎①？若必以相争为胜，乃是大愚不灵，自寻烦恼。人生在世，安得与我同心者相与共处乎？凡遇不易处之境，皆能掌学问见识见②。孟子“生于忧患”，“存乎疢疾”，皆至言也③。

【注释】

①三自反：指《孟子·离娄下》：“有人于此，其待我以横逆，则君子必自反也：‘我必不仁也，必无礼也，此物奚宜至哉?’其自反而仁矣，自反而有礼矣；其横逆由是也，君子必自反也：‘我必不忠。’自反而忠矣；其横逆由是也，君子曰：‘此亦妄人已矣……’”②掌：同“长”。③疢（chèn）疾：疾病，比喻忧患。《孟子·尽心上》有“人之有德慧术知者，恒存于疢疾”，意思是，人之所以有道德、智慧、本领、知识，经常是由于他有忧患。

（马茂军）

与子书

张之洞

张之洞（1837—1909），字孝达，号香涛，直隶南皮（今属河北）人。清末洋务派首领。同治进士。1884年（光绪十年）中法战争时，由山西巡抚升任两广总督，起用冯子材在广西边境击败法军。1889年调湖广总督，开办汉阳铁厂和湖北枪炮厂，设立织布、纺纱、缫丝、制麻四局，并筹办卢汉铁路，与李鸿章争夺权势。曾反对戊戌变法，镇压两湖反洋教斗争和唐才常自立军起事。1907年调任军机大臣，掌管学部。有《张文襄公全集》。

【提要】

知子莫如父，儿子没有文才，张之洞即送他学武，希望他成为捍卫国家的有用之材。又对儿子提了三点希望：第一，在学习方面，要努力上进，把真本领学到手。第二，做人方面，要放下贵家子弟的架子，磨炼自已的意志。第三，在生活方面，不要染上嫖娼赌博的恶习，以免荒废学业。通篇贯穿着“用功学习，力求上进”的精神，可资借鉴。

【原文】

吾儿知悉：汝出门去国，已半月余矣。为父未尝一日忘汝。父母爱子，无微不至，其言恨不能一日不离汝，然必令汝出门者，盖欲汝用功上进，为后日国家干城之器①，有用之才耳。方今国事扰攘，外寇纷来，边境累失，腹地亦危。振兴之道，第一即在治国。治国之道不一，而练兵实为首端。汝自幼即好弄，在书房中，一遇先生外出，即跳掷嬉笑，无所不为。今幸科举早废，否则汝亦终以一秀才老其身；决不能折桂探杏②，为金马玉堂中人物也③。故学校肇开，即送汝入校。当时诸前辈犹多不以为然，然余固深知汝之性情，知决非科甲中人，故排万难以送汝入校，果也除体操外，绝无寸进。余少年登科，自负清流，而汝若此，真令余愤愧欲死。然世事多艰，习武亦佳，因送汝东渡，入日本士官学校肄业，不与汝之性情相违。汝今既入此，应努力上进，尽得其奥。勿惮劳[4]，勿恃贵，勇猛刚毅，务必养成一军人资格。汝之前途，正亦未有限量，国家正在用武之秋，汝只患不能自立，勿患人之不己知。志之，志之。勿忘，勿忘。抑余又有诫汝者：汝随余在两湖，固总督大人之贵介子也[5]，无人不恭待汝。今则去国万里矣，汝平日所挟以傲人者，将不复可挟，万一不幸肇祸，反足贻堂上以忧[6]。汝此后当自视为贫民，为贱卒，苦身戮力[7]，以从事于所学，不特得学问上之益，而可借是磨练身心，即后日得余之庇，毕业而后，得一官一职，亦可深知在下者之苦，而不致予智自雄。余五旬外之人也，服官一品，名满天下，然犹兢兢也，常自恐惧，不敢放恣。汝随余久，当必亲炙之[8]，勿自以为贵介子弟，而漫不经心，此则非余之所望于尔也，汝其慎之。寒暖更宜自己留意，尤戒有狭邪赌博等行为[9]，即幸不被人知悉，亦耗费精神，抛荒学业。万一被人发觉，甚或为日本官吏拘捕，则余之面目，将何所在？汝固不足惜，而余则何如？更宜力除，至嘱，至嘱！余身体甚佳，家中大小，亦均平安，不必系念。汝尽心求学，勿妄外骛[10]。汝苟竿头日上[11]，余亦心广体胖矣。父涛示。五月十九日。

【注释】

①干城：干和城都是比喻捍卫者，即希望儿子能做个保国的卫士。干，盾牌。城，城墙。②折桂探杏：科举时代称“及第”为折桂。唐时进士在杏园举行“探花宴”，所以中进士称“探杏”。③金马玉堂：旧时指翰林院。④勿惮劳：不要害怕劳苦。惮，害怕。⑤贵介：即尊贵。介，大。⑥贻：遗留，留下。⑦戮力：努力，尽力。⑧亲炙：亲身受到教益。⑨狭邪：旧称娼妓家，这里指宿妓嫖娼。⑩外骛：不专心正业，好高骛远。⑪竿头日上：原为“百尺竿头，更进一步”的成语之缩略。这里希望儿子若能一天一天的进步，我也就心情愉快，身体健壮了。

（牟国相）

后 记

本书是从我主编的《中国家训经典》一书中精选出部分作品编撰而成的，是奉献给广大家长教育子女的精华本和精简本。《中国家训经典》一书，是从我们灿烂的中国历代家训园地精选、撷取百余篇光彩耀眼的奇葩，而编纂成书的，内容纵贯古今，编目多系名人名作，内容涉及修身、齐家、治国、平天下，立德、立功、立言，读书作文，婚姻家庭，待人接物等社会人生的许多方面，体现了中国历代二百多位有成就的出色的家长和历史名人智慧的灵光和丰富的教子经验。它集我国历代家庭教育之大全，凝结了历代家庭教育之经验，汇聚着数千年来家教的至理名言。该书 1993 年出版以来，已经三次印刷出版，在学术界和社会上产生了重要反响，成为家庭教育的必备之书和家庭珍藏之宝典。

在《中国家训经典》第四次再版之际，应中国教育学会家庭教育专业委员会之邀，为便于家长阅读方便，我们从《中国家训经典》80 多万字中精心选编了 30 多万字的精华本，奉献给广大家长和读者朋友。参与本书编撰的专家学者有党怀兴、孙明君、高益荣、储兆文、周晓薇、马茂军、范嘉晨等，俞家庆教授为本书篇目选编提出宝贵意见。刘宝才教授、方兢教授审阅书稿，并提出宝贵意见、建议。在此，我们向所有参与编撰、审阅书稿的专家致以衷心的感谢！我们特别感谢中国教育学会家庭教育专业委员会的青睐，把本书纳入推荐书目。特别要感谢全国政协常委、民进中央副主席、中国教育学会副会长、中国教育学会家庭教育专业委员会理事长朱永新教授，对本书编辑出版的高度重视、精心指导，并应邀欣然为本书作序，让我们受宠若惊。在这里，还要感谢中国大百科全书出版社对本书出版的大力支持。

翟　博

2016 年 10 月